Descartes René

哲人咖啡厅

笛卡尔思辨哲学

（法）笛卡尔　著　尚新建等　译

九州出版社
JIUZHOUPRESS
全国百佳图书出版单位

我思想，所以我存在。

——笛卡尔

出版前言

笛卡尔（1596 ~ 1650）是十七世纪法国卓越的哲学家和科学家。罗素称他为“近代哲学的始祖”，认为“他是第一个具有高超哲学禀赋，同时在新物理学、新天文学饶富卓见的人。他不接受前人奠定的基础，而另起炉灶，努力缔造了一个完整的哲学体系。他的著作焕发着一股从柏拉图到当时的任何哲学名家作品中全然找不到的清新气息。”

西方哲学界还尊称笛卡尔为理性主义之父，几百年来，笛卡尔的思想与学说引起整个人类思想界的反响。“我思故我在”（我思想，所以我存在）早已成为举世传诵的名言，无论懂哲学的还是不懂哲学的，只要对哲学略知一二，便都对这句话耳熟能详。笛卡尔开创了近代哲学的理论体系，明确地把人与自然、精神与物质、身体与心灵区分开来。认为世界就是二元的，自然就是在我之外，与我鲜明对峙。他的体系使人与自然的关系发生了根本变革，使哲学与科学的基本出发点发生了根本变革。自此，近代哲学始终围绕着二元论展开，即使到了现代，一些大哲学家雄心勃勃要突破笛卡尔体系，也仍未摆脱他的影子。

笛卡尔的哲学是对长久的中世纪神学笼罩的一个反省，也就是对世界存在真实性的反省，对于欺骗与诱惑人心的假信念，从内心最深处给予厘清与摧毁，“怀疑”只是沉思的技巧，目的在于诊治过分依赖感官经验的弊害。

他的书道出了时代的要求，成为时代的先知，他给近现代的哲学带来新的思潮，新的精神及新的动力。黑格尔指出：“笛卡尔的确是个英雄。他将一切重新建设起来，替哲学奠定了稳固的基础，即使今天，我们仍需回溯到他的理论。”

我们学习笛卡尔的思辨哲学，为使我们的思考更加缜密，提升我们思考的境界与深度。学会理性的思考，对人生将是受用不尽的。

本书是笛卡尔原著代表作的精选译本，基本囊括了他的主要思想和理论。为便于读者阅读与理解，编辑中选入了几位学者的解说作为附录，尤其是尚新建先生译介的笛卡尔晚期作品“灵魂的激情”是鲜为人知的。此书其他译者有范华、刘一非等。

九州出版社

二〇〇四年六月

目 录

一、科学思考《方法论》

为正确地引导自己的理智和在科学中寻求真理。

1. 良知，明辨真伪的天性

①生活的重要

良知[①]是世界上分配得最公平的东西，因为每个人都拥有足够的良知，就连那些在别的任何事上最难满意的人，也不会希求获得比现有的更多的良知。从这一点来说，并非每个人都在做自我欺哄；相反的，这更证明了正确地判断和辨别真伪的能力——即所谓的良知或理智[②]——在众人身上，天生是平等的。因此，人们的意见之分歧，并非来自一些人比另一些人更理智，而是因为我们由不同的路径引导我们的思想，或者各人的思想不是针对同一件事物的缘故。本来，具有良好的精神还是不够的，要紧的是如何巧妙地运用它。最伟大的人，常有犯最大毛病的可能，

① 良知译自 Bon Sens，它有二义，一指分辨真伪的天性，一指智慧，此处是指辨别真伪的天性，故可译为良知，知 Sens 是指理性，在知前加一良字 Bon，表示正确，即正确判断的能力，和笛氏他处所说的自然之光 Lumiere naturelle 相同，善用良知之人，即成为智慧者，而智慧是良知的登峰造极，故在良知中，亦含智慧。

② 此为笛卡尔给良知所下的定义。

也同样地有修最大德性的可能。而那些只能牛步徐行者，若常循直径，能比那些载奔载跑远离正路者，快速得多了。

至于我，从未擅自想过我的精神（mon esprit）[1]比常人更为完备，虽然我时常希望具有像别人那般敏捷的思想，那么新鲜的想象力，或那么丰富而明晰的记忆力[2]。除了有利于培养这些精神的性能外，我不知道有别的优点存在。因为理智或良知是唯一使我们人之所以为人并和动物有分别的东西，我相信它是完整地存在于各人身上。这一点，我随从哲学家的[3]共同意见，他们认为量的多寡只存在附体（les accidents）上，而在同一种个体的形式或本性上（les formes ou natures）[4]，没有这种量的多寡情形。

②如何发明方法

但是我敢说，我很幸运。自从年轻时开始，就发现了一条通路，使我得到一些见地和守则。由此我想出了一个方法，似乎能借它逐步增加我的知识，并渐渐提升，一直到我平凡而短暂的生命所能允许到达的最高峰。我承认我

① 笛卡尔笔下的“精神”有下列意义：一是和物质体对立的精神，此即为思想，“严格地说，我是思想之物，就是说精神，悟性，或理性。”一是指记忆和想象的智能，它和理智有别而比理智更广泛，笛氏在本导论中所用，大都采取此意义，一是纯粹的精神体，和士林哲学的灵魂对立，因为后者含有动物和植物的生命，而精神则没有这一切的掺入。

② 此为笛卡尔给精神所下的一个定义。

③ 在笛卡尔笔下，哲学家指士林哲学士。

④ 形式即本质的形式，是为构成本质的理由，而本性则指一切行动的原则和原因。

已从这里获得了如许的成果[①]，虽然我对自己所做的判断，常是偏向于疑惑而不信任的一边，并且不愿自负自恃；我用哲人的目光来观察人类的各种行为和事业，几乎没有一件不是显得空虚而无益的。但我一想到自己在探求真理上所获得的成就，就禁不住极度的快感，而对未来抱着如许的希望，甚至想，若在人——纯粹人[②]的工作中，如果有一件工作确实美好而要紧，我相信它就是我目前所选择的工作。

但是，这很可能是自我欺哄，而我视之为金子或钻石者，也许只是一些铜片和碎玻璃而已。我知道在我们切身的事上，我们是多么易于被骗，甚至朋友的判断，当它们对我们有利时，也应当多加提防。在这篇论文中，我很喜欢指出哪些是我遵循的路径，清楚地叙述我的生活，犹如将它画在一块板上，让每人都能下评语，我觉得一般人的舆论，对我的新方法将会有一种指导作用，我要将它加入我常用的那些方法中。

因而，我的计划，不是在此传授一个人人必须遵从的方法，以便正确地引导自己理智，而只是指给人家看，我怎样设法引导我的理智。那些参与发号施令者，自己应当比接受命令者更为能干；他即使在最微小的事上犯错，也当受严重的责备。但是在我所介绍的这篇类似小传的文字中（或者说：类似一篇故事），在一些可效法的事例中，你能找到其他好几件没有理由去模仿的。我希望这小故事

---

① 这些成果，指几何上的成就。

② 纯然的人指没有神的协助者。

对某些人是有益的，而对任何人都没有危害，希望大家对我的坦白，能够了解与满意。

③学校教育之无用

我从孩提时代就接受人文教育，因为有人劝告我，凡对人生有益的一切事，都要有明白切实的认识。我当时就有一个很迫切的愿望，想去学习，但是一旦结束了这一切功课之后①——照例被列在博学之士的阶级——我的想法完全改变了，因为我处在非常多的疑团和错误的困扰中，我积极地学习，似乎没有获得任何的益处，只不过越发现我的无知，然而我当时还是在欧洲最出名的一所学府求学，我想如果地球某一地方有一些博学之士的话，他们应当都在那里了。凡别人在那里必须学习的科目，我完全学习了，而且我不以所授的学科为满足，自己又涉猎一切落到我手中的那些被认为最奇怪、最稀罕的书籍。因此我知道别人对我所做的评论，不见得会低于我的同学，虽然他们其中有几位已预备去接替我们老师的讲座。我们的时代，依我看来，如此茂盛地争开着良好人才（bons es prits）的奇葩，实为任何此前世纪所未有，这使我毫不顾忌地任凭自己批评其他一切的人，并且相信，世界上不曾有过一种学说，如我从前所希望的一模一样。

然而我仍重视在校中所做的训练，我知道那里所学的

① 当时教育普通是9年，6年人文教育，3年哲学，笛卡尔大约在那里8年半。

语言[1]，对了解古典古籍是必须的。寓言的含蓄足以唤醒精神，历史上可歌可颂的事迹可以促使精神昂扬，如果聪明地读它，实有助于培养判断力；读一些优良的典籍，无疑是同前世纪最上流的才子仁人会话，因为他们是这些典籍的作者，而且这会话又是预先经过深思熟虑的，他们在书中给我们显露其思想最精彩的部分；雄辩学有无比的力和美；诗歌有非常魅人的柔情和蜜意；数学有很精巧的发明，并且还有很多的用途，它一方面能满足好奇者，另一方面能辅助一切工艺，和减少人力；讨论习尚的著作含有许多教训和箴言，对修德十分有益；神学教你到天国之路；哲学提供你逼肖逼真地谈论一切事物的方法[2]，使不太有学识者惊叹；法律、医学和其他科学，带给研究者荣誉和财富；总之，检讨一切学科，连检讨那些充满迷信和虚伪的学科也是有益的，以便真正认识它们的价值，并防范自己步入错道。

④各学科批评

我感觉自己为语言、古籍、史事和寓言，已经花费了许多岁月。同别的世纪的人士会话，好比是出外旅行，知道一些各种不同民族的风俗习惯是最好不过了，以便对自己有更恰当的评断，而不至于认为：凡违反我们的习惯者，就是可笑，就是违反理智，如同一些没有经验的人所做的

① 语言指拉丁文和希腊文。

② 逼肖逼真（Vraisemblablement），指以辩论（Dialeclique）推论而得的结论；所谓似是而非，和证明（Demonstratif）推论而得的结论，即所谓真理的对立。

那样。但是如果一个人在外旅行的时间太久了，反而在国人的眼中成为异乡人，一个人对过去的世界所发生的事太好奇时，往往对本世纪所发生的事，反而十分外行。除了在寓言中，许多根本不存在的事件，使人误认为可能的以外，就连最忠实的历史也不例外地有失实之处，它为了更值得一读，即使没有改变或增添事态，也常常不惜略去一些最卑陋和不荣誉的地方；因此，其剩下的部分，就显得和原来的不一样了。而那些以历史为借鉴，来调度自己生活的人，会陷入如武侠小说中人物的幻境，构想一些超过他们能力的计划。

我很重视雄辩学，也爱好诗歌，但我想这两门学科与其说是借学习才能有所收获，毋宁说是源于天赋的能力。善于推理和思想最成熟的人，其思想清晰易为人所了解，常常能很成功地劝人信服他们的提议，虽然他们除了低级的方言外，不会说别的话，也从未读过修辞学。那些有最敏锐的灵感[1]，且知道用最甜蜜的词藻去表达的人，虽然不认识诗学，仍不失为优秀的诗人。

我喜欢数学，因为它的推理正确而明显，但我还没有看到它真正的被人应用。想到它只是用在机械技术上，我不禁奇怪，它的基础如此稳固坚实，竟没有人想到在其上建造起更高的建筑。

反之，古代异教徒[2]讨论习尚的书，我欲将它比拟为建立在沙土泥沼上的高昂雄伟的宫殿，他们将德行举得很

① invenition，指作者所构造的诗境。

② 异教徒指史多噶派哲学家 Stoic，尤其是衰乃格（Seneca）。

高，认为是宇宙中最尊贵之物①，超过一切；但他们却解说得不够清楚，使人无从辨认它，而且用如此美好的名目所称呼的对象，往往只是一些无情、傲慢、失望或弑父灭亲之类的罪行而已②！

我尊敬我们的神学③，并且和其他任何人一般觊觎获得进入天堂，但是天堂之门对最无知者开得不比对博学者更窄，而引到那里的天启的真理超过我们的智能。当我知道了这是千真万确的事实之后，便不敢将这些真理置于我薄弱的理智之下妄加推论；而且我想，他们的研究要有所成就，必须有上天的特殊福佑，并且自己本身应当是一位超人④。

关于哲学⑤，我不愿多谈，看到它虽然为历代最优秀的思想家所耕耘，但是仍然没有发现一件大家不争执不疑惑之事理，我也不敢希望有比别人更好的运气。可是，看到在同一问题上，有那么多不同的意见，且皆为博学之士所

---

① 衰乃格称“至善在于判断，在于良知的习惯：是以若你问我追求德行是为了那一件事，则你是问错了，因为你追问一件超过至善之物，你问我向德行有何所求？乃德行本身而已，其所有者，没有比此更好，而他本身就是自己的代价。”

② 这里所举皆为史多噶派学者所做的事，无情指没有同情心和不为情绪所指使，该派哲人，自视为世上唯一的自由人，他们认为在某些情况，可以自杀，甚至于灭亲，如L. J. Brutus杀其亲子和M. J. Brutus弑其义父恺撒。

③ 神学所研究的对象是上帝，目的是认识一些为得救所必需的真理，内容有上帝所启示的真理，是为教义神学；之后，学者予以系统地解说和编辑，是为理性神学或士林哲学。

④ 笛卡尔认为，要升天堂，一个人的确应当知道启示真理，但是士林哲学则认为不是必须的，可以不去管它。

⑤ 指士林哲学。

主张——虽然真的意见绝不能多于一个——因此，我想把一切似是而非之事，几乎和伪的等同看待。

其次，看看其他科学，它们都从哲学提取原则，我认为它们在这么不稳定的基础上，是无法建立起坚固之物的，它们随身而来的荣誉和利益，皆不足鼓励我去学习。感谢上帝，我一点也不觉得有什么外力迫我去做一位职业科学家，以便改善我的生活境况。虽然我不是如犬儒者一样的鄙视荣誉，但那些用假名义才能获得的光荣，我始终不重视它。关于邪说，我想对它们的价值已有相当的认识，不会再受欺骗。炼金术士的许诺、星相家的预言、术士的诡诈，以及那些专门大放厥词，而实际上所知寥寥无几者，他们的狂言或虚伪，皆不能欺骗我。

⑤旅　行

因此，一旦年龄达到，我就脱离监护者的管理，完全放弃研究典籍的工作。我决意不再在他处探求知识，而只在我身上或宇宙的伟大课本中研究，我要将剩下的青春岁月用于旅行，参观宫廷和军队，访问各种性格和不同地位的人士，体会种种人生，并在命运带给我的遭遇中，锻炼修养自己，对遇到的事，处处做适当的反省，使自己能由此获得一些教益。我相信，在一些与我们切身有关的事情上做研究，能获得更多的真理，因为在这时候，如果判断错误，我们会立刻受到处分的后果，胜过一位在研究室中做一些不会有任何结果的学者理论，因为对他没有任何不利的后果，他反而可能因此获得更多的虚荣。他的理论越是远离常识，越需要用更多的心思和本领，使它逼肖逼真。我有一个极迫切的愿望，学习辨别真伪，以便看清我的举止行动，在人生的坦途上稳妥迈进。

⑥自我研究

的确，若我不做别的，只是观察他人的生活习惯，则我找不到一件事例，足以保证我的正确无误；而且我发现，分歧之多，不亚于我在一些哲学家的意见中所遇到的，我由此所得到的最大教益，就是学会了不要过于肯定任何只凭事例和习惯来说服我的事情。因为我看到许多事情，虽然显得很古怪、很可笑，但是总有一些卓绝的人物完全地接受它、赞成它。因此，我渐渐学会改正许多能蒙蔽我们的自然之光的错误，并使理智能更适宜地去了解真理。我费了几年工夫在宇宙的大书中研究，并设法获得一些经验之后，有一天，我立志要在我自己的身上做研究，运用我全部的精神能力，选择我当遵循的路径，我自认为我做得很成功，但如果我始终没有离开我的祖国和书本①，或者会有更大的成就。

① 士林哲学。

2. 发现新方法

①一元原则

因为战争尚未结束[①]，我被召到德国服役。当我由皇帝[②]加冕典礼那儿回到军队时，适逢初冬，遂被困在一村落中。那里找不到谈话消遣的机会，但也幸运地没有什么顾虑和杂念来扰乱我，我整天孤守在火炉间，用全部的余暇来做自我反省观察的工夫。思索中，第一个引起我注意的是：一件由许多块拼成和由不同的工匠之手做成之物，其完美往往不如那些由一人做成之物。如此[③]，由一位工程师设计和完成的建筑，通常比那些为别的目的而改建，由多人协助修砌的旧垣，更美、更一致。因而，那些原先只是些市集的古老城市，由于时代的演进，变成大都市时，它们往往是如此不协调，不能和由一位工程师，照他的想象，在一原野上所设计的整齐城市相比拟。虽然，我们个别地考察古城的每一座建筑，常会发现它有同样或更艺术化的作品，但它们布置的情形往往是，这里一座大的，那里一座小的，把街道分隔得这么弯曲而不整齐。看到这种情形，你或者要说这不是出自一个善用理智的人的意志，而是一人偶然这么布置的。如果你想一想，任何时代都需

① 30年战争，结束于1648年，订了西法利亚和约（Westphalia）。

② Ferdinand，波希米亚和匈牙利王，于1619年选为皇帝。

③ 如此 Ainsi 是笛氏所引的比方，这里共有5个，证明由一人完成的事是更完美。

要有一些官员负责管理私人的建筑，俾能与公共的设施互相配合，彼此辉映（但事实上还是有很多缺憾），你便会知道仅仅借修葺别人的作品，是很难做出一件完美的事。如此，我想到一些半开化的民族，原先没有给他们制定一套法律，只是后来为了应付犯罪和争端所招致的困扰，逐渐有所规定，他们后来虽然逐渐开化了，也不会如那些一开始就聚在一起，遵守一位明智的立法者所制定的宪章的民族那样知道礼貌。同样地，有宗教信仰的国家，其规律由上帝制定，其秩序，当然是无可讳言地井井有条，胜过其他一切国家。在人类史上，我相信，斯巴达民族一度十分强盛过，那不是因为他的每一条法律有了某种特殊的好处——我们已知道其中有好几条是十分古怪，甚至违反良好的风俗——而是因为他们是由一个人所草创，并且朝着同一个目标。因而，我推想到书本中的知识，至少那些只有概然理由及没有任何证明者，因为由许多人的不同意见，渐渐汇集而成，所以不会比一位具有良知的人，对亲身的经验，所做的简单而自然地推理，更近乎真理。我还想到，因为我们在成年之前，都是孩子，应当有过一段悠长的岁月，我们的欲望和监护人的管束，往往互相对立，两者可能都没有给我们一个最好的主意，若要我们的判断纯粹而且稳固，除非我们一生下来，就有运用全部理智的能力，而且只受我们理智的指挥，那几乎是不可能的事。

②改革者的态度

诚然，只为了改换门面和美化街道的计划，不见得有人将整个城市的房屋全部拆毁；但是很可能会有许多人，为了建造一座新的屋子，而将旧的毁掉，而且，有时因为房子基础不坚固，有塌下来的危险，他也会被迫这样做。按照这例子，我深信：一个私人要改革一个国家，彻底改换一切，为了扶正它而将它倾覆，是一件毫无真实可言的事。同样的，我们为了教授新的科学，也不会将全部科学或学校规定的教学课程改换。不过，对于以前在我信念中接纳的一切意见，我认为再没有比将它们全部扬弃更好。这样，可以依照理智先将它们纠正，以后再将它们或别的更好的意见安放在我的信念中。我坚信，以这种方法生活，比只在旧的基础上建筑，根据年少时所信服的原则，而不去考察它们的真伪，更有成就。虽然，我注意到这种做法有许多困难存在，但是它们绝非无法补救，而且这种困难，也不能去和公众的最小改革上所遇到的困难相比。因为这些庞大的体制，一旦倒下来，是很难把它们扶起；动摇了，就很难把它们稳定。它们的倾塌只有十分惨重。此外，关于它们的缺点——如果它们有的话——譬如它们之中的分歧，只此一事已足够证明它们有许多缺点。无疑地，习惯成自然已使它们缓和了许多，而且不知不觉中，避免了或改正了许多缺点，这事可能单靠明智还是无法做到。最后，应当说，缺陷常常比改革更容易忍受，如迴绕山间之道，因为走的人多了，渐渐变成平坦而便易，循着它走，比起攀登山崖，滑下绝壁的捷径容易得多了。

这就是何以我丝毫不赞同那些性情浮动不安的人们，他们的身世来历和社会上的地位，根本不适合于处理国家大事，但是他们仍然常常在思想上，要些新的花样，假如我在这篇文章中，有一些足以引人猜忌我有这种疯狂的企图，我会为它的出版而难过，因为我的计划绝没有超过自我思想改革的努力，将它建在一种完全属于我个人的基础上。但是，如果我给你看一个思想改革的样本——这是我很乐意做的事，但并非就是有意劝你照样去做，因为凡有更高天赋的人[①]，必定比我有更高超的计划，但是我害怕目前的计划对许多人已是太大胆妄为了。就决定完全抛弃自己以前所接受的信念而言，已非一个人人当随的表率。我们的世界几乎由二种人所组成，对这些人，这表率皆不适合。一种是自以为了不起而实际上没有什么才干的人，他们免不了有速断速决的毛病，也没有足够的耐心，按部就班去引导他们的一切思想。因此，一旦开始怀疑从前所接受的原则，和怀疑自己离经叛道，就立刻手足无措，把握不住所应循的最直路线，终至一生沦于彷徨之途。另一种是一些非常理智和谦逊的人，他们辨别真伪比教导自己更无能力[②]，所以乐于附和他人的意见，而自己却不去找一些更好的意见。

③自我改革的情形

至于我，如果只受业于一位老师，或者对历代博学者

① 拉丁文作天资。

② 此处笛卡尔所说，似乎和第一部所说的矛盾，因为他说过，分辨真伪的能力大家是相同的；不过应当分别分辨摆在思想前的真伪能力和发现隐藏的真伪能力，前者大家相同，而后者则否，有许多人，自己不会去发现真伪。

之间的意见分歧一无所知，无疑地，我是属于后一种典型的人。但是自从公学时期始，我知道不能想象一件古怪，而且不可思议的事，不曾为一位哲学家所主张。后来旅行时，认识了一些和我们的情感完全相反的人士，他们却并不因此就野蛮不化，并且有许多人和我们一样地运用理智。普通一个人，如果幼时在法国人和德国人中间长大，便会和在落后的和吃人的野蛮人中长大不同；甚至连我们的服装式样，十年前非常流行的，也可能再过十年后，会再度流行起来，而同一式样，目前却显得古怪可笑。因此，我认为使我们信服的往往是习惯和实例，而不是任何确实的知识。多数人认为它是一件不易发现的真理，仍无补于证明它的真确性。因为单独一个人找到真理，比全体人民一起找到它更近乎事实。可是尚不能举出一个人来，说他的意见比别人更为可取，我之所以采取自我引导，实处于势之必然。

好像一位孑身在黑暗中行走的人，我决定走得很慢，并且一切行止小心翼翼，即使我前进不多，至少不会跌倒；同样的，我也不愿意立刻将以前的一切意见扬弃，它们之所以能够不经过理智的介绍，潜入我的信念中，是因为我当时不曾运用足够的时间，去计划我要做的工作，去寻找真的方法，以便达到我的精神所能认识的一切事物。

④逻辑、代数与解析几何

我年轻的时候，在哲学方面，研究了一些理则学；在数学方面，我研究了一些解析几何和代数，这三种学艺或科学，对我的计划似乎应当有所助益。但是当我仔细考察时，我发现理则学的三段论证，和其他大部分规则，只不过解说我们已经知道的事[1],或者如同 鲁尔（Lulle）[2] 的计算术一般，不分青红皂白地向你谈论一些莫名其妙的事，对学问是毫无裨益的。虽然实际上，它具有许多十分好的规则，但是也掺杂了许多有害且多余的规则于其间，你若要分开它们，其困难无异于想将狄亚娜（Diana）和米纳凡（Minerva）从一块尚未雕琢的大理石中抽出来。其次，古代的解析几何和近代的代数，除了限于谈论一些很抽象的问题外，似乎没有什么实际的用处，前者常逼你观察图形，你若不绞尽想象力，就不能活用理解力；后者使你陷于一些规则和号码的约束中，甚至将它弄成混淆含糊不堪的一种技术，不但不是一种陶冶精神的科学，反而困扰精神。

⑤新方法的规则

这就是为什么我必须另找一个方法，要具有那三者的优点，并且没有它们的缺陷。规则太多往往易于流弊，例如一个国家只有极少的几条法令，如果能严格遵守，便容易治理得好；因此，我撇下理则学的一大堆规则，举出下

① 笛卡尔认为传统理则学没有发明作用，第一它所演绎的结论，早已包含在前提中；再者，它所关心的是思想进行的正确性，而对其真伪则置若罔闻，是以由伪的前提亦能引出真的结论，但是传统理则学在证明已发现的真理，及在推理的练习上，是很有价值的。

② 鲁尔（Raimond Lulle，1234 ~ 1315）是《大技术》（Ars Magna）一书的作者，内容谈的是亚氏理则学，但他所谈的是亚氏理则学的变质，毫无发明之用。

列四条规则①。我想它们已足够了，只要立定主意，丝毫也不忽略它们。

第一规则：自明律，即明和晰。

第一②，绝不承认任何事物为真，除非我自明地③认识它是如此，就是说④小心躲避速断⑤和成见⑥，并在我的判断中⑦，不要含有任何多余之物，除非它是明显地、清晰地

---

① 在《引导理智的规则》一书中，笛氏共列了21条规则，后来把它们简化，最后只留下4条，作为指导思想的行动，即直观和演绎。

② 第一规则分两部分，一是自明律，一是自明的条件。

③ 笛卡尔所想的真知识是自明（Evidence），在他的思想里，是和臆测（Coniccture）相对立，臆测的真理，不是直接呈现在精神之前；而自明的真理，是直接呈现在精神之前，为证明它之真实，不需要别的，只要看它呈现在精神之前的事实。自明的直接性，必须含有认识行为的单纯性和直接性，这单纯而直接的认识行为称为直观（intuition），直观有三个特点，即它是纯思想的行为，它是不能错误的行为（因为比任何演绎还要单纯），以及它是适用于一切单纯的思想行为，如判断："我想"、"我存在"、"三角形只有三边"，如判断两者之间的关系："二加二等于三加一"等。由此可知，笛卡尔的真理观念在绝对确知和无知之间，不容许有任何其他知识存在，所以他抛弃亚里士多德的概然知识和士林哲学的逼真知识（由类比辨别而来），在其规则中说："一切科学的知识是确实而明显的，对许多事有疑惑的人，并不比对同一事从未思想过的人来得渊博。"（Philosophical Work Vol I p．3）

④ 自明律的总则，笛卡尔以三条规律阐明，一、在没有获得明显前不要判断。二、不要根据成见判断。三、不要让我们的判断越出自明的范围。

⑤ 在没有达到明显时，即下判断，称为速断，速断的对立德行是审慎。

⑥ 成见是我们错误的最主要原因，为防备它，笛卡尔想出怀疑的方法，将一切以前认为确实的知识都予以拷问。

⑦ 判断之行为，和明显观看的行为不协调，这是因为照笛氏的说法，意志是无限的缘故。

Evidement① 呈现在我的精神面前，使我没有质疑的机会。

第二规则：分析律。

第二，将我要检查的每一难题，尽可能分割成许多小部分，使我能顺利解决这些难题。

第三规则：综合律。

第三，顺序引导我的思想，由最简单、最容易认识的对象开始，一步一步上升，好像登阶拾梯一般，直到最复杂的知识，同时对那些本来没有先后次序者，也假定它们有一定秩序。

第四规则：枚举律。

最后，处处做一遍很周全的核算和很普遍的检查，直到足以保证我没有遗落为止。

⑥数学可为一切知识的形式

那些长串连贯的推理，无一不是简单而容易，几何学者习惯用以推演更难证明的事理，使我联想到，凡人的能力所能认识的范围内，皆有同样情形。只要你不承认任何不真者为真，常常遵守应有的演绎程序，由一事理推演到另一事理，则最后绝不会有遥不可接、隐不可明的事理。至于必须从哪些事理开始，我已不难知道它；事实上我已

---

① 所谓明显的，是指观念本身呈现在我的精神内，就是说，由于对象本身而生的观念呈现给我的精神。这就是明显之特点，所以明显的观念，是直接由观念本身而生的印象，亲临（Present）理智。所谓清晰是说这观念只含有固有的因素，明显的观念和清晰的观念有下列关系：一是一观念是明显的，但不是清晰的。二是一完全明显的观念，亦必是清晰的。三是一个清晰的观念，常是明显的。

经知道，应当从最简单、最容易认识的事理开始。观察以前在科学上探求真理的学者，唯有数学家能找出一些确实而自明的证明。实在说，我应当毫不犹豫从他们检查过的那些真理开始，虽然我不敢期望由此得到任何利益，只要它们提升我的精神，以真理为饮食，不以假的理由为满足；但是我并不因此而计划去学习数学的各种特殊问题，我观察它们的对象虽然不同[①],但是它们假如只注意存在于对象间的各种关系和比例，则必然是一致的。我于是认为，最好只是一般性的检查这些比例。而且，为了使我更容易认识它们，我假定它们存在于有助我认识的物体上，但是无论如何，不将它们加以限制，以便以后更容易将它们运用到其他一切适宜的事物上。之后，由于我发现，认识它们，有时需要个别地观察它们，有时只需要记住它们或同时记取好几个。我想，为了更容易个别地观察它们起见，我应当假定它们是在线的形式，因为我找不到一件比它更简单之物，也不能有比它更清晰的对象，使它们显现给我的想象和感官。但是为记住它们，或同时记取好几个起见，我必须用一些字母，尽可能以简短的字句来解释它们。我想利用此一方法，撷取解析几何和代数的全部精华，用以矫正彼此间的一切缺陷。

⑦应用上的防范

事实上，严谨遵守我选择的这几条规则，我敢说要解

① 照士林哲学之说法，数学分为纯数学和杂数学。纯数学中有算术，其对象为数；有几何，其对象为大小，数和大小皆为抽象的。杂数学中有天文，其对象为数字化的星辰物理；有音乐，其对象为数字化的音韵；有光学，其对象为几何化的光线。

决这两种科学（几何和代数）范围内的一切问题已绰绰有余。经过两三个月的检查，由最简单的、最普遍的问题开始，利用已有的真理，来探求其他真理的规则。我不但对从前认为十分困难的许多问题有了头绪，而且最后，对于不明了的难题，也能确定用什么方法，可以解决它们。一件事只有一个真理，任何人发现它，那么他所知就是所能知者，从这点而言，各位可能不会认为我太徒劳无功。例如一位熟谙算术的孩子，循规蹈矩地演算了一个加法的题目，则对他所计算的结果来说，他确信自己所能做到的，全部已找到了。按部就班依次而进，和正确地检点所研究的全部情况的方法，具有如同算术规则一般千真万确的保证。

但是这方法，令我最满意的地方，是使我能在一切事上运用我的智能，即使我无法运用得十全十美；至少，在我的能力范围内，它是最完美的了。此外，由于运用这方法，我的精神能逐渐明白清晰地去应付外界。而且，它不限于某一特殊的科学，所以我决意将它多多利用到其他科学的难题上，如同我在代数难题上所做的一般。这不是说我因此敢擅自验证一切遇到的难题，因为这样违反我的方法所规定的程序。不但如此，举凡一切数学以外的学问原则，应当全部取自哲学。而在哲学中，我还未找到一些确切不移的原则。我想，道德应当设法在此奠定基础，这是最重要的事，所以粗心和成见是最可怕的了，因此当我还只有二十三岁时，尚未达到足够成熟的年岁之前，我不应当着手去做这件工作，而且我应当有充分时间来做自我准备，从我的精神中除去以前接受的坏意见，并收集更多的经验，使之成为我日后推理的资料，时常在自己所规定的方法上训练自己，以便日益对它更有把握。

3. 暂时的伦理规则

正如着手重建一所住宅之前，仅是将它拆毁、购置材料、聘请工程师，或者自充建筑师，仔细拟定图样等，这一切还是不够。必须准备好一些其他的事情，务使建筑期间，能有一处舒适的生活住所；如此，当理智在判断上陷于悬疑之时，为了使行动继续，而自始不放弃我能有的幸福生活[①]，遂为自己拟定了一项暂时的伦理，它只由三四条格律组成，我亟愿把它告诉各位。[②]

---

① Heureux 一词拉丁文作 felicitas（幸福），严格地说，它和 Beatitudo（真福）不同，真福是善性的最后偿报，今生今世只有幸福，即一种最适合于我们本性和社会环境的生活。

② 笛卡尔以后没有说出，方法导论中的暂时伦理，哪些是暂时的，哪些是永久的，下列结论，似乎可认为是确定的：

一、笛氏认为一个最高完美的伦理，应当假定它具有其他一切知识；现在医药、工程及哲学尚未完成，所以不能有永久的伦理。

二、在他致伊丽莎白公主的信中，笛氏肯定方法导论的伦理，为引人到达至善和真福是必须的，而且足够的，似乎在他的思想中，该伦理日后当由永久的伦理补充。

三、虽然在方法导论中的伦理是相对的永久伦理，但仍不易指出到底哪些是暂时的。

笛氏认为在行为上，不应当如在理智上有犹豫不决的情形，理智所追求的是真，而概然的真理和伪的相同，不值得我们去追求。行为的对象是善，而概然的善是和恶不同的，不可一概扬弃，恶的确不应当选择，但是在不知什么是至善时，仍应当选择概然的善。

①第一规则：尊重习惯

第一，顺从我家乡的法律和习惯，有恒心地持守自孩提始，上帝宠赐我沐浴我的宗教（天主教），而在其他事上，随从最稳妥、最不极端的意见来持己律身；因为通常这些意见，是和我共同生活的那些人中，最明智的人士所奉行的相符。自从我不随意乱逞自己的意见，全部检查它们时，我相信不能比随从智者的意见更好。虽然波斯人和中国人中，有如我们一样明智的人，但是我总以为，依照我必须与之共同生活的那些人来持己律身，更有益处。不过，为知道哪些是他们真正的意见，我应当注意他们所做的，而不应专注他们所说的。这不但是因为在世风日衰的今日，少有人肯全盘说出他所信奉的，而且也因为有许多人，根本就不知道自己信奉些什么。一人借以相信一物的思想行为，有别于一人借以认识自己相信一物的思想行为，两者往往是不相涵蕴的。而在被一般人同样采纳的许多意见中，我拣选那些更稳妥者，一则因为那经常较容易实行，而且似乎也是比较好的——一切极端通常是坏的；一则是假定我拣选错了，如果我拣选了这一极端，而我应当随从的却是另一极端，则我离开真道亦远了一些。我要特别一提的是，凡有损于个人自由的诺言，我皆视为极端。这不是说我不赞成法律，因为只要你有一个好的计划，即使仅是为了商业上的信用而设的一些无可厚非的计划，法律是可以准许你宣誓或签订契约，命你信守不渝，以防范心地薄弱的人反复无常。但是因为世上的事物，没有一件是一定不变的永久留在同样状况，尤其对我而言是如此，我决意要逐渐改良我的判断，不让它变得更糟。如果由于我从前赞成一件事，后来它并不是好的，或者，我不再认为它是好的，而我仍然肯定它是好的，则我犯了一个违背良知的大错。

② 第二规则：意志坚定

我的第二格律是尽我之所能，使我的行为，最坚定最果决。而且连那最可疑的意见，只要一旦决定采纳它，就应该有恒心贯彻它，当它为最确实的意见一般。这件事，我效法旅行者，当他在一森林中迷路时，他不应当踌躇犹豫，一会儿转这边，一会儿转那边，更不应该滞留在同一地方，而必须尽可能笔直地朝同一方面前进，即使开始时，可能只是偶然地做了这个选择，也不应当为了一些轻微的理由改变方向。因为按照这方法，若不能不偏不倚抵达他所希望的场所，最后，至少也到达一个地方，那里似乎要比在森林中好些。因此，在日常生活的行为中，往往不允许我们迟疑，这是千真万确的道理，当我们无法辨别那个是较真确的意见时，我们应当随从比较可靠的意见；同样，即使我们还不曾观察到一意见比另一意见更可靠时，我们仍然应当决定自己随从一个，以后在实践时，不再当它为可疑者，而当它是最真实的。因为限定我们行为的理智，即是最真确的[①],所以它（指这种行为的原则）能将我从一切悔恨和良心的不安中解救出来。精神薄弱而动摇不定的

① 理智在实践上是最真最确的。

人，其良心习于被悔恨和不安所困扰，因为他们轻易任自己做一些自以为是好事，而后来却认为是坏的事情。

③第三规则：改变自我

我的第三格律是常常努力克服自我，胜于克服命运；改变我的欲望，胜于改变世界的秩序。一般地说，我训练自己相信，除了我们的思想以外[①]，没有一样事物是完全属于我们的权下。这样，对于身外之物[②]，当我尽了我的能力之后，凡非我所能及者，我确信它超出我的能力范围之外。此一事实，似乎已足够阻止我再去奢望任何无法获得之物，而我也因此心满意足[③]，因为我们的意志，天生随从理智，只有我们的理智认为有些可能时，它才去追求。无疑地，如果我们看到的一切好的物品，不但置于我人之身外，而且远离我人之能力范围，则缺少它时，我们不会太懊丧，因为这不是我们的过失；如同缺少了那些似乎原来就不该属于我们之物的情形，或没有掌握中国或墨西哥江山的情形。谚云：化必然为德行。我们生病时，不希求自己是个健康者，坐牢了，不希求自己是个自由者，犹如我们现在不希求有一个和金刚石一般不易败坏之物质做成的躯体，或有一对能如鸟儿一般飞翔的翅膀，但是我承认，要使我

---

① 以思想作为一切心灵的活动，包括理智的认识行为、感官的认识行为和意志的行为，是来自犬儒学派的说法，笛卡尔加以发挥，认为思想之所以完全属于我们，是因为它们为我们的自由意志所控制，而自由意志是一种不可分的单纯事物，有之，则全部有；无之，则全部无。

② 所谓身外之物，笛氏指非思想和不属于思想之物，所以也绝对在我们的能力范围之外者。

③ 心满意足到极点，就等于真福了。

习惯于如此接物，需要有一个长期的训练，和不断地省察默想。我相信从前的一些哲人[1]，他们之所以能够摆脱命运的约束，置贫病于身外，和他们的神较量幸福[2]，其秘诀就在于此，因为他们夜以继日地专心观察大自然所加给他们的限制，完全信服未有比思想更属于他们权下之物，只此一信念，已足够阻止他们流连在别的事物上，他们对自己的一思一虑如此绝对地有把握，有足够的理由去想，自己在这方面，比其他人更为富裕，更有能力，更为自由，更为幸福。因为别人没有这种思想，不管他们能有天大的自然恩赐和命运恩赐，绝不能照他们所意愿的一切去安排。

④ 确定的伦理

最后，为了结束这伦理思想，我本想检讨一下人们此时所有的不同职务，以便做一最好的选择。由于对别人的职务，我不愿说什么，我想我还是继续留在目前的职务最为恰当，就是用我全部的生命，来培养我的理性，尽我力之所能，遵循我拟定的方法，在真理的领域上迈进。自从我开始遵循这方法，就体味到这极度的快慰，甚至我不相信此生中有人能获得比此更甜蜜、更纯洁的快感。借此方法，我天天发现一些真理，照我看来，它们是相当重要，而通常又为他人所不认识，个中的快乐如此充溢我的精神，使我对其他一切皆无动于衷了。再者，上述的三条格律，是根据我自己拟定的，做自我继续练习的方策。因为

① 史多噶派哲学。

② 按照史多噶哲学，神的年纪虽然高于智者，但其幸福则与智者平等。

上帝[①]赐给了每一个人一些分辨是非之光。除非我立定主意，在适当的时候[②]，用我自己的判断去检查它们；我想，我不应该有一时一刻，以别人的意见为满足。倘若有更好的意见存在，而我却因为随从了别人的意见，而不再希望不惜一切寻获它们的机会，则我将无法摆脱心中的不安[③]。末了，如果我想顺着一条路径[④]，一定能获得我所希望达到的一切知识；如果我没有顺从它，则我将无法克制我的欲望，也无法自满自足。同样的，对于获得在我能力之内的一切真善，我想亦是如此。由于我们的意志不去追求也不逃避什么，除非照我们的理智指示它何者为善或何者为恶，那么要做得好，只要有恰当判断就够了[⑤]。而要做得最好，就是说要修大德，和尽量获得凡能获得之美善，也只需要有最恰当的判断就够了[⑥]，当一人确知如此的时候，不会不陶然自得了。

---

① 上帝之观念关系着整个笛卡尔哲学，在此已见一斑，最基本的理智之光乃由神而来。

② 适当时刻指有了相当准备之后。

③ 这心中不安是由害怕会做错的思想产生。

④ 即方法。

⑤ 笛卡尔在1637年4月27日写给梅色纳神父的信说："你不赞成我的说法：要做得好，只要判断得好就够了，然而照我看来，这原是士林哲学的普遍学说呢，即意志不会偏向恶，除非有理智在善的观点下将恶呈现，所以谚云：'一切罪行是无知。'所谓判断得好，即合乎真事，但是使一真判断成为行为的足够条件，它必须是明显的，只有在这情况，意志才随其指示。"

⑥ 全句的意思应当是如此：要做得好，并要获得善行及其他一切由此而得的善，要求有恰当的判断，然而一人不保有恰当的判断时，则必须照他认为最好的去判断，如果一人有善行，使意志随从理智指导而照其最好的方法去判断，则至少他能获得一切我们所能达到的善。

如此，我确定了这些格律之价值，将它们特别列出来，并和我信念中常占首位的信仰真理放在一起。之后，关于我其余的一切意见，我认为我能自由地设法扬弃它们。由于希望同他人会谈，而能更顺利达到目的，胜于长期困居灶间，固守着这一切思想，我遂不待冬天过去，起身旅行。此后九个岁月中①，我没有做别的，只是游历世界各地，并设法在这世界的剧场中，当一位欣赏者，而不愿做一位演员；对每一个问题，特别考察某能引人疑窦和误会之处，同时从我的精神中，根除一切从前潜入的错误，但并不为此效颦怀疑论者②，只是为了怀疑而怀疑，而且自矜常是悬疑不决者，反之，我的整个计划是在求保证自我，摒弃滚动不固的泥土和沙地，而寻找岩石和黏土，不采用一些薄弱的臆测，而用明显与确定的推理。照我看来，我对此做得相当成功，因为当我致力于揭发我所检查的命题之虚伪和不确切时，我不曾遇到一个命题，它是如此可疑，使我无法引出一些相当确实的结论；如果没有别的确实的结论，至少仍然有些确定的结论，即它不含任何确实性。人们在拆毁一所旧居的时候，似乎习惯保留一些拆下的旧料，作为建造新屋之用。如此，在我摧毁一切意见，视它们缺乏根据时，我对它们做了各种观察，而获得了许多经验，以后③我要利用它们来建立起最确实的意见。此外，我继续让自己在拟定的方法上练习。除了关心引导我的思想，普

① 1920 ~ 1928。
② 指文艺复兴时代的犹豫派人士，如 Montaigne，Sanchez。
③ 指写作宇宙论时。

遍地顺从它的规则外，我不时地保留几个钟点，特别用于解决数学上的难题，或者解决一些和它们相似的其他难题，将它们和别的科学[①]的一切原则分开，因为我发觉后者不太可靠，犹如在本书所解释的许多问题上所看到的。如此，表面上我的生活和一些无所用心之徒无异，只是过着安逸而纯洁的日子，设法将快乐和罪恶分开，追求一切正当的娱乐，享受它们的安逸而不厌倦，其实我不停地照我的计划进行，在真理的知识上求进益，可能胜过只是念了几本书，或与一些学人交谈的成就。

总之，九年的岁月就这样过去，而对于学者们习惯争论的问题，我还不曾采取什么立场，也不曾着手寻找一种比通俗[②]更确实的哲学基础。以前，许多出类拔萃的精神工作者[③]有此计划，似乎皆没有成功，他们的前鉴使我想象到它的困难重重，若不是我看到有人已经散布风声，说我对此已胸有成竹，我可能也不敢遽尔有所行动，我不知道这些言传有何根据；如果说我的言论在此有些贡献，这应当是在于我很坦白地承认我的无知，超过另外一些念书的人所习惯的不坦白。或者在于我指出从前别人认为是千真万确之事，我却有许多怀疑的理由，而绝非在炫耀我有什么学说。我有一颗相当善良的心，因此我不愿意别人把我当作另一种人看待。我想，我必须用尽各种方法，勉力自己要担当得起他人所加给我的厚望；已经八年了，这种

① 士林哲学派的科学。
② 指士林哲学家。
③ 指文艺复兴时代的几个人，Telesio，Campanella,Bruno,Bacon,Ramus等。

愿望使我决意远离一切能发现熟人的场所[1]，而退避在此。住在此国里，这儿，长期的战争已奠定了如许良好的秩序，那些驻军似乎只是为了保障人民更安定地享受和平的结果；这里，我生活在一批很勤劳的伟大民族的群众中，大家汲汲关心于自己的业务，而不问他人的闲事，既不缺少最繁华的都市所有的一切便利，而又能有如此清静和远离尘寰的生活，无异于生活在深山旷野之中。

4. 我思故我在

①由怀疑到第一真理

我不知道是否应当同你们谈谈我在那里的最初默想，因为它们是如此形上的[2]，如此异乎寻常[3]，可能与大家的旨趣不合，不过为了能够判断我所采取的基础是否足够坚固，我又不得不提一提。很久以来，我就注意到，在伦理行为上，有时候你必须随从他人的意见，虽然你明明知道它们是很不正确的，但你仍然应当视它们是铁定无疑的，如同上文[4]我已叙说的。因为我此时致力于探求真理，我应当采取一种完全相反的做法：凡在我想象[5]内含有可

---

① 笛卡尔语，谁隐得好，即活得好（Bene Vivit qui bene Latuit）

② “形上的”是指抽象的，难以了解的。

③ 异乎一般人所专务的事。

④ 本文第三部第二格律。

⑤“在我想象”，足见笛氏的疑惑完全是故意的，先是疑惑的确可疑之物，之后将此疑惑扩展到没有疑惑之物，是为万法的疑惑。

疑[1]的成分，即使只含有极轻微者，也要毅然扬弃，犹如扬弃一绝对虚伪之物，以便观察。除此之外，是否还有一物仍然留在我的信念中，为完全不可怀疑者。如此，由于感官屡次欺骗了我们，我便假定借助感官而想象的对象，没有一样是真实的存在。由于有人在推理上犯了错误，就连在最简单的几何问题上，也不能避免错误的产生，我遂断定我之所以错误，一如其他任何人，因而，我扬弃一切先前视为不需证明的理由，犹如扬弃谬论一般。最后，我观察到清醒时所有的思想，能同样地在睡梦中出现，虽然没有一个是真实的，于是我坚决假定从前进入我心灵中的一切事物，无一比我梦中的幻觉更为真确。但是正当我做如此思想，一切皆伪之时，我立刻理会到那思想这一切的我，必须为一事实。由于我注意到:“我思故我在[2]这个真

① 在方法导论中，笛氏的疑惑是涉及整个思想范围，以后由于 Gassendi 的反驳，他才认为在纯观念中，不能有错误的余地，M.L. Levy-Bruhl 说得好，“疑惑的范围，包括一切肯定有物在我们思想之外的命运，所以它无关物的本质，而只关系物的存在。”

②“我思故我在”拉丁译文为 Ego cogito，ergo sum sive cxisto，而实际上法文的 Je pense 原是拉丁文 Cogito 一字的翻译，这一辞的正式译法，法文当为 Moi，qui je Pense，je Suis 就是说，我要想一切皆为虚伪，但是只有我不能是虚伪，因为是我想这一切，所以:“至于我，我思想，我存在。”笛卡尔所说的思想，是一切直接意识到的行为，不是推论，而是意志、理智、想象、感官的行为，皆能为思想。)

理是如此确实，连一切最荒唐的怀疑假定[①]都不能动摇它。于是我断定，我能毫无疑惑地接受这真理，视它为我所寻找的哲学的第一原则[②]。

②灵魂与肉体的分别

以后，我仔细考察“我”是什么？我知道，我能设想“我”没有任何肉体，也能设想没有宇宙存在，连“我”处身的地方都不存在，可是我不能同样地设想“我”自己

---

① 哲学史上，早已有人以思想存在的明显事实，来攻击绝对的怀疑论者，如圣奥斯定证明思想主体之存在时说：“我们存在，我们亦知道我们存在……如果你错了，那么怎样？如果我错，我存在，因为凡不存在者，亦不能错，因此如果我错，故此我存在。但是如果我错，故我存在，如果知道我存在是错的呢？既然如果我错，我存是一定的？由于虽然我错了，我存在才能错，无疑的，知道我存在，我没有错。”（De Civitate Dei I. XI Ch. 26）圣奥斯定在别处又说：“即使一人疑惑，他活着；如果疑惑他所疑惑，他记忆；如果他疑惑，他知道自己疑惑；如果他疑惑，他要确实知道；如果他疑惑，他思想；如果他疑惑，他知道自己不知道；如果他疑惑，断定自己不应当贸然同意。任何人可以有什么疑惑，但这一切不应当疑惑，如果这些不存在，不能疑惑任何事。”（De Trini tate l. X Ch. 10，n. 14）苏格拉底亦早已说了：“我知道一事，就是我什么也不知道。”但笛卡尔是否受他们影响？影响到什么程度？十分难说，大家认为笛卡尔的疑惑和他人的不同，因为他的疑惑思想是全部哲学和物理的唯一原则，不过自圣奥斯定以后的传统习惯，保存了灵魂的自明性，用以攻击怀疑论，证明灵魂是精神体，证明上帝存在。

② 笛卡尔视“我思”犹如阿基米德所寻求的力点，用以举起地球，“我思”为全部哲学和物理的第一原则，我疑惑肯定我存在。但我疑惑，故我不完美。我不完美，则当有一完美存在，不然我不会有的，由于上帝存在，因为上帝是完美当是真实无疑，所以他保证我的灵魂和肉身有分别，保证一切机械物理，所谓我思是第一原则，它是最显明，N. Levy－Bruhl说得好：“我思在程序上，为第一存在原理，就是说其他的来得较晚，笛卡尔没有将它当作别的真理的可能性条件，只是将它做成其他一切存在判断条件，就是说，我思常陪着它们，由是它们是先假定有它。”

不存在；相反的，正因为我思想怀疑别的事物之真实性，很明显地，很确实地总结了“我”的存在。退一步说，只有我停止了思想①，而我以前所想象的其他一切事物皆仍为真实，则我没有理由相信我曾一度存在过。因此，我知道我是一实体②,而他的全部本质或本性③,只是思想而已，其存在，不需要有什么地域④，也不需要有什么物质为其凭借⑤。如此，这个我，即灵魂⑥，是我之所以为我的理由。

---

① 唯心主义者将这话解释为我不思想，则宇宙不存在，所以我思是宇宙存在的条件。由上面注释，知道笛卡尔的意思是，宇宙存在与否，不为我存在的条件，因为我疑惑宇宙的存在之后，并不影响我思想的存在，由此证明了我的存在为一思想的实体，不隶属于宇宙的存在。

② 笛卡尔给实体所下的定义，乃一切我们对它有真实观念的属性的直接主体，如此，思想是一切特殊思想的实体了，但是你不能认识实体，除非是通过其属性。是否实体为思想的主体，和思想有分别，笛氏认为我只能借思想而认识思想的主体，不过这主体本身就是思想，所以思想的实体和思想，只是逻辑上的分别，没有实物上的分别，这思想的主体称为Mens（心），可译为思想，笛卡尔称为Esprit（精神），所以笛卡尔的思想实体，等于思想现实主义，“思想为一实体，它的本质或本性只是思想而已。”我思所抓住的，是思想的存在，思想的现实性，至于笛卡尔的实体和士林哲学的实体关系。L．Levy．Bruhl在其Descades中提出下列几点：

一、一切属性，是实体的属性，彼此有分别，本质之认识是借属性，对属性认识越多，则对本质认识越彻底。

二、笛卡尔离开传统的士林哲学，在肯定了每一实体有不可分离的属性之后，认为每一实体有本质的属性，这些属性，就是该本质的属性，因此认识属性，就是认识本质。

③ 本质或本性，在笛卡尔是异字同义。

④ 笛卡尔强调灵魂为存在，不需要空间，所以是独立的，他称实体为存在，只需要自己，后来这实体被斯宾诺莎解说为上帝，唯一实体。

⑤ 说明灵魂和肉体有分别，灵魂能自己思想，不需要肉身。

⑥ 我是思想，是灵魂，这灵魂一词，拉丁文为Mens，而不是Anima，法文为Ame，笛卡尔认为拉丁文的Anima包括植物、动物的生命，而Mens只是思想生活。

他和肉体完全不同[1]，也比肉体更易认识，而且，假使肉体不存在了，仍然不停止他本来的存在。

③明晰，真理的标准

接着，我普遍地检查一命运之所以为真实的缘故，以便确定它的条件。由于我已找到了一个命题，且知道它是真实而确定的，我想我也应当知道其真确性是什么。我注意到，在“我思故我在”之中，无物可以保证我说了真理，只不过是我很明显地看出，思维必须存在。我遂认为我可以以此作为总则，凡我们很明显地、很清晰地对它有观念（Concevoir）之物，皆真实无误，只是欲妥为辨别哪些是我们对它有清晰的观念之物，尚有一些困难存在。

④上帝存在第一论证：至善的观念

以后，我对我的怀疑，亦即对我之存在，为一非十全十美之事实做了反省。因为我清楚地看出，知识比怀疑更为完善[2]。我遂探索，何以我学会了思想一件比我更为完善之物。我明显地看出，这思想必须来自一个比实际更为完善的本性。至于我有许多其他自我以外事物的思想[3]，如天、地、光、热和千千万万别的思想，我一点儿也不感到

① 笛卡尔在此证明了有一和肉身完全不同的灵魂存在，但是否也证明了灵魂和肉身真的是完全不同？似乎在本导论中，笛卡尔不曾疑惑。

② 我疑惑，故上帝存在，在疑惑中，抓住我的存在和上帝的存在，而上帝的存在，实先于我的存在，因为完善之物先于不完善之物。

③ 思想就是观念：因为观念是思想，而思想之知道思想是为了观念，笛卡尔分思想为三类：外来的、捏造的和天生的，在形上默想中将特别说明。

困难地知道它们的由来，因为我看不出它们有什么似乎胜过我的地方，我能够确信，若它们是真实的[1]，则是因为它们隶属于我的本性。它（我的本性）拥有一些完善。如果它们不是真实的，则是因为我无中捏造它们，就是说，它们之存在，是因为我有一些缺陷[2]但是对于一个比我的存

① 这论证是假定士林哲学的有即是真的定理，所以凡是真的就是存在的，伪的就是不存在的，如果观念真的存在，则它的存在必有一原因，它之所以存在是因为我存在之故。

② 本节之意是，如果我对外界之物的观念是伪的，则要解释它，只需说我有限的本性是缺陷的，这样就够说明了，即是说真既然是有，那么真只能以有为其原因；错误既然是没有，那么我的缺陷已足够解说我的错误。

在更为完善者的观念[1]，就不能相提并论。因为肯定它从虚

---

① 笛卡尔定义观念为思想的形式，我人之所以意识到思想，就是因为直接感受到这观念，一观念可以是一印象，但不是必然如此，即使是一印象时，观念也绝不是像所凭依的脑的变化。他所定义的观念：“我用观念一名词，指任一思想的形式，由于直接感受它，我们成为此思想的意识者，如此，由于我知道我所说的，除非事实上，的确我有言语所表示的事物的观念，则我什么也不能用那些言语发表。因此，我不称呼在想象中的肖像为观念，而且无论如何我不称呼它们为观念，乃是因为它存在于有形的想象中，即指画在脑的某一部位，只因为它们是往脑的那一部分去的精神的形式。”在这定义中指出观念中有三物，即思想的官能，思想和思想的形式即观念。

形式一词为本定义中最特殊的一个字，它来自士林哲学，不过笛卡尔只保存其部分的原义；即其代表性。一对象的肖像，已不是事物的可觉形式，至于笛氏用观念来指思想的内容，则是他的创举，照士林哲学，只有上帝能如此做，它的观念是事物的原型，笛氏故意如此做，因为这样他能想三个观念，即上帝、灵魂、和物体。

观念是代表性的形式，所以是一被想的事物，因此是一事实，思想在观念的形式下接受到自己的内容，涉及一些可理解的事实，这事实在于观念的存在，观念的事实有二种：一是我们思想体的模式，二是对象的代表物。以其为思想体的模式而言，我们的一切观念皆是同等完美，以其为对象的代表物而言，则彼此有分别，其高低等级是依其所代表的对象为等级根据，笛卡尔说：“我用观念的客观事实指观念所代表的事物的实有，以其存在于观念中，同样能够说客观的完美或客观的技巧等，因为凡我们所意会到，犹存在于观念的对象中的一切，它们是客观地存在于这些观念中。至于这些观念，以其仅为思想的模式而言，我不承认在它们之间有什么不同，而一切皆同样由我而出，但以其为一个是代表此物，另一个是代表彼物而言，它们显然彼此是很不相同，无疑的，那些显示给我的实体观念，是更重要的。依我来说，它们含有更多的客观事实，超过那些只代表模式或偶体的观念。”

笛卡尔在观念中分对象的实在性和主体的实在性，分思想为行为的代表性，皆取自士林哲学，但在士林哲学中的对象的实在性不是实有，而是理想物，而在笛卡尔则是一实有，虽然不如事物的事实之有，但是一实有，如果它存在，则它需要有一原因。

无中产生[1]，显然是一件不可能的事，如果说一至善者乃一不太完善者的结果和附属物，其荒谬的程度，并不亚于无中生有的说法，所以我再也不能认为它是由我所生出。如此，剩下的便是肯定一位确实比我更完善的本性置于我之

---

① 笛卡尔这里运用他的因果律，但是在士林哲学者看来，这实在有些异样，因为士林哲学中，观念的内容，不要求什么特殊的原因存在，因为它的内容不是实有，亦不需要个别的原因，士林哲学认为石头是一事实，我的理智是一事实，我意会此石的行为也是一事实，但是如果我给我自己形成一石头的可觉形式，而我的理智因此而使它成为理象，不用说我的石头的理象（观念）就是代表石头了，而在对象的形式事实和我的思想行为的事实之间，没有我的表现的事实存在，这情形下，我的观念的形式的实有，要求一个原因，即理智，但是我的观念的客观的实有，不需要有原因，笛卡尔的立场和上面的完全不同，他不像士林哲学那样认为思想是由它和对象的接触开始，他的思想始于纯思想，即由绝对的我开始，于是对象和观念之间的相似，在士林哲学中是由对象来解说，在笛氏还是一个不解之谜，当他碰到它时，只能说是一实际预设 Postulee，结果对象不但不能解释这相似，反而这相似要求有对象存在，所以他一反士林哲学的作风，说："由认识到存在，其推论是对的。"而自置于肯定观念即能成为事实的情形。就是说，因果律要求一观念的代表性的实有来自被代表的事物的实有，一观念的实在性常是比其对象小，这也是根据结果不能大于原因的定律，如果对象的实在性和观念的相同，则它为观念的形式原因，如果超过观念则为超级原因，上帝就是后者，笛氏的定义是："当在对象中的事物如同我们所有的观念一般时，这些事物称为形式地存在于观念的对象中，而当他们不是等同，而是很伟大，甚至可取而代之时，称为超级地存在（在观念的对象中）。"

内[①]，该本性自身具有一切我能知道的完善，换句话说：它是上帝。

⑤上帝存在第二论证：我之有限

在此我要加上一句，既然我认识一些我所没有的完善[②]，则我不是唯一存在之物了，这里请让我来随便引用士林哲学的话，必然有一至善之物存在，我是属于它的，我所有的一切亦是由它而得的。因为倘若我是唯一无二的，

---

① 笛卡尔随士林哲学，尤其是圣多玛斯，认为阐明上帝存在，最便捷的路是根据结果，所以他以因果律为其证明的原则，但圣多玛斯的出发点是任一结果，只要它是可觉的。而笛卡尔却以思想开始，因此只能在思想内找一结果，它的存在要求上帝为其原因，再者，圣多玛斯的证明是假定亚里士多德的原则，就是在一连串的原因中，不可能无限的向前推进，结果必须来到最后原因，即上帝，关于这原则，笛卡尔不否认。不过他否认物体有本质的形式，物体只是扩展，而扩展可以无限分割，所以这原则就无用武之地；再者，笛氏认为由可觉之物所推得的，只是它们的最后原因，没有告知我们这原因是绝对完美的，只有一至善的观念，说明其原因亦是至善的，而且这样亦不需要无限地向后倒推，事实上，上帝的观念是先于一切观念。

笛卡尔虽然接受因果律来证明上帝存在，可是在证明的结果上，有些和士林哲学不同，士林哲学所找到的上帝是在因果律之外，不受因果律的控制，称为纯实在，而笛卡尔的上帝，还是受因果律的控制，所以他的上帝成为斯宾诺莎所说的“自因”。

上帝的观念，因为是比拥有该观念者更完美，所以是事实存在的，这已说出上帝观念的超越性，而上帝的存在亦为一明显的事实。

② 本论证的出发点是一个有上帝观念的人，是为前一证明的引申，该论证照笛卡尔的说法，比前一个更具体，因为它不从观念开始，而从一个有观念的人开始。

和其他一切完全分开而独立，则凡我从至善之物分得者[1]，我自己能持有它们；同样理由，我自知阙如的其他一切美善，我自己亦能持有它们（无需乞求他物），我于是成为无限、永远、不变、全知和全能的了。总之，凡我在神所发现的一切美善，我自己皆能持有之。继续我刚才所做的推论，按照我的本性之所能认识神的本性，我只要审察一切我认为有一些观念的事物，并拥有它们，是否为一完善呢？我确知，凡含有一些缺陷之物，神一件也没有；而其余一切则它都有，例如我知道，疑惑、无恒、忧愁及类似之事，它都不能有，因为我也乐于没有它们。此外，我有许多可感觉出来的和有形的事物观念：虽然我假定在睡梦中，我所看见的或想象的一切皆属虚伪，但我仍然不能否认在我的思想中，确实有这些观念出现过；但是我十分明白，我身上的理解本性和有形本性是有分别的，同时也看到一切组合，证明其为附属物，而附属状态显然是存在的一大缺陷，我遂肯定这种由二物组合而成的完善，不能存在于神。反之，神不是组合的，如果世上有一些肉体，或一些理智，或其他的本性存在，它们都不是至善的，则它们的存在应当有赖于它（神）的能力，甚至于没有它，须

①“分得者”是和“由本质的”相对立，凡由本质而存在者，拥有一切完美，而为其他分得存在者的原因，圣多玛斯说：“凡以本质称之者，是一切以分得称之者的原因……上帝是以本质而有者，盖其本身为存在；其他一切是以分得而有者……故上帝为其他一切存在之原因。”（Con. Gent. I, 15）

臾[1]不能存留。

⑥上帝存在第三论证：至善的性质

随后，我将探究别的真理，因为在我目前摆着几何的对象[2]，而当初我想（Concevoir）这对象为一种连续体[3]，

① 须臾即一瞬，笛卡尔认为时间根本是不连续的，现在的一刻和以前的毫无关系，所以以前事物存在，并不是以后事物存在的充分理由，笛氏以为这是自然明显的 Une evida nce nature lle，如是则事物之延续，每时每秒需要上帝的创造，这每时每刻的继续创造，就是上帝的保存万物，他说："现时不依赖过去者，因此为保存事物所要求的原因，不会少于第一次产生它者。"（I Resp，Axiomall）又"只要我们注意时间或事物延续的性质，没有能隐蔽此一证明的自明性，延续是如此，其部分彼此不相依赖，而且绝不一齐存在，所以由于我们已经存在，不能结论我们在下一刻也存在，除非有一原因，就是那第一次产生我们的同一原因，好像继续产生，这就是保存。" P. P.In1。

笛卡尔这观念是来自士林哲学，但我们当分清他自己掺入的部分，士林哲学肯定保存宇宙即继续创造（Sum. Theo：I Q 104，art. I ad 4），"上帝不是用另一行动产生事物和保存它们存在。"因此一旦这创造的行为停止，则事物归于寂灭。"任何事物的存在皆依赖上帝，如此，除非上帝的能力保持存在，它们亦不能须臾站住。"（S. Th. I. cit）但是笛氏的解释延续和圣多玛斯完全不同，圣多玛斯认为上帝所保存的事物的本质形式，这本质形式是一切动的主体，而动本身亦为一具体现实，所以延续和延续物体的动是同性质，因此时间非由一分一秒而成，而为一延续，前后有关系，不是孤立的。笛卡尔哲学否认本质形式存在，上帝不保存事物的本质，它只保存一种模式的状态，若上帝的能力和事物的现状之间，没有一常存形式存在，比如士林哲学说上帝保存一人，由于人存在所以其思想有连续，而笛卡尔则说上帝保存一思想，这思想不能从一刻到另一刻，只有借上帝不断的创造："由此我们很明白地知道，可能此时此刻我存在而想一物，但是下一时刻我不存在，如果我下一时刻存在的话，则我能想另一物。"（Lett pour Arnould 4/6/1648）。

② 笛卡尔的方法是先有明显的观念 Quid est 然后才决定是否存在 An est，他认为对外界事物，我们有明显的扩展观念，所以有扩展存在。

③ 连续体是充满而无空间的物体。

或一种无止境地向长、阔、高或深伸展的空间[①]，能分割成不同部分，而有不同形态和大小[②]，且能以一切样式推动或迁移，因为几何学者假定它们的对象中有这一切性质，我检查了其中几个最简单的证明。由于我看到大家所公认的数学证明的伟大真确性，只是建立在一个人对它有明显的观念（Concevoir），我也看到，遵循我刚才所说的规则，它们本身绝对没有什么足以向我保证其对象的存在。例如：我很清楚看见，假定是一个三角形，则它的三内角之和必等于二直角。但是不必因此就向我保证世上有一个三角形存在。反之，重新检讨我所有的完善之物，我发现其存在是包括在至善的观念内[③]，犹如一三角形的三内角等于二直角包括在一三角形的观念内，或一球形的各边缘部分和其中心等距离，包括在球形的观念内一般，而且还比这些更明显。由此得到一结论：这至善之物（Etre）的上帝为有（est）或存在（exist），至少具有和几何的任何证明同样的真确。

---

① 笛卡尔采取空间一词，为了使我们容易想象扩展物。

② 物体之别在于它们的形态大小，笛卡尔的物质有三种：即轻微物质（太阳、恒星）、圆形物质（天）和条形物质（星、彗星和地球）。

③ 自康德以后，此论证被称为本体论证，该论证视存在为完美观念的属性，而且是必然的属性，此论证是由观念结论到实际存在，笛卡尔说："凡我们明显地领悟到是属于一物的本性者，可以真确地肯定此物……如果存在是属于上帝的本性，可以肯定上帝存在。"（II Resp.）该论证和圣安瑟莫的相似，笛卡尔似乎没有念过圣安瑟莫的著作，但多少听到了一些，而他的论证亦有其特点，即上帝的存在是出自上帝，它是自己的原因，而圣安瑟莫不以上帝为自己的原因。

⑦认识上帝与灵魂

但是，有许多人之所以认为认识上帝和认识自己的灵魂是有困难的，是由于他们绝对不曾将自己的精神提升到可觉之物以上的缘故[1]。因为他们只是如此习惯于观察他们所想象之物，这些想象不过是一些关于物质的特殊思想而已，而对一切不能想象之物，则似乎视为不可理解的，这可从士林学派哲学家所信奉的格言获得相当明显的证明："无一在理智中之物，不是先在感官中者[2]。"不过，上帝和灵魂的观念绝不曾在感官中出现过[3]，是千真万确的事实。我以为，凡想用他们的想象去了解上帝和灵魂者，其作为完全和那些欲以其眼睛去听声音、嗅气味的人一模一样，只是尚有某些分别而已：视觉保证我们其对象之真，并不亚于嗅觉和听觉；反之，我们的想象和我们的感官，若没有我们的理智介入其间，绝不能保证我们任何事物。

最后，如果仍有人不信服我所举的理由，相信上帝和他们的灵魂存在，我很希望他们知道，其他一切他们自以为能加以保证它存在的东西，例如：一具躯体、一些星辰、一个地球和类似之物，更不确实[4]。我们对这些事物，依常情常理保证它的确存在，除非是一位狂妄者，否则是不能

① 上帝存在和灵魂的性质是形而上学的主要课题，上帝存在是一切科学可能的保证，灵魂的认识，心物之别由此建立，机械科学因此可能。

② 士林哲学的格言“Nihil est in intellectu quod prius non fuerit in sensu”意即，无物在理智中，除非是先在感官中。

③ 士林哲学亦认为如此，不过士林哲学说，我们能由可觉的事物形成一类比的上帝和人灵的观念。

④ 上帝存在的确实性是先于其他一切存在的确实性。

加以怀疑的。同样的，当我们在读者讨论形上的真确性时，除非是一位无理性者，不然不能否认我们有充足理由肯定此一并非完全的保证。因此，睡着的时候，人们同样也能想象另一个身体，看见一些别的星辰和另一个地球，虽然事实上一无所有。如果睡梦中的思想，往往并非比醒时不鲜明、不清楚，何以知道它们比醒时更为虚伪呢？出类拔萃之士，任他们喜欢如何研究，我不相信他们能提供什么充足理由，叫人摒弃怀疑，除非他们假定上帝存在。连我刚才当作规则的命题，就是凡我们对它有十分明显、十分清晰观念之物皆真实无误的存在，若不是因为有上帝，或上帝存在[①]，也不能获得证实。因为上帝是至善的有，吾人的一切皆由它而来，由此结论，我们的观念或概念，既然是现实之物的观念，而它们由上帝而来，那么凡是明显而清晰之物，便不能否认真实了。所以，若我们有一些观念含有虚伪的成分，它们只能属于一些模糊和暧昧的观念，

① 这里是笛卡尔的循环论证。Gassendi 说："你认为一明显而清晰的观念是真的，在于上帝存在，它是这观念的产生者，所以它不能是一骗子；而另一方面，你又认为上帝存在，因它是造物主而真实，同时你对它有一明显的观念，这循环是很明显的。"但实际上这责难是出于没有了解笛卡尔的论证程序，因为"我思"在存在的程序上给了我第一个确实性，他在笛卡尔的思想中，构成第一个真确，所以没有循环的余地，以观念来证明上帝存在，也没有循环的余地，因为至善观念拒绝一切欺骗，那么上帝存在所保证的是什么呢？是明显的回忆，因为明显的回忆，本身不是明显，"再者，我没有犯循环论证……我已说了，就是实际上我们明显地悟到的和我们记得从前明显地悟到的应该分清楚，先是我们知道有上帝存在，因为我们注意了证明此事的理由，以后只要我们忆起我明显地悟到过某一物，已足以使我确信那事为真，若不是我们知道有上帝，和它不能骗人，这记忆是不会足够的了。"（Ⅳ Resp）

因为它们是虚无的分子；也就是说，它们之所以如此模糊地存于我们的观念中，是因为我们并非完全的美善。显然地，认为虚伪或缺陷之所以为虚伪或缺陷，是由于它出自上帝，其荒谬的情形，并不亚于真理或至善出于虚无。然而，若我们一点也不知道存在我们的眼前和真实的一切，皆来自一至善而无限之物，则无论我们的观念如此明显和清晰，我们也没有任何理由向自己保证它们具有真实存在的至善。

⑧讴歌理智

既然对上帝和灵魂的认识，使我们确知此规则，也很容易使我们明白睡眠时所想象的梦境，无论如何，不应当怀疑我们清醒时思想的真实性。因为若你睡眠时，产生一个很清晰的观念。例如：一几何学者，发明一新的证明，他的酣睡亦不能阻止它是真实的。至于我们在睡梦中最普遍犯的错误，在于它显现给我们的各种对象，和我们在外观上所感知的，同样带给我们不信任这类观念是真实性的机会，但这并没有妨碍。因为我们不睡眠时：它们也多次欺骗了我们。例如那些患黄疸病的人，看见一切都是黄的；或者星辰或很远的物体，在我们观察中，显然比原来的要小很多。总之，无论我们是醒着或睡着，除非有自明的理智，我们绝不应轻易信服。必须注意我所说的，是我们理智的自明，而不是我们想象或感官的自明。例如，即使我十分清楚地看见太阳，也不应因而断定它的大小如同我们所看见的一般；再者，我们可能清晰地想象出一个狮子的头长在一只山羊的身上，并不因此得出结论世上的确有这样一只怪物，因为理智虽然没有告诉我们，如此看到或想象到是真实的，但是却清楚告诉我们，一切观念都应当有一真实的根据[1]，因为上帝整个是完美和真实无欺，不可能将这些没有丝毫真实性的观念，安放于我们之内。由于我们睡眠时的推论，绝不能像醒着时的推论来得明显和完整，虽然有时我们的想象能够同样地或更加鲜明和准确，但是理智告诉我们，我们的思想不可能全部是真确的，因为人不是完美的。思想中所有的真的部分，必须万无一失地存在我们清醒时的思想中，而不存在我们的梦中。

① 我们的感觉知识，能有二种真实的根据，一是感觉知识告知我们，它们自身存在：如果我们不说事物实在如我们所感觉的一般，而只说我们感觉到它们如此如此，则不犯错误。一是感觉知识教导我们，事物与我们的关系是有益的或是有害的。在这点上，笛卡尔认为感官的证据是值得我们信任的。

二、哲学原理

1. 致法文译者

先生：您所不辞辛苦译出的这部哲学，是很精美完善的，因此，我就料到将来读这部作品法文本的人会比读拉丁文本的人多，而且他们也会更能理解我的作品。我所唯一顾虑的，只是人们如果不曾受过教育，或者因为自己所学的哲学不能满意，因而鄙视哲学，则我这部书的标题或许就会使他们退缩不前。因为这种缘故，所以我想我应该写一篇序言，用以指示出我的作品的内容，指示出我写此书的目标，指示出我们由此所可得到的利益。不过我虽然比任何别人都应该更详细地知道那几点，而且应该写这样一篇序言，可是我在这里也只能把此书中所讨论到的主要各点加以简略的叙述。此外先生如认为有应该公诸世人的地方，那就请先生斟酌取舍了。

首先，我要在此书中先解释什么是哲学，在这里，我是从最寻常的事情起首的；就如说哲学一词表示关于智慧的研究，至于智慧，则不仅指处理事情的机智，也兼指一个人在立行、卫生和艺术的发现方面所应有的完备知识而言，至于达到这些目的的知识一定是要由第一原因推演出的。因此，要研究获得知识的方法（正好称为哲学思考），则我们必须起始研究那些号称为原理的第一原因。这些原则必须包括两个条件。第一，它们必须是明白而清晰的，人心在注意思考它们时，一定不能怀疑它们的真理。第二，我们关于别的事物方面所有的知识，一定是完全依靠于那些原理的，以至于我们虽可以离开依靠于它们的事物，单独了解那些原理；可是离开那些原理，我们就一定不能知道依靠于它们的那些事物。因此，我们必须努力由那些原则，推得依靠于它们的那些事物方面的知识，以至使全部演绎过程步步都完全明白。只有上帝确是全知的，那就是说只有他对于万物有完全的知识。不过我们也可以按照人们在最重要真理方面所有的知识之为大为小，说他们的智慧为较大的或较小的。我相信，我所说的这一番话都是一切学者所不能不同意的。

其次，我就要提议考察哲学的功用，并且同时指出，哲学既包括了人心所能知道的一切，我们就应当相信，我们所以有别于野人、生番，只是因为有哲学，而且应当相信，一国文化和文明的繁荣，全视该国的真正哲学繁荣与否而定。因此一个国家如果生下了真正的哲学家，那是它所能享受的最高特权。此外，我还应该指出，说到各人，则不仅与那些专攻哲学的人交往对他有益，而且他如果能亲身来研究，那是再好不过的。这正如一个人无疑地宁可用自己的眼来指导自己的步履，来享受美丽的光色，而不应当盲目地随顺别人的指导；虽则后边这种做法，当然比闭了眼睛，不用指导，只靠自己为好。不过人们如果只图生活而无哲学思考，那正如同闭了眼睛，不想再睁开它们一样。不但如此，视觉所给我们的观赏之乐，还远不及哲学的发现所给我们的满意。最后，我们还可以说，在支配行为，适应人生方面讲，哲学的研究，要比眼在指导步履方面讲，还更为迫切需要。畜类因为只有身体可保存，所以它们只是不断地追求营养的物品；至于人类，他们的主要部分既然在乎心灵，他们就应该以探求学问为自己的主要职务，因为学问才是人心的真正营养品。此外，我还相信，许多人只要希望在哲学方面有所成功，并且知道自己在哲学方面的才能只到了何种程度，则他们一定不会在研究哲学时有什么失败。任何卑鄙的人心，亦不会一去不返地固囿于感官对象中，不能稍有一刻弃掉它们，来追求较高的好事，虽然他也往往不知道如何才是好事。就是幸运的最大宠儿（富贵尊荣的人们），亦同别人一样，不能免于这种追求。不但如此，我还相信，这类人虽然享有这些好事，可是他们还深深叹息自己得不到更伟大、更完全的善。不过所谓最高的善，若仅就自然的理性所指示的而论，而不就信仰的光亮所指导的而言，这种善正是我们借第一原因所知道的真理，也就是哲学所研究的那种学问。这些特殊情节既都是分明真实的，所以我们如果想使人们相信它们的真理，只有把它们原原本本叙述出来才是。

不过人既然经验到，自夸为懂得哲学的人们往往比从来不研究哲学的人们还不明智，还少理智，因此，他就会不肯同意我这些学说。为解除这种疑惑起见，我想我已在此处约略地解释了，我们现在所有的科学内容如何，我们的智慧究竟达到哪些等级。第一级智慧所包含的意念，本身都是很明白的，我们不借思维，就可以得到它们；第二级包括着感官经验所指示的一切；第三级包括着别人谈话所教给我们的知识；此外，还可以加上第四级，就是读书，不过我所谓读书只是说读那些能启发人的作家的作品，而不是说读一切作品，这种读书亦正仿佛是我们同作者谈话一样。据我看来，我们寻常所有的知识，都是由这四种途径获得的。在这里，我并不把神圣的启示归在这些途径之中，因为它不是循序渐进地指导我们，而是立刻使我们升到确定的信仰。

不过古往今来，许多大才都曾努力找寻第五条达到智慧的道路——比其余四条确定万倍，高妙万倍。他们所试探的途径，就是要寻找第一原因和真正原理，并且由此演绎出人所能知的一切事物的理由。哲学家的头衔多半就是授予这一类人的。我觉得，直到现在还不曾有一个人完成这种事业。著作流传于后代的首要的哲学家就是柏拉图和亚里士多德，不过他们两人亦无甚差异，所差的只在于他们一为坦白，一为不坦白。柏拉图追踪其先师苏格拉底的后尘，坦白地承认了自己原不能找寻出任何确定的事理来，而且他只是把自己所认为大概可靠的事理写出来，也就算了；为了这个目的，他只想象出一些原理，努力以之来解释别的事物。至于亚里士多德的特点则是没有那样坦白，他虽然给柏拉图做了二十年弟子，而且他也没有什么胜于其师的原理，可是他的讲学方法一反其师之所为，他往往把自己大概也并不能确认真实的事理，说成是真正而确定的。不过这两个人，因为已由前述四种方法得到许多见识和学问，而且这些特长又把他们的权威弄得高不可攀，因此，后来继承他们的人们只愿意信服他们的意见，而不肯亲自来追寻一些更高明的意见。他们弟子们所聚讼纷纭的主要问题是：我们是应当怀疑一切事物，还是应当确信一些事物。这种辩论使他们双方都陷于极荒谬的错误。因为主张怀疑的那一部分人，甚至于怀疑到人生的行动，以至忽略了支配行为的日常规则；至于主张确信的人们，则以为确信必须依靠感官，因此，他们就完全依托感官。伊壁鸠鲁主张此说最力，据说，他甚至敢于违反一切天文家的推论，说太阳正如我们所看见的那样大。

真理是两方面的人所持意见之间的一个中项，因此，我们就看到人们在许多争辩中都有一种错误，就是每一方面的争辩者愈具有反抗精神，他就离真理愈远。不过过分偏于怀疑的那些人的错误，也并不曾为人所长久相信，至于其反对派的错误，也有几分受了某种学说的改正，依那些学说来讲，感官在许多情况下是可以骗人的。不过我们可以说，确定性不在于感官，只在于具有明白知觉的理解中；而且我们如果只具有由前四级智慧得来的知识，则在人事方面，我们既不当怀疑那些似乎真实的事理，亦不当认为它们是很确定的，——我们关于它们的意见总是可以改变的，纵然那些意见是由明白的理性所明示的。不过我虽然指示出这一层来，那些偏重确信的人的错误，仍不曾因此完全被铲除。

近代想做哲学家的大多数人，由于不知道这层真理，或者虽知道而却忽略了它，都盲目地追随亚里士多德，往往曲解了他的著作的本义，并且以各种不相干的意见归诸于他。就是不追随他的人们（其中有很大的天才），也在幼时习染了他的意见，因为他的意见已成了学校课程中主要的教材。因此，他们的心就为偏见蒙蔽，不能冲决藩篱，认识真正的原理。我虽然很敬仰一切哲学家，而且不愿意多肆责难以取憎于人，可是我正可以举出证明来阐明我的说法，而且我也不以为他们能反对我的说法。我可以说，他们所立的原理，是他们所未完全知道的。例如，我知道他们个个都假设，地球上的物体有重力，但是经验虽然明白指示我们说，我们所说的重物体都坠向地心，可是我们并不因此知道重力的本质，并不知道物体之下坠，是凭借何种原因，何种原理，因此，我们就必须由别的来源来求得这种知识。至于说到有些人采用为自己的原理的东西，如真空和原子、热和冷、干和湿、盐、硫磺、水银等事物，也是一样。不过原理如不明白，则不管推论的方法在形式上如何正确，都不能由此得出明确的结论。因此，由这些原理所得出的推论，并不能使他们确知任何事物，亦不能使他们在追求学问方面稍进一步。他们纵然偶尔曾发现了任何真理，那也是从上述四种方法中某一种得来的。虽然如此，我并不想贬抑他们每一个人所正当地要求的尊荣；只是为了慰藉那些尚未注意此种研究的人们起见，我不得不说，哲学正如旅行一样，在旅行时，我们如果背向着自己所要去的地方，则我们在新方向中走得愈久愈快，我们就愈远离那个地方，因此，我们后来纵然受人指引，返回正道，我们也不能立刻达到以前预定的地方，好像自己就根本没有走回头路似的。同样，在哲学中，我们如果应用了虚妄的原理，则我们愈仔细琢磨它们，并由此演绎出许多结论来，则我们愈不能认识真理，愈不能得到学问。我们虽然以为自己推论得法，实则我们是离真理愈远。由此我们不得不推论说，人们愈未曾学过冠冕堂皇的哲学一道，他们是愈适于了解真理的。

首先，在阐明那些事物以后，我本想指出，我为什么主张那些能借以达到最高智慧即人生至善的真正原理，就是我在这部书中所提示的原理。只需提出两种理由就足以证实我这种说法。第一，这些原理是很明白的；第二，我们可以由它们推演出别的一切真理来。因为真正的原理所需要的，只有这两个条件。不过我很容易证明它们是明白的；首先是取证于我发现它们时的方式，就是说，我要排斥一切有丝毫可疑的命题，因为任何命题在仔细考察之后，凡不能以此方法排斥的，都确实是人心所能知道的最明白最确定的命题。就如我既然凭思考知道，怀疑一切的人在怀疑时不能怀疑他自身的存在，而且在怀疑一切独不怀疑自己时，能推理的那种东西，不是我们所谓身体，而是我们所谓人心或思想，因此，我就把这种思想的存在认为是第一原理，并且由此分明推得下述的真理：例如说，有一位上帝，他是世上万物的创造者，而且他既是一切真理的源泉，所以他给我们所有的理解力，在对各种事物有了很明白、很清楚的知觉时，它的判断一定不会错误。这些就是我在非物质的对象或形而上的对象方面所利用的原理，由这些原理，我又在物质的或有形的事物方面，极其明白地演绎出别的一些原理来，就是说：有些物体有长、宽、高三个向量，而且它们有各种形状，并且可以在各种途径下被运动。这就是说我的总原理，由此我可以推演出一切别的真理来。证明这些原理的明白性的第二个情节就是：它们是各个时代人们所熟知的东西，甚至是一切人类认为真实而不容怀疑的东西加以接受的。只有上帝的存在是被某些人所怀疑的，因为他们过分重视感官知觉。而上帝是既不能见，又不能触的。

不过我所归在我的原理以内的那些真理虽然是自古至今为一切人所知道的，可是据我所知，直到现在，还没有一个人把它们采用为哲学原理，换句话说，他们都不曾以为我们可以由这些原理推演出世界上所有其他任何种知识来。因此，留待我做的工作，就在于指出，这些真理确是有此功用的。在我看来，要想证明这一点，最好是求助于经验的证据；换句话说，就是要请读者批阅我这部书，因为在我的作品中，我虽然不曾论到一切问题（这是不可能的），可是我想，凡我所提到的，我都已解释清楚，因此，他们只要仔细读一遍，就会有理由相信，要想达到人心所能及的最高知识，大可不必追求别的原理，只要有我这些原理就够了。这种情形尤其显著，如果他们在批阅了我的著作之后，费神想一想，有多少问题在此书中已经讨论得很清楚，解释得很明白，并且在参考别人的著作时，他们可以看出，如果他们以异乎我的原理的原理来解释同样问题，他们的理由又是怎样靠不住。为使他们更容易从事这种思考起见，我还可以说，受我学说熏染的人，比未受熏染的人要易于了解他人的著述，易于估量他们的真价。这正与我前边所说的一开头就研究古代哲学的那些人的情况相反，就是说，他们愈研究它，就愈不易正确地了解真理。

关于此书的读法，我也应当附带说几句话。就是我希望读者首先把全书当作一本小说，通体读完，在读的时候，不必过分注意，纵然遇到困难，也不要停住，只求知道我所谈的问题的大概就是。此后，他如果觉得我所说的事理值得更仔细地考察一番，而且希望知道它们的原因，那么他也可以再读第二遍，以便看到我的推论的前后关系；但是他纵然不能完全明白地发现我的证明的前后关系，或不能理解我的一切推论，他也不要因此就悲观失望，把它搁起来，他只需用笔把困难的地方标出，继续不断地把它读完。以后，他如果不厌烦地把此书再读第三遍，则我相信，他在重新披阅之下，一定会把以前所标出的那些难题解决大半。这时，如果还有任何难题存在，他在再读一遍以后，结果一定能够把它解决。

在考察各种人心的天然能力时，我已经说过，任何智力迟钝的人只要遵循正轨，他一定能了解良善的意见，甚至获得一切最高的科学。这是可以用理性加以证明的；因为我的原理既然很明白，而且由此演绎出来的，只有最明显的推论，因此，任何人都不会智钝识暗不能了解由此所导出的结论。自然，人们都是不能完全免于受偏见之累的，而且最热心研究伪科学的人们，也是最受它们之害的；不过除此以外，一般中才之士又往往确信自己无才，不肯研究，而在另一方面，则更为热心的人们，又有迫不及待之势：因此，他们又往往接受了远非明白的原理，并且由此推出可疑的结论来。因为这种缘故，我很愿意那些过分怀疑自己才能的人们知道，他们只要肯稍费心思来考察我的著述，他们就可以完全了解其中所说的一切道理。同时我还要警告那些急进的人们，即使是磐磐天才，也必须费许多时间和注意，才能明白我在书中所谈及的各个方面。

其次，为使人们了解我印行这些著述的真正宗旨起见，我还希望在这里说明一下一个人在打算启发自己时我所认为应循的次序。第一点，一个人如果只是由上述的四种途径得到通俗而不完备的知识，则他应该首先努力拟定一套足以支配自己行为的道德规条，一则因为在这方面我们不容迟延，二则因为过好生活，乃是人生的当务之急。再其次，他应当研究逻辑。不过我所说的，不是指经院中的逻辑而言，因为他们的逻辑只是一种辩证法，只教人如何把我们已知的东西来向人解释，只教人没有真知灼见就来絮絮不休地议论我们所不知道的事物，因此，它不能增加人们的良知，而只能毁坏人们的良知。我所说的逻辑，乃是教人如何正确地运用自己的理性，来发现我们尚未得知的真理。这种逻辑既然在很大程度上有赖于熟练，因此，读者应该在简单而容易的问题上（如数学的问题）在长时期内从事练习。他在这些问题方面已经培养出某种发现真理的技巧以后，就可以真诚地专心研究真正的哲学。哲学的第一部分就是形而上学，其中包含各种知识的原理，这些原理中有的是解释上帝的主要品德的，有的是解释灵魂的非物质性的，有的是解释我们的一切明白简单的意念的；

第二部分是物理学，在物理学中，我们在找到物质事物的真正原理之后，就进而一般地考究全宇宙是如何构成的；在此以后，我们就要特别考察地球的本性，以及在地球上最常见的一切物体，如水、火、空气、磁石及其他矿石的本性。再其次，我们还必须分别考察动植物的本性，尤其要考察人的本性，这样我们以后才可以发现出有益于人类的别的科学。因此，全部哲学就如一棵树似的，其中形而上学就是根，物理学就是干，别的一切科学就是干上生出来的枝。这些枝条可以分为主要的三种，就是医学、机械学和伦理学。我所谓道德科学乃是一种最高尚、最完全的科学，它以我们关于别的科学的完备知识为其先决条件，因此，它就是最高度的智慧。

不过我们不是从树根树干，而是从其枝梢采集果实的，因此，哲学的主要功用乃是在于其各部分的分别功用，而这种功用，我们是最后才能学到的。不过我虽然几乎全不知道这些功用，可是我既然一向怀着一种热忱，极愿对公众稍有贡献，所以我在十年或十二年前就印行了一些论说，以发表我所认为一得之愚的一些学说。其中第一部分是《论在科学中正确地运用理性与寻求真理的方法》。在此书中我曾总括地叙述了逻辑的主要规则，和尚未尽善尽美的伦理学的主要规则；这些规则，只是供尚未知道更好原理的人们暂时应用的。至于其他部分则有三部论文。第一就是“折光学”，第二就是“论气象”，第三就是“几何学”。在“折光学”中我曾经计划指示出，在哲学中我们本可以长足进步，借以知道那些有益于人生的各种艺术，因为望远镜的发明（我在其中曾加以解释），乃是从来最困难的一种发明。在“论气象”中，我曾经计划揭露出，我所研究的哲学和经院中所教的哲学虽然往往都研究同一题材，可是它们是有很大差异的。最后，在“几何学”中，我又曾公然证明，我已经发现了前人所不知道的许多事理，这样，为了刺激人们探求真理起见，我又使人有理由相信我们还可以发现出许多别的事理来。自从那时以后，我预料到许多人或者会觉得不易了解形而上学的基础，所以我又在《沉思集》中努力把其中主要之点解释出来。这部书本来不大，不过在此书写就以后，有些博学之士和我曾有过往返辩驳，因此，书的分量就增加了，而其内容亦加以充分例解。后来，我又觉得，前几部论文已经充分使读者的心理有所准备，可以来读这部《哲学原理》了，因此，我就又把它印行出来。这部书我把它分为四部。第一部分包括人类知识原理，可以叫做第一哲学或形而上学。不过读者如想明了这一部分，他们应该先读我关于这个题目所写的《沉思集》。至于其余三部分，则包含普通物理学，其中解释了自然的第一法则或原理，并且解释了诸天、恒星、行星、彗星以及全宇宙是如何组成的。再其次，我还特别解释了这个地球的本性，以及地球上常见的空气、水、火、磁石等物体的本性，此外我还解释了这些物体中所见的各种性质，如光、热、重等。这样，我就似乎已经开始有次序地解释了全部哲学，而且在讨论最后问题以前，我就把预先应行讨论的都讨论过。

不过为了完成这项事业起见，我此后还应以同样方式来解释地球上较特殊的物体的本性，即矿物、植物、动物，尤其是人类的本性。最后，我还要精确地论究医学、论理学和机械学。要想给世人以一套完整的哲学，这件事情是必须要完成的。假如我能够做各种实验来证实我的理论，建立我的理论，则我一定会鼓起勇气努力来完成这个计划，因为我觉得自己并不很好，也并不怀疑自己的精力，而且也不以为自己求不到所余的知识。不过这种事件既然费用浩大，若无公家之助，以我这样私人的家资实在难以举办。不过公家的帮助既不可期，我相信自己在将来只应该从事于能启发自己的研究，因此，如果我不能为后人工作，他们也许会原谅的。

同时，我在这里还不得不叙述由我的原理所能得到的各种结果，以便使人知道，我在那一方面觉得自己增进了公共的福利。第一个结果就是，人心在此书中见了以前所不知道的许多真理以后，一定会感到满意，因为真理虽然似乎比较简单而不奇怪，而且不如伪说虚构那样激动人心，可是它所给人的快乐是比较经久、比较坚实的。第二个结果就是，在研究这些原理时，我们会逐渐进步，可以更加准确地判断我们所遇到的各种事物，并且因此增益自己的智慧。在这方面，我的著作的结果，正和普通的哲学的结果相反，因为我们在一般腐儒方面很容易看到，他们在学了哲学之后，反而不能正确地运用其理性，反而不如根本就未学过哲学的人们。第三个结果就是，那些原理所含的真理，是极为明白而正确的，足可排除一切争执的理由，使人心趋向文雅和和谐。至于经院中辩论的结果正与此相反，那些辩论使好辩之士更加好辩，更加固执，因此，现在烦渎世人的那些异端和纷争，或者以这些争论为其主要原因。至于我的这些原理的最后最大的结果就是，人们在研究了它们以后，可以发现我所未曾发现的真理，并且会由此逐渐进步屡有发明，久而久之，对全部哲学得到完全的知识，因而达到最高度的智慧。我的原理正和一切艺术一样，各种艺术在开头虽然是粗糙而不完善的可是它们只要包含一些真理，而且经验也把它们的结果证明出来，则它们便可以被实践逐渐弄到完善的地步。在哲学方面也是一样，我们只要有真正的原理，则我们跟上它们走，有时一定会遇到具有别的真理的东西。因此，要想证明亚里士多德的原理的虚妄性，最好的方法莫过于说，人们在许多年来，虽然研究它们，可是从未因此在知识方面有何进步。

我很知道，有些人仓促鲁莽，草率从事，因此，他们纵然有了坚固的基础，也不能建立起结实的上部建筑。这类人最好著书，因此，他们在短时期内，就会损坏我的一切成就，使我的推论方法夹杂怀疑和不明的成分。因为这种缘故，我曾经细心地排斥了那些著述，免得人们认为他们的著述是我的，或是代表我的意见的。在这方面，我不久以前就有一种经验。有一个人（即 Regius），人们虽然相信他很愿意拳拳服膺于我的意见，而且我在别处也说过我相信他很有天才，以至于相信他所信从的意见我一望而知其为我的意见，可是他在去年所印的那部《物理学初步》（fundamenta Physical）实在不能令我满意。在那部书中，他关于物理学和医学这两个题目所写的一切，虽然一部分是由我已经出版的著述中剽窃来的，一部分是由落在他手里的一种尚未完篇的论动物本性的稿子中剽窃来的。可是他却抄袭得太糟了，把次序也颠倒了，把全部物理学所应依据的某些形而上学的真理也否认了，因此，我就不得不完全否认他的作品，而且我要请求读者，任何意见只要不曾明白地在我的著述中表示出来，他们都不要认为它们是我的；而且任何意见不论在我的书中或在别处，如果不是明白地由真正的原理推演出的，他们也不应当认为它们是真实的。

此外，我也知道得很清楚，不定在多少年以后，由这些原理所可能推演出来的一切真理，才能全盘发展。这一则是因为行将发现的更多的真理都依靠于某些特殊的实验，而那些实验是永不会偶然出现的，而是需要大才的操心和费用才能研探出来的。二则因为人们纵然聪明伶俐，可以正确应用它们，可是他们也难以恰好就有资金来应用它们。三则因为绝顶聪明的人们大多数都因为现代通行的哲学缺点很多，对它表示轻视，不肯用心来追求真理。

不过最后我还可以说，这些人如果能得到我这些原理和其他体系的原则有何差异，并且看到由我的原理可以演绎出许多原理来，那也将会使他们看清楚继续追求这些真理的重要性，而且他们会看到，那些原理是宜于领导我们达到高级的知识，以及人生的完美和幸福的。人们如果能看到这一层，则我敢相信，没有一个人会不情愿努力从事于这种有益的研究，或者至少亦会尽力嘉惠和帮助那些有研究成绩的人们的。

我的最高的希望是：后人或许有时会看到这个幸福的结果……

2. 人类知识原理

（1）要想追求真理，我们必须在一生中尽可能地把所有事物都怀疑一次。

从前我们既然有一度都是儿童，而且我们在不能完全运用自己的理性之时，就已经对于感官所见的对象，构成各种判断，因此，就有许多偏见阻碍着我们认识真理的道路；我们如果不把自己发现为稍有可疑的事物在一生中一度加以怀疑，我们就似乎不可能排除这些偏见。

（2）凡可怀疑的事物，我们也都应当认为是虚妄的。

此外，如果把我们能够怀疑的事物都认为是虚妄的，那也是有益的，这样，我们就可以更加明白地找到具有最大确实性的和最易认识的事理。

（3）在立身行事方面，我们不可同时采取怀疑态度。

同时我还应当说，只有在思维真理时，我们才可以采用这种普遍怀疑态度。因为在人事方面，我们往往不得不顺从大概可靠的意见，而且有时我们纵然看不到两种行动那一种概然性较大，我们也得选择一种，因为在摆脱怀疑之前，往往会错过行动的机会。

（4）我们为什么怀疑可感的事物。

我们现在既然只打算从事研究真理，我们首先就要怀疑：落于我们感官之前的一切事物，和我们所想象的一切事物，其中是否有一种真是存在的。我们所以如此怀疑，第一是因为我们据经验知道，各种感官有时是会犯错误的，因而要过分信赖曾经欺骗过我们的事物，也是很鲁莽的。第二是因为在梦中我们虽然不断地想象到或知觉到无数的物象，可是它们实际并不存在。一个人既然这样决心怀疑一切，他就看不到有什么标记，可借以精确地分辨睡眠和觉醒的状态。

（5）为什么我们也可以怀疑数学的解证。

此外，我们还要怀疑我们一向认为最确实的其他事物，甚至于要怀疑数学的解证，以及我们一向认为自明的那些原理。我们所以要怀疑，第一是因为我们曾经看见人们在这些事体方面犯过错误，而且把我们认为虚妄的事物认为是绝对确定而自明的。不过主要的原因仍是：我们知道创造我们的那位上帝是全能的，因为我们还不知道，上帝是否有意把我们这样创造出来，使我们即使在自己认为最熟悉的事物方面也永远受到欺骗。因为我们的观察既然指教我们，我们有时是要受骗的，那么我们为什么不能永久受骗呢？如果我们认为全能的上帝不是我们人类的创造者，而认为我们是自己存在的，或依靠其他方法存在的，那么，我们愈认为自己的创造者没有权力，我们愈有理由相信我们并不十分完美，以至不会继续受骗。

（6）我们有一个自由意志，可借以不同意于可疑的事物，因而避免错误。

可是，不论创造我们的生命是谁，不论他如何有力，如何骗人，我们依然意识到自己有一种自由，使我们借以不相信任何不明显、不确定的事物，并因而防止受骗。

（7）我们在怀疑时，不能怀疑自己的存在，而且在我们依次推论时，这就是我们所得到的第一种知识。

我们既然这样地排斥了稍可怀疑的一切事物，甚至想象它们是虚妄的，那么我们的确很容易假设，既没有上帝，也没有苍天，也没有物体；也很容易假设我们自己甚至没有手没有脚，最后竟没有身体。不过我们在怀疑这些事物的真实性时，我们却不能同样假设我们是不存在的。因为要想象一种有思想的东西是不存在的，那是一种矛盾。因此，我思故我在的这种知识，乃是一个有条有理进行推理的人所体会到的首先的、最确定的知识。

（8）我们从此就发现出心和身体的区别来，或能思的事物和物质的事物的分别来。

这就是发现人心本性的最好方法，也就是发现心与身体的差异的最好方法。因为我们既然假设，除了我们的思想以外，没有别物真正存在，那么，我们在考察自己的本来面目时，就分明看到，凡身体所具有的广袤、形相、位置的移动，以及其他相似的情节，都不属于我们的本性——只有思想除外。因此，我们对自己的心所具有的意念，是在我们对任何物质事物所具有的意念以前存在的，而且它是较为确定的，因为我们在已经知道自己是在思想时，我们仍然在怀疑有任何身体存在。

（9）思想（Cogitatio）是什么。

所谓思想，就是在我们身上发生而为我们所直接意识到的一切，因此，不只是理解（intelligere，entendre）、意欲（velle）、想象（imaginari），就是知觉（sentire，sentir）也和思想（cogitare，penser）无异。因为如果我在说话、看物、行走时，我是存在的；而如果我依靠视觉和走路了解我的眼睛或腿的动作（这些都是身体的动作），那么这个结论就并不是绝对确定的，因为，就如在梦中那样，我虽不曾睁开眼，或移动位置，甚至也许没有身体，可是我也可以设想自己在见物或行走。但是，如果我只指感觉本身，或对于视或行的那种意识，那么这种知识分明是确定的，因为这只是指人心说的，而只有人心才能知觉或意识到自己的视或行的动作。

（10）最简单最自明的意念，往往被论理的定义弄得暧昧起来。我们不应把这些意念归诸由研究得来的认识之列，因为它们是与生俱来的。

我在这里所以不解释我所用过的其他一些名词或下文中将要用的那些名词，乃是因为在我看来，它们的意义是完全自明的。我常见一些哲学家虽然好以论理的定义来解释那些最简单最自明的真理，可是他们往往正因此陷于错误，因为他们这种做法只会使那些真理更加暧昧。我曾说，在任何能按条理进行推论的人看来，我思故我在的这个命题，是最基本、最确定的。我说这话时，并不因此就否认我们必须知道什么是思想、存在和确实性，否认必须知道先存在才能思想的这个真理等等；不过因为这些都是最简单的概念，而且它们自身也不足以使我们认识任何存在的事物，因此，我就觉得，在这里列举它们是不恰当的。

（11）我们如何知道自己的心比知道自己的身体还清

楚。

要想使人知道，我们对于心的知识如何比对于身的知识较为在先，较为确定，甚至较为明白，则我们必须说，各种性质是不能属于虚无的，这乃是依照良知可以极其明白看到的一个道理。因此，我们不论在什么地方看到一些性质，在那地方一定有一种事物或实体，为那些性质所依托。这种良知还指示我们说，我们在一种事物或实体中发现的性质愈多，则我们对该事物或实体知道得愈为明白。不过我们在我们心中所见到的性质分明比在任何别的事物中所见到的为多。因为不论在任何场合，我们在知道一种事物时，同时必须更确乎知道我们自己的心。例如，我如果因为触着地球，看到地球，因而判断地球是存在的，则我更可以本着同样的根据和更大的理由，相信我的心灵是存在的。因为我虽然以为自己触着地球，可是它也许是不存在的；但是我既然如此判断，则这样判断的心，当然不能不存在。关于呈现于我们心灵的一切物象，我们都可以如此说。

（12）为什么这层道理不是人人所共知的。

那些不曾循序渐进地推论过的人，对于这个题目，或者有别的意见，因为他们根本就不曾很细心地把心和身份清楚。因为他们虽然不难相信他们自己存在着，而且这种信念比对于任何别种事物的信念还大，可是因为他们不知道，所谓他们自己，是单指他们的心灵说的（如果问题涉及形而上学的确实性）。反而以为他们自己就是眼所见、手所触的那些身体，并且误认那些身体有知觉能力，因此，他们就不能清晰地了解心灵的本性。

（13）在何种意义下，我们对于别的事物的知识是依靠于我们对上帝的知识。

不过，能这样自知的人心虽然还在怀疑别的一切事物，可是它在张目四望，以求扩展其知识时，它就在自身中首先发现了许多事物的观念；而且它如果只是思考它们，既不确认，也不否认：除了它自己以外还有别的事物和那些观念相应，那么，它也不至有陷于错误的危险。此外，人心还发现了某些共同意念，并由此构成各种解证，这些解证带着很大的确信，使我们只要注意它们，它们就足以使我们不可能怀疑它们的真实。例如，人心在其自身中就有数目和形象的观念，而且在其普通的意念中，还有等量加等量，结果亦相等，等等原理。由此就容易解证，三角形的三角等于两直角等等。我们只要注意这一类的结论所由以推演出来的那些前提，我们就会相信它们的真实。不过，因为人心不能永远注意思维这些前提，当它只记得结论而不记得演绎的步骤，并且不确知造物者是否把它造得易于受骗时（即使在看来最明显的事物方面），它就看到有正当理由可以怀疑那一类结论的真实，并且以为自己在发现它的造物主以前，不能有任何确定的知识。

（14）从包含在我们对上帝的概念中的必然存在，我们可以充分推断出他的存在来。

人心后来在复检其具有的各种观念时，它就发现了一个极其主要的观念——一个全知、全能、全善的神明观念。它看到，在这个观念中，不止含有可能的偶然的存在（如它在它所明白知觉到的其他一切事物的观念中那样），而且含有绝对必然的、永恒的存在。例如，因为在三角形的观念中，必然含有“三角等于两直角”这个观念，因此，人心就坚决相信，三角形的三角是等于两直角的；同样，它既然看到，在至极完美的神明观念中，含有必然的、永恒的存在，因此，它也当显然断言，这个至极完美的神明就存在着。

（15）必然的存在并不在同样方式下包含在我们对别的事物的意念中，其中只含有偶然的存在。

人心如果认为，在它对任何别的事物的观念中，它并不能发现出其中含有必然的存在，则它更容易确信上述结论的真实。因为，只根据这种情节，它就会看出，至极完美的神明观念不是由它自己构成的，而且知道，它不是表象一个幻想，而是表象一个真实不变的本性。这种本性，人心既然只能设想它是必然存在的，因此，它就必然存在着。

（16）许多偏见障碍许多人不能明白看到上帝存在的必然性。

我们的心如果首先完全摆脱一切偏见，则它一定不难同意上述的这种真理。但是我们既然在别的一切事物方面惯于分别本质和存在，惯于任意想象许多现在和过去都不存在的事物的观念，那么，我们的思想如果不专心思维至极完美的神明，我们就容易怀疑：我对他所抱的这个观念，是否也是我们任意造成的，或者至少说，是否属于那种并不包含根本存在的事物。

（17）在我们对于一个事物的观念中，客观的（表象的）完美性愈大，则它的原因亦愈完美。

当我们进一步思维我们心中的各种观念时，我们很容易看到，如果我们把它们只当作思想的一些情状来看，它们是没有什么差异的，但如果我们把它们同它们所表象的物象一参照，它们就大相差异了。它们所含的客观的完美性愈大，则它们的原因也愈完美。这种情形正和一个人对于一架极精巧的机器具有观念一样。在这里，我们正有权力询问，他是怎样得到这个观念的，例如，他是在别处见过别人所造的这种机器呢，还是他充分精确地学习了机械科学，或者具有充分的天才，不在任何地方看见那类东西，就能够自己发明一个呢。因为所有的巧思妙构，在那个观念中虽只有客观的存在（如在图画中似的），可是它在其原始的主要的原因（不论这种原因是什么）中，一定不仅有客观的或表象的存在，而且还有确实是形式的或显著的存在。

（18）我们由上文所说，又可以推断出上帝的存在来。

这样，因为我们在自己心中发现出上帝（或至极完美的存在）观念来，我们就有权力询问，我们是由什么根源得来这个观念的。我们会发现，它所表象的那些完美品德是伟大无边的，因而使我们十分相信，我们只能由至极完美的一位神明得到它，也就是由实在存在着的上帝得到它。因为我们可以根据良知明白看到，不止任何事物不能由无中生有，不止更完美的事物不能由不甚完美的事物生出（就是说不甚完美的事物不能为较完美的事物的动因和总因），而且我们自身或身外，如果没有一种原型，实际包括着向我们表象的一切完美品德，则我们便不可能得到任何事物或表象的观念。不过，因为我们绝对不能在自己身上发现出我们对之有观念的那些绝对的完美品德，我们就必须断言，它们存在于与我们的本性不同的一种本性中，那就是说，它们存在于上帝身上，至少曾经在他身上存在过。而且我们可以根据它们的无限性很明白地推断它们仍是在那里的。

（19）我们虽然不能了解上帝的本性，可是我们对于他的完美品德，比对于别的事物还知道得更清楚。

人们如果习于思维上帝这一观念，并且体会他的无限完美的品德，则上述的真理将对他们显得充分确实而明显。因为我们虽然不能了解那些品德（因为无限者的本性就在于其不能为有限事物所了解），可是我们存想那些品德来，仍比存想物质的事物较为清晰，较为明白。因为，它们是很单纯的，不被界限所障蔽的，因此，我们存想起它们来，便更为清楚。任何观察都不能比这种观察更为重要，更能启发人的理解，因为这个对象的完美品德既无限制，我们在考察它时，就感到满意和确信。

（20）我们不是自己的原因，只有上帝是我们的原因，因此，就有一位上帝。

不过这一层不是人人所曾观察到的。我们在有了精妙机器的观念时，虽然往往很精确地知道自己是由何种方式到这些观念的，可是我们并不记得，上帝这一观念是何时传给我们的（因为我们知道它常在我们心中），因此，我们必须继续复检，考察我们的造物主，因为我们心中切实具有一位上帝的无限完美品德的观念，因为据良知看来，我们极其清楚，一种事物如果能知道较自己为完美的另一种事物，则它一定不是自己存在的原因，因为若是如此，它就该把自己所知道的完美品德都给了自己。因此，我们只得说，它一定是由具有所有那些完美品德的神来的，也就是说一定是由上帝来的。

（21）只有我们生命的绵延，足以解证出上帝的存在来。

如果我们思考时间的本性，或事物的绵延，我们就会明白看到上述解证的真实。因为绵延之为物，其各部分都是不相依属的，而且是永不共存的。因此，我们不能根据我们目前存在的这个事实，就必然断言说，下一刻我们也将存在，除非某种原因（原来产生我们的那种原因）好像会继续产生我们，就是说，保存我们。因为我们很容易理解，我们并没有保存自己的能力，而有能力借其自身来保存我们的那位神，一定也凭着更大的理由保存他自己，一定不需要任何别的事物来保存他，因此，他就不能不是上帝了。

（22）在按这里所说明的方式认识上帝的存在时，我们也可以在单凭良知所能认识的范围内，认识他的一切品德。

我们如以上帝这一观念来证明上帝的存在，那是有很大好处的，那就是：我们同时还在自己柔弱本性所允许的范围以内，知道他是什么样的。因为我们在思考上帝这个与生俱来的观念时，我们就看到，他是永恒全知、全能的，是一切真和善的泉源，是一切事物的创造者，而且它所具有的无限完美的品德（或善），分明是毫无缺点的。

（22）上帝不是有形体的，他并不像我们一样要以感官来知觉，而且他也不希望发生罪恶。

因为世界上许多事物虽然也具有几分完美性，可是它们是多少有些残缺的、有限的，因此，那一类事物都是不能在上帝身上存在的。广袤既是物体的本性，而且地方的广袤既然会有可分性，这就表示出一种缺点来，因而我们可以确知，上帝不是物体。在人的方面，他们能用感官来知觉，虽是一种完美的性质，不过每种感官都有被动性，这就表示它是有依靠性的，因此，我们必须断言，上帝是完全不具有感官的。此外，他的意志作用和理解作用也不像我们一样，要借助各种分别的动作，他是借单一的、一律的、最简单的动作来理解、意欲并促动一切实际存在的事物的。他并不希望发生罪恶，因为罪恶只是存在的否定。

（24）从了解上帝进而了解万物时，我们必须记住，我们的理解是有限的，上帝的能力是无限的。

不过，我们知道，只有上帝是一切已存或将存事物的真正原因，因此，我们如果以自己对于上帝的知识，来阐明他所创造的各种事物，并且企图根据自己心中的天赋意念来加以推断，那么我们就会无疑地遵循最好的推论方法，因为我们这样做，就可以得到最完美的科学，即由原因推知结果。不过要使我们的企图完全免于错误，我们就必须小心谨慎，心中尽量记住，造万物的上帝是无限的，而我们是完全有限的。

（25）上帝所启示的纵然不是我们所能理解的，我们也应该完全相信它们。

因此，如果上帝给我们或别人启示一些不是我们智慧的自然能力所能理解的有关他自己的事情，如下凡投生、三位一体等神秘之事，虽然我们不能明白地理解它们，我们也不该不相信它们。在他的广大的本性中，甚至在他所创造的事物中，虽有许多事物不是我们所能了解的，我们也不必惊异。

（26）关于无限，我们不必企图理解，我们只要把那些无界限的事物，如世界的广袤、物质各部分的可分性，以及星宿的数目等。认为是无定限的即可。

因此，我们就不应在无限方面兴起各种争执，使自己感到困惑。因为以我们这种有限的生物，来决定无限，那是荒谬的，而且，要想以有限来把握无限，那就无异给无限以一种限制。因此，人们如果问起，无限长的线的一半是否还是无限，无限的数目是双是单等等，我们就可以不必置答，因为人们只有在想象自己的心是无限时，似乎才会发出这些问题。在我们方面，关于我们在某些意义上发现不出界限来的事物，我们不说它们是无限的，只说它们是无定限的。就如，我们所能想象到的广袤，绝不会已经到了极限，无法想象得更大，因此，我们就说，可能事物的体积是无定限的。而且一个物体所分割的最小部分，既然仍可以在想象中分割成更小的部分，那么，我们就不妨认为任何数量都可以分成数目无定限的部分。此外，我们所想象的星宿不论如何多，我们总还能再想象，上帝创造的星宿比这更多，因此，我们也可以假设它们的数目是无定限的。说到别的例证，也是一样。

（27）无定限和无限有什么分别。

我们所以要称那些事物为无定限的，而不称它们为无限的，乃是要想只把“无限”这个头衔留给上帝。我们所以如此，第一因为我们不仅发现他在任何方面没有限制，而且我们还确实设想，他就不容有任何限制。第二因为我们并不同样地确实设想别的事物在各部分都无限制，我们只是消极地承认，它们的界限（如果有的话）不是我们所能发现的。

（28）我们不当考察万物的目的，只当考察它们的动因。

最后，我们也不从上帝或自然在创造自然事物时所定的目的方面来寻找自然事物的理由，因为我们不妄想自己可以同神明来共商宏图。我们只当把他认为是一切事物的动因，并且把他所赋予我们的良知，应用在他愿意让我们窥知一二的他的一些品德上，以便发现，关于我们凭感官所见的那些结果，我们必须作出什么结论。只是我们应该记住前边所说过的话，就是，在良知的命令不违反上帝的启示时，我们才应该信赖良知。

（29）上帝不是我们错误的原因。

这里我们所应当考察的上帝的第一种品德，就是：他是绝对真实不妄的，而且是一切光明的泉源。因此，要说他会欺骗我们，或者完全是使我们陷于自己所能意识到的那些错误的原因，那分明是矛盾的说法。因为期人之技，在人类中间虽可以表示人心的巧妙，可是那种欺人的意向，无疑是由恶意、恐惧或怯懦来的，因此，它是不能委于上帝的。

（30）因此，凡我们所能明白知觉的一切都是真实的，因此，我们就可以摆脱上述的种种怀疑。

由此，可以得出结论，良知或上帝所给我们的知识能力，只要它能认识任何对象，清晰地、明白地理解那个对象，它就永远不会了解不真实的对象。因为，如果上帝所给我们的这种官能是贻误人的，而且使我们在正确运用它时会认假作真，那么上帝就委实应当得到骗子这个头衔了。这样，我们的最大怀疑就根本铲除了，我们也就不能再怀疑，我们是否由于本性的关系，在那些我们看来最明显的事物方面也会受骗。这个原因也可用以反驳我们所列举的一切怀疑的根据。因此，数学的真理是不能怀疑的，因为这些都是属于最明白的真理之列的。如果我们在醒时或睡时借感官来知觉任何事物，只要能把明白的和清晰的知识同暧昧的和纷乱的知识分开，我们就容易把真理发现出来。在这个题目上，我也就不必多费唇舌了，因为在《沉思集》中我已经充分论究过，而且下面的文章也足以更精确地解释这一层。

（31）我们的错误在上帝方面讲只是一些否定，不过在我们方面讲，它们乃是一些缺性。

虽然上帝不是骗子，我们却往往陷于错误，因此，我们如果想探究错误的起源和原因，以便防止它们，那我们就必须说，它们依靠我们的意志，而不是依靠我们的理解，而且要产生它们，也不必一定要上帝参与其间。因此，从上帝方面来思考，它们只是一些否定，而从人类方面思考，就成了缺性。

（32）我们只有两种思想方式，一为理解的知觉作用，一为意志的动作。

因为我们所能意识到的一切思想方式可以概括为两类，一类是理解的知觉作用或效力，一类是意志的作用或效力。就如，凭感官而进行的知觉作用、想象作用，或对纯粹仅能用智力了解的事物的概想作用，都是知觉的各种不同的情状，至于欲望、厌恶、确认、否认、怀疑等，都是意欲的各种不同的情状。

（33）我们所判断的事物，如果不是我们所不充分了解的，则我们的判断永不会错误。

我们对于一件事物，如果不构成任何判断，则我们在了解它时，不致有犯错误的危险；即使我们已对它构成一种判断，可是我们所同意的如果只是我们所明白地、清晰地知觉到的，则我们也不会陷于错误。我们所以常发生错误，乃是因为我们对于自己所判断的事物，并没有精确的知识，就贸然进行判断。

（34）在判断时，意志和理解都是必需的。

我承认，在判断时理解是必需的，因为我们万不能假设，我们能够判断我们所不了解的东西。不过要想同意我们在任何程度下所知觉到的事物，意志也是在所必需的。不过在构成一个判断时，我们并不一定要完全了解一种事物，因为有许多事物，我们纵然对它们只有很模糊、很纷乱的知识，我们也可以同意。

（35）意志较理解的范围为大，这就是我们错误的来源。

其次，智力的认识，只扩及于呈现于它面前的不多几件事物，永远是有限制的。而在另一方面，在某种意义下，意志可以说是无限的，因为我们看到，任何人的意志的对象，甚至是上帝的无限意志的对象，都可以成为我们意志的对象。因此，我们往往易于使意志超出我们所能明白了解的那些对象以外。既然如此，则我们之偶尔错误，也就不足为奇了。

（36）我们的错误不能委诸上帝。

不过，上帝虽然没有给我们以一个全知的理解，我们却万不能因此就说他是我们错误的造成者，因为被创造的智力其本性就是有限的，而有限的智力其本性就是不能把握一切事物的。

（37）人的主要的完美之点，就在于他能借意志自由行动，他之所以应受赞美，或应受惩责，其原因也在于此。

意志之有较广的范围，正合于它的本性。而且人之能借意志自由动作，乃是一种高度的完美性质。因为只有这样，他才能在特殊方式下支配自己的行动，并因而应受赞美或惩责。自动的机器虽然可以精确地进行其所适宜的运动，可是它们并不因此为人称赞，因为它们的运动的进行，乃是必然的。只有创造它们的工程师乃是可以称赞的，因为他把它们造得十分精确，而且他的行动不是必然的，乃是自由的。根据同样理由，我们也当认为自己不止是机器，而还更进一步，因为我们在接受真理时，并非出于必然，而是自由的。

（38）错误是我们行动方式中的一个缺点，不是我们本性中的一个缺点，而且臣民的错误虽然常常可以归于别的主人，却不能归于上帝。

自然，在我们往往发生错误时，我们的行动方式是有某种缺点的，或者在运用我们的自由方面讲，我们是有某种缺点的，不过在我们的本性中并没有缺点，因为我们的判断不论为真为伪，我们的本性是不变的。虽然上帝本可以给我们以智力上的聪明，使我们永不会犯错误，可是我们并没有任何权力向他要求这一点。因为在我们方面，凡是能避祸患的人，如果竟然不来防止它，确乎可以说是犯了罪恶，可是上帝虽有能力来防止我们的错误，我们也不能说他应对我们的错误负责，因此有些人所拥有的对别人的支配权，就一向为了使他们能防止下面的人作恶而设立的，可是上帝支配全宇宙的那种权力，乃是完全绝对的、自由的。因为这种缘故，我们应当感谢他给我们的那些好处，不当抱怨他没有赏赐我们（据我们所知）他有力量赏赐的一切。

（39）我们意志的自由是自明的。

最后，我们还分明具有一个自由的意志，可以任意来同意或不同意。这个真理可以归在我们与生俱来的那些最初的最普通的意念中。这一点已经表现得很明白了，因为我们在试图怀疑一切事物时，我们纵然假设了：创造我们的哪一位，曾用其无限的权力，在各方面来欺骗我们，可是我们还觉得自己有一种自由，可以不相信那些稍不确定、稍可怀疑的事物。可是在这种时候，我们所不能怀疑的事物（自由），仍同我们一向所能知道的任何事物一样自明，一样清楚的。

（40）我们还确乎知道，上帝预先规定了一切。

我们在上帝方面所发现的一切，使我们相信，他的权力是极其巨大的，因此，如果我们设想，我们能做不是他所预先规定的任何事情，那是一种罪过。但是我们如果着手把上帝的预先的命令和我们的自由意志调和起来，并且想在同时了解这两种真理，则我们便会立刻碰到一些大的困难而感到为难。

（41）我们的意志自由如何可以同神圣的预先的命令相调和。

不过，相反的，我们也可以摆脱这些迷惑，倘使我们记得我们的心是有限的，而上帝的权力是无限的；他不但可以凭其权力永远知道现在或未来，而且他可以意欲它或注定它。因此我们就有充分的智慧，可以明白地、清晰地知道上帝有这种权力，不过我们的智慧却不足以了解他为什么不使人的自由行动确定起来。在另一方面，我们确乎意识到自己有一种自由和无动于衷的能力，而且我们所知道的事物，再没有比这一点更为明白、更为清楚，因此，上帝的全能也就不应当使我们不相信这种自由，因为，我们如果由于不了解自己明知其不可了解的另一种事物，就来怀疑自己所充分意识到的事物，以及我们经验到的那些存在于自己身上的事物，那是荒谬的。

（42）我们绝非有意要犯错误，可是我们的错误仍由意志而来。

不过，我们既然知道，我们的一切错误都依靠于我们的意志，而且没有人愿意欺骗自己，那么我们的判断如果竟然发生错误，那似乎就很奇怪了。不过我们必须注意，愿意受骗和愿意同意于含有错误的意见，实在是大不相同的两件事。因为，虽然没有人明白愿意陷于错误，可是我们所见的人，却差不多都容易同意于各种意见，实则那些意见中往往是隐伏着错误的，只是他们不知道罢了。我们甚至常见，有些人由于不充分知道达到真理的正当层次，所以他们的追求真理的欲望，竟至使他们仓促判断他们所不明知的事体，结果他们就常常发生错误。

（43）我们如果只同意于自己所明白地、清晰地了解到的东西，我们便永不会犯错误。

不过我们分明知道，我们如果只判断我们所明白地、清晰地了解到的那些事物，则我们永不会把虚妄认为真实。因为上帝既不存心骗人，那么，他所给我们的知识官能，一定不能是错误的，而且，根据同样的理由，我们如不把自己的意志官能扩及于我们所明知的物象以外，那么它也不会是错误的。纵然我们不能拿理论来证实这个真理，一切人的心自然也会同意它所明白认知的事物，并且会经验到：要怀疑它的真理是不可能的。

（44）我们如果同意我们所不曾明白知道的事物，则我们的判断纵然偶尔是准确的，我们的判断也始终是不适当的。我们的记忆常常欺骗我们，使我们误信某些事物是以前我们所充分了解的。

我们还分明知道，我们如果同意自己所不了解的任何理由，则我们总会陷于错误，纵然碰到真理，那也只是偶然，因此，我们也永不能确信自己是不犯错误的。自然我也承认，当我们已经看出我们并不了解一件事物时，我们并不常见自己勉强来判断它，因为良知就命令我们，不要判断自己所不知道的事物。不过我们所以常常犯错误，乃是因为擅想自己对于自己所同意的事情过去曾有充分的知识，好像它是贮藏在我们的记忆中而为我们所熟知的东西一样，实则我们没有这样的知识。

（45）明白的、清晰的知觉由何成立。

世上诚然有许多人，终其身亦不曾以合于适当判断的途径来认知任何事物。因为我们要想建立确定不移的判断，则我们所依靠的知识不仅要明白，而且还要清晰。所谓明白的对象，就是明显地呈现于能注意它的那个心灵的对象，就如一些对象如果呈现于观察它们的那个眼睛前面，以充分的力量来刺激它，而且眼睛也处于观察它们的适当的位置，那么我们可以说自己是明白地看到了那些对象。至于所谓清晰的对象，则是界限分明与其他一切对象厘然各别，而其中只包括明白内容的一个对象。

（46）由痛苦的例证可以看出，一个知觉即使不清晰，也可以是明白的；不过凡是不明白的知觉，都不会是清晰的。

例如，任何一个人在感到剧痛以后，他对于这种痛苦的知识是很明白的，不过那种知识却不是永远清晰的。因为感到痛苦的人往往把这种知识和他们对痛苦本性所构成的模糊判断相混淆，以为在感到痛的那一部分，有一种类似只有他们自己所能意识到的痛苦感觉的东西。由此可见，不清晰的知觉也可能是明白的，但是它如果也是不明白的，那它一定不会是清晰的。

（47）要想改正我们早年的偏见，我们必须考察我们的各个简单意念中，含着什么明白的成分。

在我们早年，我们的心灵耽于身体，因此，它虽然很明白地看到许多事物，可是它还不能清晰地知道它们。不过即使在那个时候，我们既然已在许多事物方面运用了我们的判断能力，因此，我们就养成了许多偏见，而且大多数人往往在以后也没有摆脱那些偏见。不过现在为了使自己能够摆脱这些偏见，我愿在这里简略地列举出我们的思想所由组成的一切简单的意念，并在每一个意念中分辨出何为明白的，何为模糊的，或易引起错误的。

（48）我们知识的一切对象可以分为两种：一是各种事物或事物的性质；二是永恒的真理，并附带列举一些事物。

凡落于我们知识中的一切对象，我们或则认为是一些事物，或事物的性质，或则认为是只在心中存在的一些永恒的真理。在第一类中，最普遍的对象就是实体、绵延、秩序、数目，或许还有别的；这些意念是可以应用于各种各类的事物的。在这些事物方面，我只承认有两个最高类（summa genera）。第一类是有智力的事物，或有思维能力的事物，其中包含着人心或能思的实体及其性质。第二类是物质的事物，其中包括着有广袤的实体或身体及其性质。知觉、意志，以及一切知识情状和意志情状，都是与思维实体有关的。另一方面，体积，长、宽、高三量向，形相，运动，位置，部分本身的可分割性等等，都是属于有广袤的实体的。不过除此以外，我们还内在地经验到某些事物，它们既不能单属于人心自身，也不能单属于身体，它们是属于身心两者的密切联合的，我们后边在适当地方将指示出这一点。属于这一类的，有饥渴之欲等等，又如不完全是心理作用的人心那些情绪或情感，如愤怒、喜悦、悲伤、爱情等情绪，也属于这一类。最后，一切感觉，如痛苦、搔痒、光觉、色觉、音觉、嗅觉、味觉、热觉、硬觉，以及别的可感的性质，也都属于这一类。

（49）永恒的真理是不能这样列举的，不过这也不是必需的。

我前边所列举的，都可以看作是一些事物，或是事物的性质或情状。现在我们就来谈谈永恒的真理。当我们了解无中不能生有时，“ex nihilo nihil fit”这个命题，就并不被认为是实际存在的一种事物，或一种事物的情状，它只是在我们心中存在的一条永恒的真理，就是所谓公共意念或公理。属于这类的，有下列这些：如说“一物不能同时存在而又不存在”；“凡已做了的，就不能再取消”；“一个能思想的人，在他思想时一定存在着”等等。此外还有别的无数真理，这些真理我们是难以一一列举的，而且我们也不必如此列举，因为我们如果不被偏见所蔽，则我们在有机会思想它们时，一定不会不知道它们。

（50）这些真理是可以明白认知的，不过人类有偏见，所以他们不能都同样知道它们。

说到这些公共的意念，则我们确乎相信，它们是可以明白地、清晰地被人认知的，否则它们就不配称为公共的意念。有些真理因为不同样被所有的人所接受，似乎并不同样称其名，不过，我想，这种情形之所以发生，并不是因为这一个人的知识官能比另一个人的知识官能范围较为广大，而且因为这些公共的意念和某些人的偏见相对立。因为别的没有偏见的人可以极其明白地了解那些真理，可是具有偏见的人是不能很容易地接受它们的。

（51）何谓实体；这个名词在应用于上帝和被造物时，意思是不一样的。

不过说到我们所认为是事物或事物情状的东西，则我们应当分别加以考察。所谓实体，我们只能看作是能自己存在而其存在并不需要别的事物的一种事物。的确，我们只能设想有一个绝对独立的实体，那就是上帝。而且我们知道，一切别的事物所以能存在，只是借助于上帝的加被。因此，实体一词并不是在同一意义下（借用经院中惯用的术语）应用于上帝和万物的；那就是说，我们并不能清晰地理解这个名词的任何含义是上帝和万物所共有的。

（52）这个术语可以在同一意义下应用于人心和身体，并论实体本身是如何被人了解的。

被造的实体，不论其为有形体的或思想的，都可以在这共同的概念下加以存想；因为这些事物是只需要上帝的加被而不需要其他东西就能存在的事物。不过我们原来所以能发现出实体来，却不仅因为它是一个独立自存的东西，因为“存在”自身是不能为我们所观察到的。不过我们却容易根据实体的任何属性来发现实体，我们的发现就凭借于这样一个公共意念，就是：任何属性或性质，都不能不有一种东西作为依托。因为，我们既看到有一些属性存在，我们就推断说，这些属性所依附的事物或实体也必然存在。

（53）每一个实体都有一种主要的属性，如果想就是人心的属性，广袤就是物体的属性。

不过，任何属性虽都足以使我们知道有一个实体，可是每一个实体都只有一种主要的性质，来构成它的本性或本质，而为别的性质所依托。例如，长、宽、高三种广袤，就构成物质实体的本性，思想就成为能思实体的本性。因为凡能委于物体的任何别的属性，都要有广袤为其先决条件，而且只是有广袤的事物的某种情状；同样，我们在人心方面所发现的一切性质，也都是思想的各种情状。这样，除了是在有广袤的事物内，我们便不易设想形象，除了在有广袤的空间内，我们便不易设想运动，除了是在一个能思想的事情内，我们便不能设想想象、感觉或意志。不过在另一方面，离了形相或运动，我们却能设想广袤，离了想象或感觉，我们却能设想思想，对于其他实体也是这样。任何人只要注意这些事，就可以明白看到这一层。

（54）我们对于能思想的实体、物质的实体，以及上帝，如何能有明白而清晰的意念。

这样，我们如果仔细地区分思想的属性和广袤的属性，我们就容易获得两个明白而清晰的观念或意念：一是被造的能思想的实体的观念，一是物质的实体的观念。此外，我们如果不认为上帝观念中混杂任何虚构的东西，只注意对他的观念中所包括的那些物质，只注意我们明知属于绝对完美的“造物者”本性的那些特质，那么，我们对于上帝，对于不被创造的、独立的思想实体，也可以得到一个明白而清晰的观念。因为人们如果否认我们心中有这样一个上帝观念，那他们就已毫无根据地假设，人心对上帝是毫无所知的。

（55）我们如何也可以清晰地存想绵延、秩序和数目。

说到绵延、秩序和数目，我们如不把专属于实体概念的性质，同这些观念混杂起来，而只认为，只要一件事物继续存在，那么，我们对于绵延、秩序和数目，也可以有一些最清晰的概念。同样的，我们可以想象，这件事物的绵延就是我们对它想象时的情形，秩序和数目实际上与有秩序有数目的那些事物不相差异，它们只是我们多种多样地考虑这些事物时的一些情状。

（56）什么是情状、性质和属性。

诚然，我们这里所说的情状（modal）同别处所称的属性（attributes）和性质（qualities）是有同样意义的。但是在我们思考那种受这些性质的影响的实体时，我们就用情状一词；我们如果根据这种变化来指称那个实体如何如何，我们就用性质一词（以表示它由此得名的那些不同情状）；最后，我们如果只把这些情状看作是在实体以内存在着的，我们就叫它们为属性。因此，我们既然必须认为上帝是超乎变化的，我们就不当说，他有情状或性质，只当说他有属性。甚至在被造物方面，其中如果发现有恒常的情状，如存在着的事物的存在，绵延着的事物的绵延，则这些东西不应当叫做情状或性质，只应叫做属性。

（57）有些属性是真正存在于具有那些属性的事物中的，有些只是存在于我们的思想中；在这里，并说明什么是绵延和时间。

在这些属性或情状中，有些存在于事物本身，有些只存在于我们的思想中。就以时间而论，我们就以为它和一般的绵延有别，而且称它为运动的尺度，它只是我们在存想绵延本身时的某种情状，因为我们并不以为运动事物的绵延和静止事物的绵延有别。这可以从下面一事看出来，就是，如果两个物体运动了一小时，一个运动得很快，一个运动得很慢，我们并不要在前者方面比后者方面计算较多的时间，虽然前一个物体的运动较后一个物体的运动为多。不过为了在一个共同尺度之下了解一切事物的绵延起见，我们就把它们的绵延和能发生年和日的那些最大而最有规则的运动加以比较，而叫它做时间。因此，我们所称为时间的那种东西不是加于一般绵延上的一种东西，乃是一种思想方式。

（58）数字和一切普遍观念都只是思想的方式。

同样，我们如果不思考体现于被造物中的数字，只在抽象方面或概括方面思考数字，那么数字也只是思想的一种情状；至于我们称之为普遍观念的那些概括观念，也都是如此。

（59）普遍观念是如何构成的；所谓类、种、差别、特性、附性，这五个词是什么样的。

普遍观念之起，只是因为我们在思想一些相似的特殊物象时，应用了同一的观念。当我们在一个名称下来思维这个观念所表象的一切物象时，这个名词就成了普遍的。例如，如果我们看到两块石头，只思考它们是两块，而并不注意其他，我们就构成所谓“两个”的观念。后来我们如果又看见两只鸟或两棵树，只注意它们是两个，则我们又应用了与以前相同的观念，因此，它就成了普遍的。因此，我们就以“两个”这个普遍名称来称呼这个观念。同样，我们如果思考一个具有三边的形相，我们就构成某个观念，并称之为三角形观念，以后我们把它当作普遍观念来在我们心中表象一切其他具有三边的形相。但是，当我们仔细注意到，在各种三边形以内，有些是直角的，有些不是，则我们又构成一个直角三角形的普遍观念，这个观念对前边那个较概括的三角形观念来说，可以称之为种（species）。在这里，所谓直角就成了借以分别直角三角形和其他三角形的普遍差异（difference）；再其次，对直角的那一边的方，又等于其余两边的方，并且，这种特性又是只属于这一种三角形的，因此，我们就可以称它是那一个种的普遍特性（property）。最后，我们如果假设，在这些三角形中，有些是运动的，有些是不运动的，这就成了它们的普遍的附性（accident）。因此，我们通常说有五种普遍意念，即：类、种、差别、特性、附性。

（60）各种差别；先论实在的差别。

不过，各种事物自身所以有数目，乃是因为它们原有一种差别。所谓差别共有三类，一为实在的（real），二为情状的（modal），三为理性的（reason）。实在的差别是在两个或较多的实体之间存在着的；我们只要能够离开这个实体，明白地、清晰地存想那个实体，那就足以使我们确信，它们互相间真是有差异的。因为我们关于上帝的知识使得下面一事成为切实无疑的，就是：他能够实现我们所能清晰地观念到的任何东西。例如，我们现在既然有一个广袤、有形体的实体观念，则我们纵然还不确知是否真有这种东西存在，我们也可以只因自己有这个观念，而相信那种东西可以存在；并且相信，如果它实在存在着，则我们在这个实体中用思想所画出的每一部分，一定是和那个实体中其他部分有差别的。同样，人人既然意识到他在思想着，而且他在思想中可以把其他能思的或物质的实体排除于自身以外，那么，在这样思考之下，我们各人就确实同别的每个能思的和物质的实体有实在的分别。我们虽然假设，上帝把身心联合得极为密切，使它们成为一个完整的组合，因而我们不能存想一种比此更密切的联合，可是那两种实体虽有这种联合，仍然实在是有差别的。因为上帝不论以什么纽带把它们联合起来，他依然不能使自己摆脱分画它们的能力，或分别地加以保存的能力。既然如此，则上帝所能分画或分别地加以保存的事物，实在是有差别的。

（61）情状的差别。

情状的差别有两种，一为情状本身与其实体的差别，一为同一实体的两种情状间的差别。前者的例证就如：我们可以离开异于实体的情状明白地了解实体；而在另一方面，我们在存想这个情状时，却不能不同时存想到实体自身。例如，形相（或运动）和其所寄托的实体，便有一种情状的差别；在确认（或回忆）和人心之间，亦有相似的差别。至于说到后一种，我们也有一个例证，就是，我们能够单独认出两个情状之一，而不必顾及另一个，正如我们离开运动，也可以认出形相，离开形相，也可以认出运动一样；不过我们在想到它们任何一个时，却不能不想到它们所依托的共同实体。例如，如果一块石头被移动了，并且它又是方形，则我们就能够离开运动，单思考它的方形，也可以反过来，离开方形而单思考它的运动，不过离开石头的实体，则我们既不能思考这种运动，也不能思考这种形相。至于一个实体的情状，如果同另一个实体或同另一个实体的情状有所差异，类如一个身体的运动之异乎另一个身体或心，又如运动之异乎怀疑等；则在我看来，这种差别应该叫做实在的，不应叫做情状的，因为这些情状，离开它们所寄托的那些实在个别的实体，便不能明白地被人存想。

（62）理性的差别（论理的差别）。

最后，理性的差别则是一个实体和其某种属性之间（没有属性，我们便不能清晰地存想实体自身），或是一个共同实体的两个属性之间（我们试图单独思考其中任何一种属性）存在着的那种差别。这种差别之起，显然是由于我们如果把实体和其属性分开，我们便不能对于实体具有明白清晰的观念；或者，我们如果把两个属性分开，则我们也不能对其中一个具有明白的知觉。例如，任何实体一停止了绵延，也就不再存在，因此，绵延就离不开实体（除了在思想中）。又如一般说来，各种属性虽使我们对于一件事物有几种不同的想法，如物体的广袤及其可分性，可是它们和它们所寓的那个物体并无差异，而且它们自身亦不互相差异，我们只是偶尔离开这一项来乱想那一项，（因此它们只存在于思想中）。自然，我记得在别处曾经把这种差别同情状的差别归在一类（在我答复人们对《沉思集》所加的“第一反驳时”，我在末了曾有此说法），不过在那里，我只需概括地论究这些差别，而且在那个时候，我只要把它们和实在的差别区别开来，也就达到我的目的了。

（63）我们如何能清晰地知道思想构成人心的本性，广袤构成身体的本性。

我们可以认为思想构成智慧实体的本性，广袤构成物质实体的本性，而且我们在存想思想时，只当把它认作是能思的实体本身，在存想广袤时，只能把它认为是有广袤的实体本身，那就是说，我们只能把它们当作人心和物体看，而且我们这样来存想人心和物体，乃是最明白、最清晰的。此外，我们在存想有广袤的或有思想的实体时，也比离开思想或广袤，单独思想实体时较为容易。因为离开思想和广袤的意念，而抽象地来思考实体的意念，那是不容易的，因为它们只是在思想本身中有差异的，也就是说，它们只有论理上的差别。一个概念所以较为清晰，并不是因为它包含着较少的特性，乃是因为我们把它所包含的成分同别的一切意念精确地区别开来。

（64）我们如何能清晰地存想它们是实体的一些情状。

我们也可以把思想和广袤认为是实体的情状，因为同一个心可以有许多不同的思想，同一个物体（体积不变）可以有不同的形态，有时它可以较长，而不宽、不深，有时它又可以较宽而不长。因此，我们如果把它们不当作是独立存在的实体，而只当作是事物的情状，则它们同实体便有情状的差别，我们也一样可以明白地、清晰地存想它们。因为我们如果把它们认为是在以它们为情状的那些实体以内存在着，我们就把它们同这些实体分别开，而且认识到它们的本来面目。可是在另一方面，我们如果想离开它们所寓的那些实体来单独思考它们，我们就会因此把它们认为是自存的事物，因而把情状和实体的观念混淆了。

（65）我们如何也能知道它们的情状。

同样，我们如果认为思想的各种情状（如理解、想象、回忆、意欲等）和广袤的各种情状（如形相、各部分的位置及其运动），只是它们所寓的事物的情状，则我们也会把它们理解得最为清楚。同样，我们如果只存想移动，而不求知道能产生它的那种力量（不过在适当地点，我要解释这一层），则我们也可以了解清楚运动本身。

（66）关于我们的感觉、情感和嗜欲，我们虽常有错误的判断，可是我们为何也可以明白地知道它们。

还有我们的感觉、情感和嗜欲，我们对于它们也可以有明白的知识，如果我们留神在我们关于它们所构成的判断中，只把那些知觉中确切包含的成分，以及我们所直接意识到的成分包括进去。不过要遵守这个规则是很不容易的，至少在感觉方面是如此。因为我们大家无例外地自幼就认为我们凭感官所知觉的一切事物，在我们的思想以外存在着，而且以为它们是和我们对它们所生的那些感觉或知觉完全相似的。例如，我们看见某种颜色，我们就以为自己看到在身外有一种占着位置的东西，而且以为那种东西和我们所意识到的颜色观念是完全相似的。由于这种判断的习惯，我们就似乎把这一点看得很明白、很清晰，因而以为颜色的外在性是确定无疑的。

（67）我们关于痛苦本身的判断往往是错误的。

这种偏见也发生于我们一切别的感觉中，甚至存在于发痒和痛苦的感觉中。因为我们一向虽然不爱相信，在我们身外，有一些和发痒和痛苦相似的物象存在，可是我们也不以为它们只是在心中或我们知觉中存在，而是以为它们是在手、足或我们身体的其他部分中存在的。不过我们没有理由强使自己相信，例如，好像我们在足部所感的痛苦是外于心而存于足中的一种东西，好像我们在日中所见的光，不但存在于心中，而且也存在于日中。这两种信念都是我们幼年的偏见，后边我们就可以明白看到这一点。

（68）在这些事物方面，我们如何可以把自己所明白存想到的事物和我们所认识的事物分别清楚。

要想把感觉方面明白的成分和暧昧的成分加以区分，我们应当极其细心地注意，我们何时是有明白的知识，何时是有暧昧的知识。我们如果把痛苦、颜色或同类的东西，只认为是一些感觉或思想，则我们便对它们具有明白的、清晰的知识。但是我们如果认为它们是在我们心外独立存在的一些事物，则我们便完全不能对它们形成任何概念。诚然，当任何一个人告诉我们说，他在物体中看到一种颜色，或在他某一肢体中感到一种痛苦时，他这话恰好等于说，他在那里见到或感到他所完全不知其本性的那种事物，或者说，他并不知道他看见什么，感到什么。因为一个人在不很仔细地考察自己的思想时，固然容易相信，他对那种事物有相当知识，因为他认为有一种东西和他所意识到的颜色感觉或痛苦感觉相似；但是他如果仔细想一想存在于有色物体或受伤肢体中的颜色观念或痛苦观念给他表象出什么来，他就会看到，自己对于这样的东西是绝对不知道的。

（69）我们在知觉体积、形相等时，和知觉颜色、痛苦等时，情况完全不同。

我们如果考究下述的情形，则前述的理论更为明显。就是因为我们所知觉的物体的大小、形相和运动（至少是位置的运动，因为哲学家由于想象有别的运动，就把运动的本性弄得自己也莫名其妙了），及其各部分的位置、绵延、数目，以及我们在一切物体中所明白见到的别的性质，都是由另一条途径被我们所知道的；我们知道它们时，与知觉同一物体中的颜色，或知觉痛苦、嗅味、滋味，以及必然属于感官的别的一切性质时，所循的是两条截然不同的途径。在我们看到一个物体时，我们不但可以根据形相的现象，也可以根据其颜色的现象同样来相信它的存在，可是我们所知道它的形相特性，要比知道它的颜色特性清楚得多。

（70）我们可以由两条途径判断可感的事物，其中由一条途径我们可以免犯错误，而由另一条途径我们就陷于错误。

由此可见，说我们知觉到物象中的一些颜色，那实际就等于说，我们在物象中知觉到某种东西，不过不知道它是什么，只知道它是在我们心中刺激起某种很明白、很活跃的感觉，即刺激起我们所谓颜色的感觉来的一种东西。然而，在这两种判断的方式中，委实有很大的差异。我们如果只判断说，对象中有一些不可知的东西（此处所谓对象就是指独立自存、发生感觉的那种东西而言），则我们不但不致陷于错误，反而可以预防陷于错误，因为我们这样就不容易鲁莽地判断我们明知自己所不知道的事物。但是，我们认为自己在对象中看到颜色，则我们便容易陷于错误，便容易主张说，存在于对象中的所谓颜色是我们所知觉的颜色完全相似的一种东西，而且我们此后还会认为，我们对于自己所完全不知觉的这种颜色有明白的知觉。实则我们自己并不知道我们所谓颜色究竟是什么，而且亦不能存想，我们认为在物象中存在的那种颜色，和在感觉中所意识到的那种颜色，有相似之点。但是，因为我们看不到这一层，或者因为在这些对象中有各种特性，如大小、形相、数目等等，我们都明白知道它们正如我们感官所知觉的、理解所存想的那样，真正存在于或者可能存在于这些对象之内，因此，我们就很容易陷入错误，认为对象中的所谓颜色，是与我们知觉到的颜色完全相似的东西，因而便认为我们清楚地知觉到我们所不能知觉的东西。

（71）我们错误的主要原因多半在于儿童时的偏见。

在这里，我们可以看出我们错误的首先的、主要的原因。在早年，人心极其密切地固着于身体，它所注意的只限于物象在其身体上印了印象后所生的那些思想；它在那时也并不把这些思想参照于它自身以外存在的任何事物。身体受了伤，则心便感到痛苦，身体如遇到有益的事物，则心便感到快乐，身体如果只受了轻微的刺激，既无大益，也无大损，则心便经验到所谓的滋味、嗅味、声音、热、冷、光、色等等感觉。这些感觉实在并不表象在我们心外存在的任何事物，而且它们的变化也全看身体受刺激时各部分和情状的差异而定。此外，人心在同时还知觉到体积、形相、运动等等；这些东西之呈现于心，不像是一些感觉，而像是一些存在的事物的情状，或者至少也是能在心外存在的事物的情状，虽然人心那时还看不出这两种知觉的差异。后来，身体这个机器既能凭自己的天然组织和内在的能力，在各方面自由转动，在各种途径下运动，因而可以自由追求有用的事物，而避免无用的事物；那么，与它密切相连的人心，在仔细考虑它所追求的或避免的对象时，便初次看到，那些对象是在它以外存在的，因此，它就不但认为它们有体积、形相、运动等等（它认为这些是事物或事物的情状），而且还认为它们有滋味、嗅味以及别的类似的观念，实则这些感觉只是由它自己所引起的。它在思考别的事物时，既然以它们对它所寓的身体有益与否为衡，因此，它在判断各个物象的实在性之或大或小时，就看它们对身体所产生的印象之或强或弱而定。因此，它就相信，在岩石和各种金属中，比在空气或水中有较多的实体或物体，因为它看到前者含着较大的重量和硬度。其次，我们在空气中，如果感不到风的激动，或者察不到它是热的或冷的，则我们也容易认为空气是不存在的。又因为各个星球所发的光，只不过如微弱的烛焰似的，因此，我们便认为每个星体也只有那么大。再其次，人心既然不曾看到地球绕着地轴转动，而且不曾看到，地面弯曲得就如圆球的表面一样，那么，它就容易认为地球是不动的，地面是平坦的。我们的心从儿时起还感染了千百种性质相同的别的偏见，后来，到了青年，我们又忘记我们在接受这些偏见时，完全未加考究，而认为它们是极真实、极明白的，好像我们当初是借感官知道它们的，又好像它们是由自然灌输到我们心中的。

（72）我们错误的第二个原因，就在于我们不能忘掉这些偏见。

现在到了成年时期，我们的心已不完全受身体的支配，它也就不习于把各种事物都归因于身体，而是要发现事物本身的真理，这时，我们就注意到，我们以前所构成的许多判断都是错误的。虽然如此，我们仍不容易完全忘记它们，而且它们只要还在那里存在着，就容易造成各种错误。例如，从我们孩提时起，我们就想象星球是很小的，因此，我们就觉得很不容易排除这种想象，实则根据明白的天文学上的理由来说，它们都是最大的。先入为主的意见，势力之大，有如此者。

（73）第三个原因是，我们在注意那些不呈现于感官的对象时，常感到疲乏。因此，我们在判断这些对象时，往往不根据现在的知觉，而常根据先入为主的意念。

此外，我们的心注意一个对象久了，就会感到疲乏和痛苦。至于那些既不呈现于感官，又不呈现于想象的事物，则人心在注意它们时，就感到莫大的困难。我们所以如此，也许是因为人心同身体的联合自然使它这样，亦许是因为我们早年只忙于知觉和印象，所以我们惯于在这些方式下来思维，而且觉得比在别的方式下来思维，较为容易。因此结果，许多人只能设想象的、有形体的、可感触的实体，此外就不能再存想别的实体。因为他们不知道：只有那些具有广袤、运动和形相的对象才是可以想象的，至于许多别的对象，是用智力才可理解的。因此他们相信，除了物体以外就无物存在，而且最后以为没有一个物体不是可感的。不过我们在知觉对象时，既不专依靠感官，而是必须把理性运用到可感的事物上（如后边所明白指示的），因此，大多数人在其一生，就只有在纷乱的途径上来知觉各种事物了。

（74）我们错误的第四个原因是，我们虽以思想附于语句，可是语句并不精确地表示思想。

最后，我们在使用语言时，把自己的思想都附着在借以表示思想的语句上面，并且把这些思想和这些词儿联合起来记在心里，到了后来，我们觉得想起语句比想起它们所表示的事物还要容易，因为这种缘故，我们就往往不易清晰地设想任何事物，把我们所设想的和表示它们的那些语句完全分离开。因此，大多数人都只注意语句，而不甚注意其所表示的事物。因此，他们就往往同意一些措辞，而不在上面附加任何意义，这是因为他们或则以为自己曾经了解过它们，或则以为这些措辞是向那些正确地了解它们的人学来的。不过我们不能在这里详细地研究这一层，因为人体的本性还未经详细解释，甚至物体的存在还不曾确定。不过我们所说的，似乎已经足以使一个人分辨什么是清晰而明白的概念，什么是暧昧而纷乱的概念了。

（75）总论正确地进行哲学思考所必须遵守的条件。

因此，我们如果想认真进行哲学思考，并且想尽力探求自己所能认知的一切真理，我们第一就得把我们的偏见先撇开，那就是说，我们必须先细心怀疑我们以前所承认的意见，直到重新考察之后，我们发现它们是真的，然后再同意它们。其次，我们必须依次复检我们心中的意念，只认定我们所能明白清楚地了解的意念才是真的。这样，我们将首先看到，我们的本性就在于思想，在这个范围以内我们才是存在的，同时我们还可以看到有一位我们所依靠的上帝；在考察他的品德之后，我们将能够考察其他一切事物的真实性，因为上帝是它们的原因。除了我们对于上帝和自己心灵所有的这些意念之外，我们还将发现，我们知道别的许多永远真实的命题，例如，“无不能生有”等等便是。再其次，我们还将发现自己心中具有关于能被运动、能被分割的一种物质的或有广袤的实体的知识；此外，我们还知道有某些感觉在刺激我们，如痛苦、颜色、滋味等；虽然我们还不知道自己所以受刺激的原因。我们如果按次把这些事物考察一下，借以把我们现在对它们的知识同我们以前对它们的纷乱知识比较一下，我们将会养成一种对于自己所能知道的一切物象构成明白清晰的知识的习惯。在我看来，最重要最普遍的人类知识原理，似乎就包括在这少数的教条中。

（76）我们应当相信神圣的权威，而不相信我们的推论，但是除了神圣所显示的事物以外，我们只应当同意于我们所能明白了解的事物。

不过最要紧的是，我们必须记住一条颠扑不破的定则，就是，上帝所显示的，是比任何事物都确定得无可比拟的。即使我们的理智的见解，极明显地提示出与“神示”相反的事物来，我们也应当相信神圣的权威，而不相信我们的判断。不过在没有神圣启示的事物方面，一个人如果只是人云亦云地接受自己并未认其为真的事物，把它当作是真的，并且只信赖自己的感官，只信赖儿童时期的轻率判断，而不信赖错误的理性的命令，那他就不够哲学家的身份了。

3. 物质事物的原理

（1）凭什么根据我们可以确知物质事物的存在。

我们虽然充分相信物质事物的存在，不过这一层我们在以前既然怀疑过，而且我们曾一度把这种存在的信念列于幼时的偏见中，那么，我们必须考察一下，究竟凭什么根据我们可以确知这个真理。第一，我们不能怀疑，我们所有的每一种知觉都是由异乎我们心灵的一种物象来的；因为，我们没有能力使自己经验一种知觉而不经验另一种知觉，而每一种知觉都是完全依靠那个触动我们感官的对象。因此，我们就可以问，那个对象是上帝呢，还是异乎上帝的一种事物呢。不过我们既然知觉到（或为感官所刺激），而且明白地、清晰地理解到有某种具有长、宽、高三量向的物质，而其各部分又各有各的形相和运动，又使我们生起颜色、嗅味、痛苦等感觉来，因此，上帝如果自动地、直接地把这个有广袤的物质观念呈现在我心中，或者间接使别的无广袤、形相和运动的对象把那个观念呈现给我们，则上帝确乎可以被看作是一个骗子了。因为我们分明设想这个物质是完全异乎上帝，异乎我们自己，异乎我们的心灵。而且我们还似乎明白察知，这个观念之在我们心中形成，乃是起因于我们心外存在的对象，而这个观念和那些对象在各方面都是相似的。不过就上帝的本性来说，他既然不能欺骗我们，我们就必须毫不迟疑地断言，一定有一种具有长、宽、高三量向的对象存在，而且它一定具有我们在有广袤的事物方面所明白见到的一切特性。这个有广袤的实体，就是我们所谓物体或物质。

（2）我们如何又知道人体是和人心密切联系着的。

我们还应该断言，有某种物体是和我们的心更为密切地联系着的，因为我们明白看到，痛苦以及别的感觉，往往于无意中就会刺激我们。人心意识到，这些感觉不是由它自身生起的，而且它既然是一个思想的事物，当然它们也是不属于它的。因此，这些感觉之起，只是因为人心和另一个有广袤、能被动的事物——人身——联合着。不过这一问题我们不在这里详细讨论。

（3）感官的知觉并不能使我们了解事物的真理，它只能告知我们什么是有益于身心合一的整体的，什么是有害于它的。

我们只需说，感官的知觉只应当归因于人类身心的这种密切联合，它们往往使我们觉察到，外界物象中哪种性质是有益于这种联合的，哪种性质是有害于这种联合的。不过除了偶然的情形而外，它们并不把这些对象的实相呈现给我们。因为在我们注意到这一层以后，我们便可以毫无困难地摒除感官的偏见，而在这个问题上借着仔细思考自己在我们心中所植入的那些观念，只求助于我们的理解。

（4）物体的本性，不在于重量、硬度、颜色等，而只在于广袤。

这样，我们就会看到，一般说来，物质或物体的本性，并不在于它是硬的、重的、或者有颜色的，或以其他方法刺激我们的感官。它的本性只在于它是一个具有长、宽、高三量向的实体。因为说到硬度，则我们凭感官对它所知道的，不外这一层，即坚硬物体的各部分在与我们的手接触时，抵抗手的运动。但是，如果我们的手每次朝向它们运动时，那里的一切物体都随着我们的手的前进急速向后退去，我们便永不会感到硬度。可是我们没有理由可以相信，这样后退的物体因此就会失掉其所以为物体的本性。因此，物体的本性并不在于硬度。同样，我们也可以看出，我们在有形物质中所见的重量、颜色以及别的同类的性质，纵然都排除于物质之外，而物质在此时依然是完整无缺的。由此可见，物体的本性完全不依靠这些。

（5）人们对于稀化（rarefaction）和虚空（vacuum），都有一种先入为主的意见，因此，它们就淆乱了关于物体本性的真理。

不过仍有两种原因妨碍人们充分相信，物体的真正本性只在于广袤。第一种原因是，一个流行的意见，即大多数物体是可以稀化和凝集的，而且在稀化以后，物体的广袤要比凝结时为大；有些人甚至于剖析入微地说，物体的实体和其数量有别，数量又和广袤有别。第二种原因是，我们在只设想长、宽、高三向的广袤时，我们不习惯说，那里就有物体，我们只是说那里有空间，有虚空，而一般人又认为虚空只是一个否定。

（6）稀化作用是由何种途径进行的。

不过说到稀化作用和凝结作用，无论谁只要注意自己的思想，并且不承认他有不明白意识到的事情，则他一定不会假设，在那些过程中，除了稀化或凝结的物体变化其形象之外，还有别的事物。因此，换言之，所谓稀薄的物体就是指其各部分之间有许多间距，而其中充满着别的物体的那些物体而言的；至于另一方面所谓密结的物体，则是指其各部分互相接近，或减少那些间距离，或完全消除那些间距的物体而言，在后一种情形下，物体就成了绝对密结的。不过物体的各部分在互相隔离、逐渐分歧以后，虽可以包含较大的空间，可是它的广袤仍不比密结时为大。因为我们不应当把它在稀化时各部分所不占的孔隙或间距的广袤归于它，只应把那些孔隙的广袤归之于充满这些孔隙的别的物体。就如我们看到一块海绵充满了水或其他液体，我们并不因此就假设它比在干时或缩小时具有较大的广袤。我们只说，它的孔隙较大了一些，因而那个物体也就分布于较大的空间。

（7）离了这种解释法，我们便不能有条有理地解释稀化作用。

有的人虽然说，稀化作用是物体数量增加的结果，而不以前边解释海绵时所举例应用的原理来说明它，可是我并不能发现他们所根据的理由究竟有什么力量。因为在空气或水稀化了时，我们虽然不见有任何一个空隙增大，或有新物体占据其中，可是我们宁可断言，在稀化以后，它们各部分间的距离或空隙增大了体积，并且有新物体占据其中，而不应当假设一种莫名其妙的事物，来似是而非地解释物体的稀化作用。因为前一种断言毕竟比后一种假设较为合于理性。我们也不应当因为我们不曾凭自己的任何一种感官知觉到这种新物体，就不肯承认这个解释，因为我们并没有理由使我们相信，我们可以用自己的感官知觉到一切存在着的事物。我们看到，用这种方法来解释稀化过程是很容易的，不过要用别的方法来解释，那却是不可能的。因为最后，要假设一个物体增加了以前不曾有的数量或广袤，而没有一种新的有广袤的实体加上去，换言之，即没有别的物体加上去，那在我认为是一个明显的矛盾。因为我们如果设想一种事物的广袤或数量增加了，则我们便不可能不同时假设，一定有一种有数量、有广袤的实体加进去。这一层从下文可以明白看到。

（8）数量和数目同有数量、被计数的事物，只在思想中互有差异。

因为数量之不同于有广袤的实体，数目之不同于被计数的事物，并不是在实际上，而只是在于我们的思想中。例如，我们自然可以考察10尺空间所包含着的一个物质实体的全部本性，同时不必注意这个10尺的度量，而其明显的理由就是，我们所设想的那件事物，不论在那个空间的一部分或其全体，本性都是一样的。在另一方面，我们自然也可以单独设想10这个数目，以及10尺大的一段连续的数量，而同时不必想到这个有定限的实体，因为10这个数目的概念，不论我们认它是10尺或10个别的事物，它都是显然一样的。自然我们在设想10尺这个连续的数量时（虽然不能不同时设想到与此数量相等的一个有广袤的实体），也并不必一定要设想这个或那个有定量的实体。不过在实际上，任何最微小的数量或广袤部分，在一减去之后，同时实体亦就有相等的减少，而在另一方面，我们如果把实体稍一减少，我们同时也就不能不减少相等的数量或广袤。

（9）物质的实体，若与它的数量分开，则我们只能纷乱地设想它，好像它是一种非物质的东西。

有些人关于这个问题虽然表示出另一个意见，可是我觉得，他们的想法同我在此地所说的话，并无两样。因为他们如果把物质的实体和广袤（或数量）加以分别，则他们所谓“物质的实体”这个名词是全无意义的，否则他们是在自己心中只对于非物质的实体形成一个纷乱的观念，而把那个观念误归于物质的实体，同时却于无形中把物质实体的真正观念留给广袤。他们叫这种广袤为附性，不过这种说法的不妥当性容易使我们发现出，他们的语言和他们的思想是不调和的。

（10）所谓空间即内在的场所（internal place）① 是什么。

空间，即内在的场所，同其中所含的物质的实体，在实际上并没有差异，只在我们惯于设想的它们的情状方面有所差异。因为，老实说，长、宽、高三向的广袤不但构成空间，而且也构成物体。它们的差异只在于：在物体中，我们认为广袤是特殊的，并且设想它跟着物体变化；至于在空间方面，则我们以为广袤有一个概括的统一性，因此，我们在把一个物体由某种空间移出以后，我们并不以为自己同时也把那段空间的广袤移去。因为我们看到，那段广袤只要保持同一的体积和形相，只要同我们赖以确定这个空间的四周某些物体，保持其固有的位置，则那段广袤仍是不变的。

（11）在实际上，空间如何和物质的实体不相差异。

我们很容易看出，同一广袤不但构成物体的本性，也构成空间的本性，而且这两种事物，只有在特类和特种的本性与个体的本性发生差异时，才互有不同。如果我们细想一想我们对于任何物体的观念，而排除一切与物体的本性无关重要的性质，我们就可以看到这一点。就以一块石

① 内在的场所指物体的形相和体积而言，外在的场所指一个物体对别的物体的位置而言——译注。

头为例，我们首先可以排除它的硬度，因为那块石头如果液化了，或者化为粉末，它就不再有硬度，不过它仍系一种物体。颜色也可以照样不加考虑，因为我们常见有许多石头透明得并无颜色。其次，我们也可以排除重量，因为就以火焰为例，它虽然很轻，仍系物体。最后，我们还可以排除冷、热以及所有这一类的性质，一则因为我们并不以为这些性质是在石头内的，二则因为这些性质纵然变了，我们也并不认为石头就失掉其物体的本性。在这样考察之后，我们将看到，物体观念中并没有剩下别的，只剩下一种在长、宽、高三方面延伸展开来的东西。这种东西是包含在我们的空间观念中的，而且它不止包含于充满物体的空间观念中，而且也包含于所谓虚空的空间观念中。

（12）*在我们的思想情状方面，空间如何异于物体。*

不过在我们的思想情状方面，它们毕竟有一种差异；因为，如果我们把一块石头移出它原来所占的空间或场所，我们就会设想它的广袤也被移去了（因为我们以为这段广袤是特殊的，是和石头本身不能分开的）：不过我们同时认为，石头以前所占的那段空间的广袤仍是存留的；纵然石头的地位被木、水、空气或任何别的物体所占据，或者甚至被假设是空虚的，而那段广袤仍是存留着的。因为我们此处所考察的乃是一般的广袤，而且它如果像以前那样有相等的体积和形相，并与决定这段空间的那些外界物体保持先前的位置，我们就以为那个广袤是为石、木、水、空气以及别的物体，甚至虚空（如果有这样东西的话）所共有的。

（13）外在的场所是什么。

这个理由就在于：场所和空间这两个词用“占场所的物体”这个词所指示的并非真正相异，前者所指示的只是物体的体积、形相及其在其他物体中的位置。因为在确定这个位置时，我们必须注意其他一些我们所认为不动的物体，而且随着我们注意不同的物体，我们可以知道，同一事物在同一时间内，又是改变又是不改变场所。例如，一只船开到海上，一个人坐在船尾，我们如果注意船的各部分，则那个人可以说是永远留在一个场所，因为他对这些部分来说，是保持其同一位置的。另一方面，我们如果注意两边邻近的海岸，则那个人又将显得不断移动其场所，因为他是不断地远离这一岸而趋近那一岸的。此外，我们如果假设地球在运动，而且它由西往东的运动正等于船由东往西的运动，则我们又将说，船尾上那个人并没有变化其场所，因为这个场所将是被我们所想象的天际的一些不动点所决定的。但是我们如果终于相信，全宇宙中并没有真正静止的点（后面将指出这一层是可能的），我们就会因此断言，任何事物，除了在我们思想中使之固定不变外，都没有恒常的位置。

（14）空间和场所的差异在哪里。

空间和场所这两个名词毕竟有不同的意义，因为场所一词较为明确地指示位置，很少指示体积或形相，而另一方面，我们在说到空间时，我们就想到体积或形相。因为我们常说一个物体占据了另一个物体的位置（虽然它们两个的形相或体积不一定恰恰相等），可是我们并不因此就承认一个物体和另一个物体占着同一的空间。在位置变化时，虽然仍有以前一些的体积和形相，我们也说场所有了变化。因此，当我们说一件事物是“在”一个特殊的场所中存在时，我们的意思只是说，它对一些别的物体来说占有某种确定的位置。我们如果再说，它“占”着那样一个空间或场所，则我们的意思，除了那个位置以外还说，它那种确定的体积和形相正足以使它恰好充满那段空间。

（15）外在的场所如何可以正确地认为是周围物体的表层。

由此可见，我们的确从来不把空间和长、宽、高三量向的广袤加以区分。我们只是有时以为场所是在事物以内的，有时以为它是在事物以外的。内在的场所和空间是全无差异的，不过外在的场所可以认为是直接围绕着那个占场所的事物的表层。不过我们必须声明，此处所谓表层，并不是指周围物体的任何部分而言，只是指能围绕的物体和被围绕的物体间的界限而言，而这种界限又只是一种情状。若不如此说，至少我们也是说的一般的表层，它不是或此或彼的物体的一部分，而且它只要保持同样的体积和形相，我们就总认为它是前后同一的。因为，虽然整个周围的物体和它的表层改变了，可是被围绕的那个物体，如果同别的被认为不动的事物仍保持同一的位置，我们就不能假设那个物体也因此改变了它的场所。例如，我们如果假设，一只船被川流朝一个方向冲走，同时的又被风以相等的力量推向相反的一个方向，因而它对两岸的位置都没有改变。则围绕它的全部表层虽然不断地在变动，可是我们仍然承认它留在原来的场所。

（16）要说有一个绝对无物体的虚空或空间，那是反乎理性的。

说到哲学上所谓虚空，即无实体的空间，则这种东西显然并不存在，因为空间的或内在场所的广袤，和物体的广袤并不互相差异。因为我们所以断言物体是一个实体，只是因为物体有长、宽、高三量向的广袤（要说虚无可以占有广袤、那是矛盾的），因此，我们就可以对假设的虚空形成一个相似的推论说，那个虚空中既有广袤，则它也必然包含一个实体。

（17）虚空一词的通常含义，并不排除一切物体。

说实在话，虚空这一名词的通用意义并不是指一个绝对没有任何事物的场所或空间，而是指一个场所，那里没有我们假设为应有的那些东西。就如，人造水瓶既然是为了盛水，所以它在只充满空气时，我们就说它是空的。又如鱼池中没有鱼时，则它虽满贮水量，我们也说其中没有东西。又如一只船，如果没有运载原来计划要运输的商品，而只载着沙，使船能够抵抗狂风的暴力，则我们也说它是空的。最后，当空间没有包含可感知的事物时，我们也在同样意义下，说它是虚的，显然它仍然含着被创造的、独立自存的物质。我们所以有这些说法，乃是因为周围的物体如果不在我们的感官上印了强有力的印象，使我们知觉到它们，我们便不常加以思考。但是，我们如果不记得虚空和虚无两词的本义如何，而且后来还假设说，所谓虚空的那个空间，不但不含可感知的对象，而且根本就不含任何对象，那我们就错误了。这种错误正如我们因为一个水瓶里只有空气，就说它是空的，并因而判断说，其中所含的空气不是实体一样。

（18）人们所偏执的这个绝对虚空的偏见如何可以改正。

我们差不多所有的人从幼年起就陷于这个错误，因为，我们既然看到，一个器皿与其所含的物体并无必然的联系，我们就以为上帝至少能够从器皿中把其中所含的物体移去，而且在移去以后，别的物体未必一定来代替那个被移去的物体。不过现在为了改正这个妄见，我们必须说，一个器皿与其含的特殊物体虽然实际上并无必然的联系，可是器皿的那个凹形和那一般认为空窝中一定包含的广袤，却有一种必然的联系。因此，我们如果抛开那个空窝中所含的广袤，而单独设想那个空窝，或者抛开一个有广袤的实体，而只设想这个广袤，那就如同我们抛开山谷而只设想一座山一样，显然是矛盾的；因为，我们曾说过，没有东西，便没有广袤。因此，人们如果要问，上帝在把一个器皿中所含的物体全都移去以后，如果不再使别的物体填其地位，将发生什么现象，那么我们必须答复说，要是如此，则器皿的各边都该黏合在一块。因为两个物体之间，如果没有东西，则它们必然互相接触；而且要说两个物体会互相隔离，那就是说，会有一种距离，而且那种距离又只是虚无，乃是一种明显的矛盾。因为一切距离都是广袤的一种情状，而且离开有广袤的实体，它是不会存在的。

（19）这种说法正可以证实我们前边关于稀化作用所

说的那些话。

我们既然说过，物质实体的本性只在于它是一种有广袤的事物，而且它的广袤也并不异于我们委诸空间（纵然是虚空的）的广袤，因此，我们就容易发现：它的任何部分，在任何时候，由任何途径，所占的空间都不能前后有大小的差异，而且它们的稀化作用也只能由上述的途径来进行。此外，我们还容易看到，一个器皿在包含铅或金或任何坚重的东西时，其中所含的物质或物体也并不加多，而在它只含有空气并被人假设为虚空时，它所含的物质或物体也并不减少。因为一个物体所含的各部分的数量，并不依靠它们的重量或硬度，只依靠所谓广袤，而广袤在同一器皿中是永远相等的。

（20）由此我们也可以解证出原子的不存在来。

我们还发现，宇宙中并不能有天然不可分的原子或物质部分存在。因为我们不论假设这些部分如何之小，它们既然一定是有广袤的，我们就永远能在思想中把任何一部分分为两个或较多的更小部分，并可因此承认它们的可分割性。因为任何事物，只要我们能在思想中把它分开，我们总还可以承认它是可分割的。因此，我们如果认为它是可分的，我们对此事物的判断就和我们对此事物的知识不相调和了。我们纵然甚至假设，上帝已把任何物质分子弄到极小的地步，因而不容再行分割，可是我们也不能因此就说它是不可分的，因此，虽然上帝已把这个分子弄得极小，致使任何被造物都不能把它再往下分，可是上帝并不会剥夺自己这种能力，因为他绝不可能减低自己的全能

（如我们以前所说）。因此，确实地说来，最小的有广袤的分子永远是可分的，因为它的本性原来就是如此。

（21）我们还解证出，世界的广袤是无定量的。

其次我们还发现，这个世界或物质实体的全部，其广袤是无有界限的，因为不论我们在什么地方立一个界限，我们不只可以想象在此界限以外还有广袤无定的许多空间，而且我们看到，那些空间是真正可以想象的，也就是说，事实上正如我们所想象它们的那样。因此，它们所含的有物质实体的广袤也是无定限的，因为我们在前已经详述过，在任何空间方面，我们所设想到的广袤观念，和物质实体的观念，分明是同一的。

（22）由此我们也就推断说，天上和地下的物质都是一样的，而且世界不是多元的。

由此种种，我们也就可以推断说，地和天是由同一物质做成的；而且纵然有无数世界，它们也都是由这种物质构成的。因此，就得出一个结论，即多重的世界是不可能的，因为我们明白设想到这些别的世界所占的一切可以想象的空间（它们只能在这些空间中存在），都为物质所占据，而且物质的本性就在于它是一个有广袤的实体，同时，我们在自身也发现不出对于任何别的物质的观念。

（23）物质的全部花样，或其形式的多样性，都依靠于运动。

因此，全宇宙中只有一种物质，而我们所以知道这一层，只是因为它是有广袤的。在物质方面，我们所能清晰地知觉到的一切特性，都可以溯源于它之能够依其各部分被分割、被运动。因此，我们所知觉为由物质各部分的运动发生的那些性质，都是物质本身所能有的。因为我们在思想中把物质加以分割，并不使物质稍有变化——它的一切花样或形式的多样性乃是依靠运动的。许多哲学家甚至也似乎普遍地看到这一点，因为他们说，自然是运动和静止的原则，而他们所谓自然，也正是指一切物质事物成为经验中所见的那样时所依赖的东西。

（24）普通含义下的运动是什么样的。

不过所谓运动，据其通常意义而言，乃是指一个物体由此地到彼地的动作而言（我此处所谓运动乃是指位置的运动而言，因为我想不到有别种运动，因此，我觉得我们也不应该假设自然中有别的运动）。我们上边已经说过，同一事物在同时也可以说变了场所，也可以说不变场所，同样我们也可以说，一件事物在同时是被运动的，又是不被运动的。例如，一个人坐在起航的船上，他如果只注意他所离开的岸，并且把它看作是静止的，则他可以认为自己是在运动的。但是他如果只注意船本身，则他可以认为自己是不动的，因为他在船的各部分间总是保持同样的位置。再其次，我们既然惯于假设，离开动作就无运动，并且在静止中动作就停止了，因此，那样坐着的一个人，正可以说是静止的，而不当说是运动的，因为他自己意识不到他是在运动。

（25）运动的真义。

不过，如果我们抛开那些全无根据的（除非在普通用法中）说法，希望按照事物的真相，来了解我们对于运动一词所应该知道的内容，那么，为了要给它一个确定的本性，我们可以说，所谓运动，乃是一个物质部分（或物体）由其紧相邻接的物体（或我们认为静止的物体），移近于别的物体的意思。我所谓物体（或物质的一部分），乃是指被转移的事物的全部而言——在这个全体中也许含着几个部分，它们自身有别种运动。不过我所以说运动是指那转移过程，不是指那能转移的力量或动作，目的在于表明，运动是永远在可动的事物中的，不是在能发动的事物中的。而我所以如此分别，乃是因为在我看来，我们并不习惯于把这两种东西加以十分精确的区分。此外，我还可以说，运动乃是可动的事物的一种情状，并不是一种实体，就如形相是有形相的事物的一种特性，安歇是静止事物的一种情状。

4. 可见的世界

（1）我们无论怎样重视上帝的工作也不为过。

我们已经探究了物质事物的一些原理，这些原理我们是凭理性的知觉而不是凭感官的偏见追求到的。它们这样就十分明白，使我们不能怀疑其真实，因此我们余下的工作就是来考察我们是否单由这些原理便可以演绎出对自然中一切现象的说明来。我们现在将开始研究那些普遍性最大的现象——别的事物所依靠的现象，例如，先开始研究全部可见世界的一般结构。不过要想在这方面求得正确的推论，我们必须先注意两件事。第一点就是，我们应该永远记得，上帝的能力和德行都是无限的，而且我们不要害怕自己由于想象上帝的作品太伟大、太美丽、太完美，就会陷于错误。相反的，我们应该小心从事，免得对自己所不确知的作品假设一些限制，因而对上帝的权力不能表示应有的赞扬。

（2）我们应该留神，不要自以为是，认为自己明白上帝创世的本旨。

第二点就是，我们留心不要自负太过。我们既不曾根据自然的理性或神圣的启示，确信世界有界限存在，则我们如果以为自己的思想力可以超出于上帝实际所造的事物以外，而给世界立一些界限，那就似乎太自负了。我们如果以为上帝创造一切事物是专门为了我们，或者以为只是我们的智力才能了解上帝创世时所怀的本旨，那就更是太自负了。

（3）在何种意义下，我们可以说，万物是为人而创造的。

在道德学方面讲，我们如果相信，上帝是为我们创造万物的，则这种思想可以是一种虔敬的思想，因为这种思想可以刺激起我们对他的较大的敬爱和感激心来。这种思想自然有几分是真的，因为任何被创造的事物，我们都可以加以利用（如果所谓利用只是说，在考察事物时我们可以运用自己的心思，并因万物俱备而敬重上帝）；不过我们大概仍然不能说，上帝创造万物，只是为的我们，并无其他目的。这种假设在物理的推论方面显然是可笑的、不适当的，因为我们知道，有许多现在存在的事物，或曾经存在而今绝灭了的事物，是不曾为人所见所知的，是不曾为人利用过的。

5. 地　球

（1）从关于动物和人方面的研究，我们可以借来什么，以促进我们在物质事物方面的知识。

我要实行原来的计划，在这部“哲学原理”中写出第五和第六两章来[①]，一以讲究有生命的动植物，二以讲究人，那我就不会在这章里再增加什么篇幅。不过关于我原想在最后两章所要论述的这些事物，我不曾得到充分的知识，而且我也不知道自己将来是否有闲暇可以来完成这些研究，因此，我就在这第四章中关于感官对象附论一些事物。这样，我就可以不致由于后几章的缘故而把前几章的发表日期耽误太久。不过我既然出版，我就把后几章中所需要的说明提前在这里略加叙述。我所以不得不如此，乃是因为我一向形容这个地球，和这整个的可见的世界，仿佛只是一架机器，其中除了它各部分的形相和运动而外，没有什么东西可以考察似的；实则除此以外我们的感官还给我们呈现出许多别的事物来，例如颜色、嗅味、声音，等等，关于这些事物我如果完全略而不提，人们就会以为我疏于解释自然中大多数的事物。

（2）什么是知觉，我们是如何来知觉的。

因此，我们必须知道，人的灵魂虽与全身结合着，可

① “地球”为原书第 4 章。——译注

是它的主要位置仍在脑部；只有在脑部，它才不但进行理解、想象，而且还进行知觉活动。它的知觉是借神经为媒介的，至于神经，则如一套线索似的由脑起遍布于身体的其他一切部分。这些部分和神经联合得异常密切，因此，我们无论触到任何部分，总要激动那里的一些神经末端。这种运动又传达到那些以灵魂总座为枢纽的各种神经的末端，如我在“折光学”第四章中所详释的那样。由神经在脑中这样刺激起来的这些运动，又按照运动本身的多样性在各种途径下影响与脑密切相连的那个灵魂或心。这些运动在心中直接引起的各种感受或思想，就叫做感官知觉，也就是平常所谓的感觉。

（3）论各种感觉的区分。首先论内在的感觉，也就是人心的感受（情感）和自然的嗜欲。

这许多种感觉，第一依靠各种神经自身的差别，第二依靠每种神经中运动的差别。不过我们没有像神经那么多的感觉。我们只能发现出七种主要的神经，其中有两种是属于内在感觉的，五种是属于外在感觉的。在胃、食管、咽喉和别的服务于我们自然欲望的那些内在部分方面，那些满布的神经组成一类内在的感觉。这种感觉叫做自然的嗜欲。至于另一种内在的感觉则包括人心的一切情绪、情感和情欲，如喜、忧、爱、憎等；这些感觉所依靠的神经，都遍布于心脏和心脏的附近部分是极其细微的。举例说罢，如果血液纯净，因而它在心脏中比在平常扩张得较为敏捷，较为有力，则这种血液可以扩大并刺激各脉口上所遍布的那些微细神经，因此，在脑筋中也就发生一种相应的运动，使人心发生一种自然的愉快感情。这些神经只要在同一方式下运动，则这种运动虽是由别的原因引起的，也可以在我们心中刺激起同样感情来。就如，我们在想象自己享受一种幸福时，这种想象本身虽然并不包含愉快的感情，可是它却使血气由脑中进到这些神经所在的筋肉中；到了那里，在把心脏中的脉孔扩张以后，它就使这些微细神经在自然途径下运动起来，因而产生愉快的感情。因此，我们在接到新闻时，心中首先就加以判断，如果是好消息，它就会发生理智的愉快，这种愉快是不受身体的任何情绪的影响的，而且斯多噶学者们虽然认为他们的哲人没有一切情感，他们也承认他应当有这种愉快的。但是这种愉快在由理解进到想象之后，则血气会由脑中流到心脏附近的筋肉中，并且在那里刺激微细神经的行动；由此脑中就产生另一种运动，这种运动又使人心感觉到一种肉体的愉快。根据同样原则，血液如果很浓厚，使它不能畅流于心室中，并且不能在那里充分膨胀开，它就在同一神经中刺激起与前者截然不同的一种运动来。这种运动在传到脑中之后，就使人心发生悲哀的感觉，虽然人心本身在这种情形下，也许并不知道它所以悲哀的原因。其他一切原因，只要是同样地刺激这些神经，都可以使人心发生同样感觉。不过同一神经的其他运动又可以产生别种结果，如爱、憎、惧、怒等等。这些结果都只是人心的一些感情或感受，都只是人心的一些纷乱思想，它们不是单由人心本身产生的，乃是因身心的密切联合而来的，而心的印象是由身体来的。这些情感和我们对于应爱、应选、应避的种种事物所具有的清晰思想，是大有差别的，只是我们常见它们混在一起罢了。至于天然的嗜欲，如饥、渴等，也是由胃、食管和咽喉等等的神经在心中所生起的，它们和我们要食、要饮、要做各种事情来维持身体等等的意志，是完全不同的。不过因为这种意志或欲望几乎永远和它们混在一块，因此它们也叫做嗜欲。

（4）论外面的感觉；先论触觉。

我们通常认为外面的感觉共有五种，因为能感动神经及其器官的各种对象也有五种，而且这些运动在心灵中所引起的纷乱思想也共有五种。第一点，终止于全身皮层的那些神经，可以为任何物质的对象通过皮层加以刺激；由某种途径能为它们的硬度所刺激，由另一种途径能为它们的重力所刺激，由第三种途径又能为它们的热力所刺激，由第四种途径又能为它们的湿度所刺激，如此类推。这些神经有时可以照平常途径来运动，有时被阻不能进行其平常运动，因此，它们就发生各种情状，这些情状有多少样，则心中也刺激起多少样的感觉来，而与此数目相等的触觉的性质便由此获得它们的名称。此外，这些神经如果运动得比平常稍为有力一点，但不至于损及身体，我们就又生起发痒的感觉来，这种感觉天然使人心感到舒服，因为这就向它表示出和它联合的那个身体的各种力量（因为身体在受了能引起这种痒觉的动作以后，竟未受伤）。但是这种动作如果很强，足以在哪一方面损伤身体，这就给予人心以一种痛苦的感觉。因此，我们就看到，肉体的快乐和痛苦，虽然是一些十分相反的感觉，为什么会由多半相似的原因发生。

（5）论味觉。

第二点，分布于舌头及其附近部分的其他神经，也被同样几种物体的各分子在各种途径下所刺激。这些分子各各分离，浮游于口腔的津液中，因而就按照各自的形相的差别产生不同滋味的感觉来。

（6）论嗅觉。

第三点，还有两条神经或脑的附属物（因为它们根本出不了脑壳的界限以外），也被地上空气中所浮游的、分离的物体分子所刺激。不过并不是说一切分子都可以刺激它们，因为各种分子要想刺激它们，必须是细微的，而且在吸人鼻孔以后，还要能穿入所谓海绵体的骨孔中，以达到神经。从这些分子的各种不同的运动，就产生各种不同的嗅觉来。

（7）论听觉。

第四点，耳中有两条神经，附着于互相支撑的三块小骨上。这三块小骨中第一块依于一片薄膜上，这个薄膜又罩着所谓鼓室的那个空穴。因此，周围空气传于这个薄膜上的各种颤动，便可以由这两条神经传到心中。这些颤动又依其差别产生各种声音的感觉来。

（8）论视觉。

最后，视神经的许多末端形成了眼的外膜，就是所谓视网膜。这些末端并不是被空气或地上的对象所刺激的，乃是被产生光和色的感觉的第二种元素的微粒所刺激的。这一点我已在“折光学”和“论气象”中充分阐明过。

（9）论心灵只能在脑中发生知觉。

不过我们已经明白证实，心灵之从事知觉，并不在于身体的各部分，只是在于脑中，因为外界各种物体在刺激了神经所在的身体的各部分以后，其所发生的各种动作都借神经的运动传到脑中。因为，第一，我们知道，有许多疾病虽然只影响脑部，可是它们也会使各种感官失调，或者使它们完全失其作用。就如睡眠虽然只影响脑部，可是在每日大部分时间中，它会使我们失去知觉能力，而后来在觉醒状态下，这种能力才又恢复过来。第二个证明就是，脑中或外面感官所寓的肢体中，纵然没有疾病，可是由脑展及于各肢体的那些神经的运动在脑和各肢体中间的全程的任何一部分如果受到阻塞，则那些神经所终止的那一部分的身体，也可以不生感觉。第三个证明就是，我们虽然有时在我们身体的某些部分感到痛苦，可是这种痛苦的原因也许不在我们感痛的那些部分，而是在脑的附近，而且那些神经只是通过头脑才给人心产生痛苦的感觉。我本可以用许多实验来证明这种事实，不过我在这里只提到一种。一个女子在手部生了恶疮，她在医生来诊治时总把眼蒙住，因为她不敢看裹伤口时的情形。后来坏疽逐渐蔓延，过了几日她的手臂被齐肘割断（她不知道）；他们把麻布带子一层一层裹起来，来代替割去的那个下臂，因此，她曾有一段时间不知道已经动了手术，同时她不断叫痛，有时说在她那被割去的手的一个手指上，有时说在另一个手指上。这个现象的唯一的解释是，以前由脑部下布到手上的那些神经，现在虽然只达到肘部附近的那一部分，可是它们现在的运动，也正和以前在手上时的运动一样，也仍足以照以前的样子，把这个手指或那个手指的痛觉，传于寓在脑中的心里。这就分明指出，手部感觉之为人心所知觉，不是因为它在手上，乃是因为它在脑中。

（10）据人心的本性讲，只有物体的运动才能在其中刺激起各种感觉来。

其次，我们还可以证明，按人心的本性讲，只有物体的各种运动才能在人心中刺激起各种思想来，而这些思想并不一定在任何方面和产生它们的运动相似；而且，这些运动还能在人心中刺激起所谓感觉的那些纷乱的思想来。因为我们见到，各种语句不论发为声音或只书写出来，都在我们心中刺激起种种思想和情绪来。在同一张纸上，用同样的笔墨，我们只要以某种方式把笔尖在纸上挥动一下，我们就能写出一些文字，在我们读者心中生起交战、骚动、愤怒等等思想，以及愤恨同悲痛种种情感。但是我们只要把笔尖在略有分别的另一种方式挥动一下，这种微小的变化就可以造成与以上相反的各种思想，如怡静、和平、愉快等思想，以及完全相反的爱恋和欢乐等情感。有人或者会反对说，写字和说话在人心中并不直接刺激起感情来，也不能使我们想象到那种异于文字和声音的东西。它们只使我们认知这些文字和声音，而人心在借此了解了这些文字的意义以后，才在其自身刺激起与这些文字相应的一些想象和情感来。不过人们关于痛觉和痒觉怎么说呢？刀割皮肤时的运动只能产生痛的感觉，而并不因此使我们觉察刀的运动或形相。而且这种痛的感觉之异于引起它的那种运动，异于受刀割的那个身体部分的运动，也确乎像我们对色、声、香、味等等的感觉之异于那些运动一样。根据这一点，我们可以断言，按人心的本性讲，单单是某些物体的运动也能很容易地在心中产生别的感觉来，正如刀的运动能使心中产生痛苦的感觉一样。

（11）我们借感官在外界对象方面所知道的，不外乎形相（或位置）、体积和运动。

此外，我们在各种神经方面，也看不出什么差别，使我们可以断定，各个神经系从外面的感觉器官给脑部传来各不相同的种种事物。我们也不能说，除了这些神经本身的局部运动外，还有别的东西达到脑部。我们还看到，单是局部运动不但使我们发生痒觉和痛觉，而且发生光觉和音觉。因为，如果我们眼上所受的打击很强，足以使所生的颤动达到网膜，我们就看到许多火星，实则它们并不在我们眼外。我们如果用手指把耳塞住，我们就听到嗡嗡的声音，而其原因又只在于耳中所关闭的空气的激动。最后，我们还常见，热度（硬度、重量）和其他可感的性质（就其在物象中而言），以及纯粹是物质的那些对象的形式（例如火的形式），其所以发生于各种物体中，也只是由于别的某些物体的运动，而这些物体在别的物体中产生出别的运动来。我们很容易设想，一个物体的运动如何可以为另一个物体的运动所引起，并且因其各部分的大小、形相和位置而有所变化，但是我们却完全不能设想，这些同样的东西（即大小、形相和运动）如何能产生出完全异于它们自身的一些东西来，类如许多哲学家认为存在于物体中的那些实体的形式和实在的性质。我们也不能设想，这些性质或形式如何会有力量，在别的物体中生起运动来。不过我们既然根据我们心灵的本性知道物体的各种不同的运动足以在其中生起它所具有的各种感觉来，而且我们又据经验知道，它的某些感觉实在是由这些运动造成的，而且除了这些运动以外我们又发现不出有任何东西由外面的感觉器官进入脑中，因此，我们就有理由断言，在各种外物方面，我们只能把我们所谓光、色、味、香、声、热、冷，以及别的可触的性质，或我们所谓物体的实体的形式等等，了解为能在各种途径下触动我们神经的这些对象的不同的配置。

（12）自然界任何现象的解释在这篇论文中都不曾省掉。

在轻而易举地列举了各种现象之后，我们就可以推断说，在这篇论文中，我们不曾省略掉任何一种自然现象的解释；因为超过感官的知觉外，任何事物都不能认为是自然的现象。但是除了物质各部分的运动、体积、形相和每一物体各部分的位置外（这些我认为是在物体中的），我们凭感官所知觉的，只有光、色、香、味、声，以及别的可触的性质，而这些性质，我最近又曾指出（至少据我们所知的，我可以如此说），只是各种对象的一些配置，只是它们各部分的体积、形相和运动。

（13）这篇论文所包括的原理没有不是公认的，并且这种哲学不是新的，而是最古老、最通俗的一种哲学。

我还愿意提到一点，就是我在这里虽然已努力解释了物质事物的全部本性，可是我所应用的原理没有不是为亚里士多德和历代哲学家所接受、所赞同的。因此，我这个哲学不但远非新的，而且是在一切流派的哲学中最古老、最通俗的。因为实际上我只思考了各种物体的形相、运动和体积，并且根据日常经验所证实的机械的原则。考察了它们互相结合后所应有的结果。不过没有人曾怀疑过，各种物体是被动的，它们的各种运动是按照它们的各种形相和大小而变化的，而且在相撞以后，原来较大的物体会分成许多较小的，因而改变其形相。我们不止凭单一种感觉体验到这种说法的真实而是凭我数种感觉如触觉、视觉和听觉体验到的：我们还清晰地想象到它，理解了它。不过这种说法不能适用于感官所知觉的任何别的事物，如颜色、声音等等。因为这些性质只各自刺激一种感官，只能在我们的想象上印上它自己的一种纷乱的影像，并不使我们的理解能清晰地知道它是什么。

（14）可感的物体是由不可觉察的分子合成的。

我承认在每一物体中有许多分子不是为任何感官所能知觉的，不过人们如果以为感官是一切可知物的尺度，则他们或者会不赞同这种说法。但是我们如果假设，人类理性不能超出视觉以外，那我觉得我们是太贬抑人类的理性了。因为，人们只要思考一下逐渐增长的物体所时时增加的东西，以及逐渐减少的物体所时时失去的东西，那就没有人能够怀疑有许多物体是小得不能为任何感官所知觉的。一棵树是日日生长的，我们如果不设想有某种物体加在它身上，我们就不能设想它如何会变得比以前大了些。

但是谁曾用感官知觉到一棵成长中的树在一日中所增加的微小体积呢？在哲学家方面至少那些主张数量可以无定限分割的人们，应当承认，在分割之后，各部分会变得很小，以致完全不能为人所知觉。不过我们正不必惊异，我们何以不能知觉最小的物体；因为受了物体的刺激而产生知觉来的那些神经，其本身并不是最小的，它们只像一些细绳是由一索较细的纤维组成的，因此，极小的物体便不足以刺激它们。这些渺小物体所以不可觉察，只是因为它们太小，因此，我们在判断它们时，只应以我们在可见现象方面所见的事实来类推，并且由此来解释宇宙中一切现象（就如我在这篇论文中所试图解释的那样）。因此，我们不应当在解释这些事物时，杜撰一些莫名其妙的新奇事物，如元（first matter）、实体的形式（sudstantial forms），以及许多人所爱假设的好些性质。因为这些性质和我们所实在知觉的事物并无关系，而且它们本身比它们所要解释的那些事物还要难懂。我想，任何人只要能运用自己的理性，他就会承认，前一种推理途径，比后一种较为接近真理。

（15）德谟克利特的哲学，不但和普通哲学不同，而且也和我们的不同。

人们或者会说，德谟克利特亦假设有一些原子，形相不同，大小各异，运动互差，而且以为它们在堆积一起，互相配合以后，便产生一切可感的物体来；可是他的推理方法是大家一般所排斥的。我可以答复说，德谟克利特的哲学所以被人排斥，并非因为他承认有比我们所知觉的物体还要小的物体存在，也非因为他承认它们有不同的大小、形相和运动，因为任何人都并不怀疑实在有这些东西（如我们所说的那样）存在。人们所以排斥那种哲学，第一是因为他假设这些原子是不可分的，而根据这一点我也同样加以排斥的。第二乃是因为他想象在原子周围有一个虚空，而我又指出这是不可能的。第三则是因为他认为这些物体有重量，但在我看来，一个物体单独被思考时，并无所谓重量，因为重量乃是依靠各种物体的相对运动关系和位置关系的一种性质。最后，又因为他不曾特别解释，一切事物如何会只由原子的会合而来，而且他纵然解释过少数事物的原因，他的全部推论也绝不是首尾一贯的，也并不能担保我们可以把同样的解释应用于整个的自然界而无错误的。如果我们可以根据他的流传至今的作品来判断他的意见，那么这至少是我们对他的哲学所加的判决。至于我所宣扬的哲学是否首尾一贯，我们是否可以根据它的原理演绎出必要数目的理论来，那就只有让别人来决定了。关于形相、体积和运动的考察，虽然被亚里士多德和其他诸人所承认，又被德谟克利特所承认，可是我不但排斥了前者的一般假设，而且也排斥了后者的一切假设（除了这种考察），因此，我的学说不但分明和其他学派不相似，即和德谟克利特的学派也不相似。

（16）我们如何能知道物体中各不可觉察的部分的形相、体积和运动。

不过，我一方面既然认为物体中不可觉察的分子具有确定的形相、体积和运动，仿佛我曾见过它们一样，而在另一方面，却又承认它们不为感官所知觉，因此，有人或许会问，我是如何知道它们的。对于这个问题我答复说，我首先概括地考察了在我们理解中存在的一切关于物质事物的明白而清晰的意念，结果我只看到有形相、体积和运动三种意念，以及这三种互相变化的一些规则（这些规则就是几何和机械学的原则），因此，我就判断说，人类对自然的知识，必然都是由这个根源得来的。因为我们对可感事物的全部别的意念都是纷乱的、混乱的，并不能帮助我们认知外界任何事物，反而足以妨碍我们这种知识。因此，我就以自然在我们心中所灌输的最简单、最易明白认识到的原理作为我的推论根据，并且考究那些由于微小而不可得见的物体的体积、形相和运动之间可能会有什么主要的差异，而且在它们以各种方式发生接触时，会产生出什么明显的结果来。后来我看到在我们凭感官而知觉的物体方面也有同样的结果，因此，我就判断说，它们只能由这种途径产生，尤其是因为我们想不出别的解释它们的方法来，所以我们更不能不如此说。在这问题上，由人工所造的一切物体对我很有帮助。因为我们在人造的物体和自然的物体之间只承认一种差异，就是机械的结果大部分依靠某些工具的作用，这些工具因为要和制造它们的那些手成比例，因此，它们总是很大，以致它们的形相和运动都能为人所见，至于自然物体的结果则几乎永远依靠某些小得难以察觉的器官。我们分明知道，机械学的一切规则都是属于物理学的，它们只是物理学的一部分或一种，因此，一切人工的事物也同时是自然的。因为由一定数目的轮子所构成的钟表，其标时作用是很自然的，正如一棵树由某一粒种子生出后，结下特种的果实，是一样自然的。熟悉自动机械的那些人，在知道了一架机器的用途，并看到其各部分以后，就容易由此推断出别的未经见过的机械的制造法，因此，我在考察了自然物体的明显可感的部分和结果以后，我也就试着来确定它们的原因和不可觉察部分的特征。

（17）关于我们感官所不能知觉的那些事物，我们只要解释它们如何能够存在就行，而亚里士多德所试探的，亦只限于此。

不过在这里有人也许会答复说，虽然我假设了可以产生一切自然物体的原因，我们并不应该因此就断言，它们是由这些原因所产生的；因为，一个匠人所做的两块表，虽然都一样正确地指示时间，虽然外表都一样，可是它们的齿轮的构造，亦许会全然各异。因此，崇高的造物者亦有无数方法供其应用，他随便用一种方法，就可以造成世界上一切现象，如我们所见的那样，不过人心却不可能知道，他究竟选用了那一种方法。这一点，我是可以完全承认的。不过我相信，我所指出的各种原因，其结果既然和自然中一切现象都确相符合，那么我虽然没有断定它们确实是由这些或那些原因产生的，我也就把自己应尽的职责做到了。为了日常生活之用，我们只要知道所想象的这些原因，也就够了，因为医学、机械学以及以物理学为基础的一切艺术，都只以那些可感的结果为目的，都只在于使一些可感的物体互相结合，使它们在一长串自然的原因中，产生出一些可感的结果来。既然如此，则我们只假设这样所想象的一串原因为真的（虽是假的），也就足以济事，因为我们假设这一串原因和可感的结果方面的那一串原因是相似的。人们或者会假设，亚里士多德所做的或自夸所做的，要比这个多，不过这层假设是不对的。他们应该记住亚氏在其"论气象"第一卷第七章开始时所说的话；他曾经说过，关于那些不为感官所知觉的事物，他只要指示出它们可以照他那样来解释，那他就以为自己已经提供出最充分的理由和解证了。

（18）就概然性方面立论，我们也可以确知，这个世界上的一切事物，也正如这里所指出的那样。

但是我们如果假设真理没有它在实际上那样确定，则我们正枉屈了真理，为了避免这层偏见，我将在这里辨别两种确实性。第一就是所谓概然的确实性，这种确实性足以供日常生活之用——纵然就上帝的绝对权力方面讲，概然的确实性也许是虚妄的。就如，凡是从来没有到过罗马的人，都不怀疑它是意大利的一个城市，实则传布这个消息的人们，或许都是受了骗的。又如一些拉丁字不按平常的字母次序写出来，则一个人如果想猜测其中的字母，他或者会把 A 猜为 B，B 猜为 C，如是一直下去，把字母表中后一个字母来代表前一个字母。他如果借这种方法，看到有一些拉丁字可以由这些猜出的字母组成，他就会相信，所写出的东西的真正意义是包含在这些文字中的。他之发现这一层，也许只是由于猜想，而且写的人也可能并不曾按字母表的次序来排列这些字母，而只按别的次序来排列它们，因而其中隐藏着别的意义。可是这一层不是必然的，因而似乎是不可靠的，尤其在密码中包含着一大堆文字时，更是这样。人们既然看到，关于磁力、火以及全部世界的结构，许多道理怎样可以由极少数的原理推演出来，那么纵然他们以为这些原理只是信手拈来，并无根据，他们也许会承认：这些原理如果是虚妄的，那么许多事情就不会互相符合。

（19）我们对于这一点还有超于概然确实性的确信。

此外，即使在自然的事物当中，也有一些事物是绝对确实的。绝对确实性之所以产生，乃是因为我们判断出一件事物不能不如我们所想象的那样。这种确实性乃是建立在形而上学的基础上的，就是说，上帝既是至善的，而且是一切真理的来源，因此，他所给我们的那种分辨真伪的官能，就一定不能是错误的——只要我们能正确地运用它，并用它清晰地了解一切事物。属于这一类的，是数学的解证，认为物质事物必然存在的知识，以及关于它们的一切明白的推论。我在这篇论文中所举出的那些结果，也许可以归在绝对确实的那一类真理中，倘使人们考虑到，它们是由最原始最基本的人类知识原理，在前后相接的系列中推演出来的；尤其是，如果我们充分理解，除非外界对象在我们神经中引起某种局部运动，我们便不能知觉它们，而且极远的恒星，除非在那些星中以及界于它们与我们之间的天空中也有运动产生，则它们便不能引起这样的运动。因为，人们只要承认这几点，则我关于地球或世界所提出的别的一切原理（至少那些比较一般的原理），类如天体流动说等，几乎都可以认为是它们所呈现的现象的唯一可能的解释。

（20）不过我仍愿让教会的权威来判断我的一切意见。

但是为了避免自信太过，我不敢确说任何事物，我只愿把我的一切意见求教于教会的权威和大哲的判断。除非人们被理性的力量和证据逼得非承认不可，我希望他们不要轻易相信我所说的话。

三、形而上的沉思

1. 致读者

有关上帝存在和人类灵魂本性（nature）的问题，我已在一六三七年所印行的法文本《方法论》中略微谈到。但还未彻底地研究过这两个问题，只是顺便提及，以便从读者的判断中，确定我以后处理它们的态度。我一直认为这两个问题非同小可，很值得再三玩味，而且我在讨论时所采取的方法很少有人遵循，与一般方法亦大异其趣。因此，我认为自己实在不应当在每个人都能读到的论文中以法文详释这种方法，以防一些头脑简单而意志薄弱的人，相信自己也可以采取这种方法。

我在《方法论》中，曾恳求过读者，如果在我的著作中发现有任何可批评的地方，务请一一向我提出，并说明批评的理由。但是我认为，有关本人所研究的问题，读者诸君并没有提出许多珍贵的意见，值得我一一答复，不过其中有两种反对的意见，我愿意在详细讨论那两个问题以前，先简略地作一答复。

第一个驳难是：心灵（mind）在反省自身时，虽然只认知自己是一种能思想的东西，但是这并不意味着心灵的本性或本质（essence）只在于能思想，它说不定还包含其他东西，可是这里的“只”（only）字，却已经把其他东西都完全排除了。

有关这个驳难，我可以回答说，我在那里所排除的东西，并非要符合真理的次序（order）（因为那时我不曾讨论过这一点），而是要符合思想（知觉）的次序。因此，我的意思只是说，就我所能意识到的范围之内，并没有什么东西明显地属于我的本质，我只知道自己是个能思想，或具有思想能力的东西。不过我以后会指出，我们既然知道只有思想属于心灵的本质，结果当然是：除此以外再没有别的东西确实是属于它的了。

第二个驳难是：我不能因为意识到有一种比自己较完美（perfect）之事物的观念，就据此说那种观念比我自身完美，更不能说那种观念所表象的事物是存在的。

不过我可以答复说，观念一辞在这里是有歧义的，因为实际上它可以当作理解的一种作用，而在这种意义下，我们不能说它比我完美，其次，观念亦可以客观地当作那作用所表象的事物，虽然我们不能假设这种事物在我的理解范围之外存在，但它仍可以凭其本质而比我完美。不过在本论文的后半部，我将要详尽地指出，我既然拥有一种比自己完美之事物的观念，因此，这事物当然是确实存在的。

除了这两种驳难之外，有关这个问题，我还看过两篇冗长的文章。不过其中大都是抨击我的结论，对我的前提和推论，则很少苛评，而且他们所采用的论证，只不过是借用一般无神论者的常识和材料。但是那些对我的推论有真知灼见的人，根本不会把无神论者的论证当作一回事。此外，由于许多人的判断既悖情理又软弱，在面对问题时，亦只会相信骤然生起的意见，而毫不在乎这些意见是不是虚伪的，和违反理性的，至于在面对那些真实、牢不可破，且必定会被人接受的理由时，则始终保持怀疑的态度。因此，我很不愿意答复这些批评，以免我一开始就不得不先叙述它们。

我只能概括地说，无神论者之所以否认上帝的存在，大抵不出以下两个因素：他们若不是认为上帝亦有人类的情感就是认为心灵具有无比的力量和智慧，足使我们可以决定和了解上帝所能做，和应该做的事情。但是只要记得我们的心灵是有限的，而上帝则是无所不包而无限的“存在”（being），那他们的主张就不攻自破了。

在讨论过人们对本人著作的一些意见后，我现在就要着手研究上帝和人类的灵魂，以及“第一哲学”（first philosophy）整个的原理。不过，我并不期求一般大众的称赞，更不奢望这本著作能博得多数读者的支持不仅如此，如果读者不能或不愿意跟我诚恳而严肃地思考问题，而心灵亦只局限于感官之内，且无法完全舍弃一切个人的偏见，则我不会劝他们阅读我的著作。我当然知道，能达到这标准的人实在不多。但是如果人们不肯通盘了解整个推理的次序和前后关系，而只是断章取义，即随意妄加评论，一如许多腐儒那样，则我可以说，这类人纵然读了我的著作，也是徒劳无功的。虽然他们也许会在某些地方找到吹毛求疵的机会，却很难找出任何切实的问题来，至于值得回答的问题，那就更不用说了。

由于我不敢保证大家在乍看之下，就满意我的看法，同时亦没有高估自己的力量，认为我可以预见各人的困难所在，因此在《沉思集》的开宗明义中，我就要先说明我是根据什么理由，觉得自己对真理得到了确定而明显的知识，这样一来，我就可以看出那些令自己深信不疑的推论，是否亦可以获得他人的认同。然后我会答复一些博学多才之士的驳难。在《沉思集》没有出版以前，我已经把它们寄给这些人士，以接受批评。他们的驳难很多，而且花样层出不穷，因此我可以说，人心所能想到的任何意见，或至少任何重要的意见，都莫不涵盖在其中了。

2. 六篇沉思的要旨

在《沉思集》第一章中，我要说明，我们到底有什么理由可以普遍地怀疑一切事物，尤其是那些有关物质的事物（至少就我们现在所有的科学基础而言，这些事物是可疑的）。这种普遍怀疑的效用，虽然乍看之下并不怎样明显，但是实际上，这种效用既大且广，它不仅可以使我们摒除一切偏见，而且能提供心灵一条独立于感官之外的方便之门；此外，在我们以后发现真理时，还能令我们深信不疑。

在《沉思集》第二章中，我要阐述，心灵在运用其独特的自由思考方式时，会自然而然地假设那些稍有疑问的事物是非存在的（non-existent），不过在同时，却肯定自己是必然存在的。这一点非常重要。因为心灵可以由此而容易地分辨出什么是属于它自己的——即智慧的本性（intellectul nature）——什么是属于物体（body）的。说到这里，也许有人希望我提出确立灵魂不朽的理由。因此，我亦不妨告诉他们，我著此书的宗旨，本来就是要得到这方面的精确论证，所以我采用的方法就非得和几何学家采用的一样不可，换言之，我在得到任何结论以前，总是先把要研究的命题所根据的理由一一提出，但是如果要对灵魂不朽的问题有透彻的了解，首要条件乃在于构成最明白的灵魂概念而且使这个概念和一切物体的概念截然分开，因此，我在《沉思集》第二章中，就把如何构成这种概念的途径指示出来。此外，我们还必须相信，我们明白而清晰地[①]思想到的一切事物，都确实是在我们思想它们时明白清晰地存在的。不过在没进入《沉思集》第四章以前，这一点是不能确立的。其次，为了获得上述那种知识，我们还必须对有形物体的本性（corporeal nature），有一个清晰的概念；这种概念一部分叙述于本章中，一部分则叙述于本书的第五和第六章中。最后，我们必须根据这一切理由来推断：如果我们明白而清晰地看出各种事物是互异的实体（substance）——如心灵和物体——则它们确实是互异的。这是《沉思集》第六章的结论。在本章中，我已进一步证实心灵和物体的绝对差异，我指出：我们只能想象物体是可分的（divisible），心灵则是不可分的（indivisible）。

① 笛卡尔对明白（clear）和清晰（distinct）两词有严格的区分，请参阅《哲学原理》第 1 章第 45 条。

因为我们连最微细的物体也能想象出来，但却没法想象心灵的一半，因此，我们可以了解，这两种实体的本性不仅截然不同，而且有几分矛盾。不过，我在本论文中没有进一步讨论这个问题，一来因为我所提出的，已足以明白地表示出，身体的朽坏并不会使心灵毁灭，因而令人们对来世的生活抱着无穷的希望；二来因为我们要推论灵魂不朽时所依据的前提，就必须把整个物理学系统加以阐释。在这里，我想补充两点，第一，一切实体——即是经上帝创造以后才存在的事物——的本性是不会朽坏的，除非上帝否定它们存在，才会归于“无有”（nothing）。第二，概括地说，物体就是实体，这就是物体也不会消灭的原因，至于人的身体，它是由五官百骸的特殊构造，以及其他偶有性（accidents）所组成的，所以与别的物体不同，而心灵则并非由偶有性组成的，它是一个纯粹的实体。因为纵然心灵的一切偶有性都改变了，而且它在思想、意欲和知觉方面也可改变，但是它自身是不会改变的。至于人的身体，只要它的任何部分或形式若有变化，就不再是前后同一了。由此看来，人的身体虽然容易毁灭，但是心灵或人类灵魂（我并没有严格区分这两者）的本性却是不朽的。

在《沉思集》第三章中，我认为自己已经充分说明了有关上帝存在的主要论证，不过，我既竭力想使读者的心灵超脱感官之外，自然也就不希望运动出自有形事物的比较方法，所以在本章中，也许会留下许多暧昧的难题，不过我相信，我在“答辩”中，一定可以把这些难题一扫而空。因此，大家在没有读到“答辩”之前，或许会对下列的问题大惑不解：我们心中拥有的绝对完美观念，何以竟能有如此“客观的实在性”（objective reality）（也就是说，它能借着表象作用“representation”得到绝对的完美性），而使我们不得不断定它是由绝对完美的原因所产生的？不过我在“答辩”中，将借着和工匠心中所有的最完美的机器观念作一比较，而加以证明，因为这个观念的客观完美性，既然一定有一个原因，所以我们所拥有的上帝观念也一定需要上帝为其原因。

在《沉思集》第四章中，我要指出我们所能明白而清晰地知觉（或理解）的事物都是真的，而且还指出错误或虚妄由何而生。要证实前面的真理，以及充分了解接下来的真理，我们必须先了解这两点。不过在另一方面，我应当声明，我所要讨论的并不是罪恶（sin）的问题，也不是探究追求善与恶时所发生的错误，而只是在决定真伪时所发生的错误。因为我并不打算涉及信仰或指导人生的事情，我所说的，只是关于那些要透过自然理性才能了解的思辨真理。

在《沉思集》第五章中，我除了说明一般有形物体的本性之外，并且以新的论证来证明上帝的存在，当然，这个新论证也会遇到重重困难，但是在“答辩”中，我都把这些困难解决了。此外，我还指出，在何种意义下，我们可以说，几何学论证的确定性，也必须看我们对上帝的知识而定。

最后，在《沉思集》第六章中，我把理解作用（understanding）和想象作用（imagination）加以区别，并叙述了这区别的诸多特征。此外，我要指出，心灵虽然和身体确有差异，但是这两者息息相关，且密切地连接在一起，形成一个整体。接着我还考察了感官所引起的错误，并且把避免犯错的方法指示出来。最后，我把能推论有形事物存在的一切理由都列举出来。不过，我所以这样做，并非因为我以为那些理由有助于建立“世界确实存在”、“人类的确具有身体”诸如此类的真理（像这种真理，是凡有头脑的人都绝不会怀疑的），而是因为在细心考究之后，发现那些理由，并不如指引我们得知心灵和上帝的推论那么有力，那么明显。因此，在人类所能知的范围之内，能指引我们得知心灵和上帝的知识，才是最确定，最明显的知识，这正是我竭力在《沉思集》中唯一要证明的结论，因此，我在这里就不再提到以下讨论中所要思考的其他问题了。

下面便是我视为**第一哲学的沉思**：为证明上帝的存在、心灵和物体之间的实在区别。

3. 可怀疑的事物

哲人咖啡厅

在好几年之前，我已经发现自己从幼年以来，就一直把许多虚妄的意见，当作真理而加以接受。因此，后来我以这些意见做基础所建立的理论，当然是极其可疑的。自那时起，我认为自己必须认真地把以往所接受的意见一律取消。此外，如果我想在各种科学上建筑一个坚固而持久的架构，还得重新由基础做起。不过，这项工程看来非常浩大，所以我一直等到自认心智已相当成熟，而且觉得倘若再拖延下去，对计划亦于事无补时，才敢轻言尝试。这想法耽搁了不少时间，以致我认为如果再把实行的时间，耗费在过分审慎和静观中，实在是有点矫枉过正。今天，我的心境侥幸能摆脱世虑杂念（且因免受情欲的羁绊而优哉游哉），加上在平静的闲居生活中有许多余暇，所以我要慎重地、自由地全心全意推翻以前的一切意见。

为了达到这个目的，我并没有必要指出那些意见完全是虚妄的——这一点也许是永远办不到的。不过，理性既然提醒我不仅要否认那些分明是虚妄的意见，而且还要小心地否认那些稍有疑问和不完全确定的意见，因此，如果我看到每一种意见都有些可疑之处，而把它们完全排斥掉，那是十分合理的。然而为了这个目的，我实在无须把各种意见逐一验证，因为那将会永无止境。由于破坏地基就会导致整幢建筑物倒塌，所以我只要先批驳以前所依据和信任的意见就行了。

我一向认为，最真实而确定的事物，都是从感官（senses）或透过感官才得到的。不过有时却发觉这些感官都是骗人的，而且会误导我们。因此，对于凡是欺骗过我们一次的事物，最好保持戒慎的态度，切勿完全盲从和信赖。

不过也许有人会说，对于那些难以知觉到的，或距离太远的微细对象，感官即使偶尔会欺骗我们，然而仍旧有许多事物，虽然也是透过感官而认知的，却没有怀疑的余地。例如：我坐在这里，靠近火炉边，身穿晨衣，手持这张纸，以及其他诸如此类的事情便是。我怎能否认这双手和这个躯体是我的呢？除非我甘愿自比为疯子。一个人的脑袋如果受到黑胆汁的扰乱和蒙蔽，以致在贫无立锥之地时自认为皇帝，在赤身露体时自认为身披绫罗绸缎，或者想象自己的头是泥土做的，身体是玻璃制的，而身躯则是个大葫芦，那他不是疯子又是什么呢？但是我如果照着他所说的来描绘自己那我不也是个疯子吗？

虽然这样，我还该考虑到我毕竟是一个人，因此每天需要睡眠，在梦中，我经常出现一些像疯子在醒时所见到的事物，有时甚至更加荒谬怪诞。我在夜里，曾经不知多少次梦见自己在同一个熟悉的位置，身穿衣服，靠在火炉边坐着（不过事实上，我却是光着身子躺在床上）。此时此刻，我似乎确是醒着，睁大眼睛看着这张纸，而摆动的头也不是昏睡的，我有意识地照着某种目的伸出手来，而且可以知觉到自己的一举一动。睡梦中的现象是没有如此明白而清晰的。不过，想到这里，我提醒自己，在睡梦中我亦经常被许多类似的幻象所骗，而且在再三思考之后，我分明看到，睡梦和清醒之间，竟然没有什么明显的界限，这实令我大吃一惊。因此，我几乎还以为自己现在正在做梦呢。

现在就让我们假设自己是在做梦，而且这些特殊的动作，诸如睁眼、摇头、伸手等等，都是虚假的幻觉，我们甚至可以假设，我们的手和整个身体与它们原来的状况完全不同。但是我们至少得承认，梦中所呈现的事物，就像图画一般，必须模拟某个真实的原本，才能够成立。因此，那些一般的事物，如眼睛、头、手和身体等，都不是纯粹的幻想，而是实际存在的事物。因为事实上，画家纵然能运用巧妙的手法，以极稀奇而荒诞的形状描绘出美人鱼、半人半兽的森林之神来，可是他们并不能给予它们任何完全崭新的性质，充其量只能把各种动物的肢体凑合在一起而已。即使偶然能发挥天马行空的想象力，创造出一些前所未有的新奇事物，呈现绝对超现实而纯粹虚无的东西来，可是，至少他们构成这种作品的颜色必然是真实的。

根据同样的理由，虽然像这些一般的事物，例如身体、眼睛、头、手等，都可能是想象出来的，但是我们必须承认，至少有一些更单纯、更普遍的事物比它们真实，因为有了这些更单纯、更简单的事物，我们意识中所有一般事物的影像（images）（不论是真的或是假的）才会形成，就如它们是由一些真实的颜色所形成的一样。

属于这一类事物的，似乎是一般物质的本性及其扩延（extension），以及有扩延事物的形状（figure）、量（quantity）、体积（magnitude）、数目（number），和它们所处的场所（place），以及衡量它们持续性的时间（time）等等。因为这缘故，我们正可据此合理地推论说，物理学、天文学、医学，以及其他科学，由于都能研究复杂而特殊的事物，所以是极可疑、极不确实的。但是数学、几何以及同类科学，既然只是研究最单纯、最普遍的事物，而且不甚费心探究它们是否确实存在的问题。因此，必须包含一些确实而无可怀疑的成分。因为不论我醒着也好，睡着也好，二加三永远都是等于五，四方形绝不会超过四条边以上。这类明白而清晰的真理，看来不可能有任何虚妄或不确实的嫌疑。

虽然我心中一直都相信有一位全能的上帝创造了我，但是我怎么能知道它也许并不曾创造苍穹、大地、有扩延的东西、体积、场所，然而我所以仍能知觉到这些事物，其实是由于它们的存在，正好与我所见的雷同？此外，我既然有时想到，别人往往在自认为最清楚的事情上犯错，而且是在欺骗自己。那么，我又如何知道每次我在加二和三时，在数正方形的边时，或判断其他更容易而简单的事物时没有犯错，没有受骗呢？不过，上帝也许不愿意我受骗，因为它是至善的。无论如何，上帝如果使我经常受骗，这实在与它的善意相违，即使容许我偶然受骗，也与它的善意矛盾，因此，我不相信上帝容许世人偶尔受骗。

或许有人宁可否认全能上帝的存在，也不相信一切事物是不确定的。我们现在暂时不反对这些意见，暂时承认这里所提到有关上帝的话，都是无稽之谈。但是，不论我的心智如何达到现在的境地，不论是由于命运、偶然、一连串无穷的前因后果，或其他的方法使然。很明显（由于犯错误和自欺的确是一种缺点），那个赋予我生命之源的“造物主”（Author）的能力愈小，我愈不完美的可能性愈大，因此也就愈会自欺，而缺点愈会增多。对于这些推论，我无言以对。但是我终究要说，凡是我从前信以为真的事物，没有一件不是有几分可疑的，而且我的怀疑，并非由于轻率，或缺乏深思熟虑，反而是根据切实而慎虑的理由。因此，如果我想（在科学上）发现任何确实而可靠的事物，就不应该随意相信那些意见，正如不应该随意相信显然虚妄的事物一样。

不过光说不练还不够，我们必须牢记在心里，因为那些旧日习染的意见会不断返回我心中。而长久养成和熟稔的习惯，会让那些意见占据我的心灵，甚至违背我的意志，主宰我的信仰，而且我如果在切实地思考那些意见时，认为它们只有几分可疑，但是可信度非常高，觉得相信它们比否定它们更为有理，则我还是积重难返，到头来只会一味依从它们，相信它们。因此，如果我有计划地采取一种对立的判断——即使被骗也无所谓——且暂时假设那些意见完全是虚假和捏造的，直到我可以用崭新的意见来抵消旧有的偏见，不使我的意见厚此薄彼，进而使我的判断不会再受到偏歪的习惯所支配，或转离真理的康庄大道之外。我觉得这种做法并没有不适当之处，而且确信在这过程中不会产生任何危险或错误。况且我现在怀疑也是在所难免的，因为我要追求的原来就是知识，不是行动。

因此，我将假设，运用手段欺骗我们的不是上帝，而是既具大能，又喜骗人的恶魔，因为上帝是至善的，且是真理之源，绝不可能欺骗我们。此外，我还假设苍穹、大地、颜色、形状、声音，以及其他一切现象界的事物，都只不过是梦幻，恶魔借着它们引诱我们的信仰掉进陷阱里。我再假设自己没有手、眼睛、肌肉、血液，或任何感官，只是误信自己拥有这些东西。最后，我还要坚持这个信念，纵然这些假设无法使我获得任何真理，至少也会使我不随意下判断，并且可以借着这个坚定的目标避免相信任何虚妄的事物，不受那个有权力和诡计多端的恶魔所欺骗。

不过，这项工作十分费力而艰巨，况且懒散和倦怠的精神会不知不觉地把我引回日常的生活中，正如一个囚犯虽然在梦中享受一种梦想式的自由，但是当他开始怀疑那些自由只是梦想的时候，反而会害怕睡醒，并奢望这怡人的骗局会继续下去。同样的，我亦不知不觉地再堕落在先前的意见中，而且惧怕从睡梦中惊醒过来以免在这闲适的休憩之后，那烦虑而恼人的清醒时刻不能带来任何光明，反而令我陷入现在所引起的黑暗中。

4. 心灵的本性与物体

昨天的沉思，令我心中充满许多疑窦，以致想忘也忘不了，而且我还未看出到底有什么方法可以把它们一扫而空，这就像忽然掉在深水中，既无法在水底稳稳地站住，又无法游到水面而感到手足无措一样。虽然如此，我仍然要尽最大的努力，重新沿着昨天所走过的途径，把所有稍微可怀疑的事物置之不理，宛如已发现它们是绝对虚妄似的。此外，我还要一直沿着这条途径走下去，直到找到一些确实的事物为止，即使一无所获，但是我至少要明确地知道世界上有没有确定的事物，才甘愿罢休。阿基米德只不过要求一个固定不移的点，就可以据此把整个地球从原来的位置移到另一个位置，同样的，如果我幸运地发现一件确定而不可怀疑的事物，就有权对自己的探究怀抱无穷的希望。

于是我就假设，凡是我见到的事物都是虚妄的，而且我相信，一切虚假的记忆所呈现出来的事物都不存在。我还进一步假设自己没有感官，并认为物体、形状、扩延、运动和场所，都只不过是虚构的，那么，还有什么事物可以被认为是真实的呢？也许只有一件，那就是“世上绝对没有确实的事物”。

但是我又怎能知道世上没有一些异乎我刚才所提到的事物，即没有我们丝毫不能怀疑的事物呢？难道就没有一位上帝，或其他可以用任何名字来称呼的神明，把这些思想注入我的心里吗？其实这种假设是多余的，因为我自己何尝不能产生这些思想？那么我至少不就是一种事物吗？可是我先前已否认我有感官和身体，但我还是犹疑，这到底会得出什么结论呢？我非得如此依赖感官和身体，以致没有这两者，我就不能存在吗？我已经相信，这世上什么都没有，既没有苍穹、大地，也没有心和物，如此一来，我不是也相信自己不存在吗？但事实上根本不是这样，如果我曾相信一些事物，或只要思想过一些事物，我就确实存在。假若世上真有一个莫名的骗子，不仅具有极大的权柄，而且狡诈异常，时常出尽法术来欺骗我，可是一旦他欺骗我，那我的存在更是无可怀疑的，因为我就是他欺骗的对象；不论他怎样欺骗我，只要我一想到自己是一种东西，他就决无法令我化为子虚乌有。所以在深思过一切事物之后，就必然会得到这个命题：“有我，我存在。”不论我表示出来，或只在心里默想，它都必定是真实而可靠的。

虽然已确知自己是存在的，但我还是不十分明白地知道自己到底是什么，因此，我必须慎加提防，以免随便找一些别的事物来代替自己，也免得以前认为最确定、最明显的知识误入歧路，远离了真理。为了这个缘故，在我做进一步探究之前，就要对过去所相信的自己重新思索一番。至于过去的意见，凡是因稍有可疑而经不起考验的，我一律把它们剔除，以保留那些绝对确定而绝对无疑的意见。

那么，我过去认为自己是什么呢？当然，我认为自己是一个人。但什么是人呢？我可以称之为有理性的动物吗？绝对不行，因为如此一来，我就得追问，什么是动物，什么是有理性的，于是会由一个问题，不知不觉地陷进无数个更棘手的问题里，况且人生苦短，我实在很不愿意把剩下来的宝贵光阴，虚掷在这类巧思诡辩之中。我宁可就此打住，把心思完全投在那些自动浮现于心中的思想——那是我过去探究自己是什么时由本性所发的。过去，我首先就想到自己有一张脸孔、两只手、两条手臂，以及由骨骼和肌肉组成的整个躯体结构，一如我在所谓“身体”的尸体中所看见的那样。此外，我还知道我受过养育、会走路、有知觉、有思想。我把这一切作用都归诸于灵魂。但是我并没有探究过灵魂究竟是什么，如果说我探究过，我亦只是想象它是一种极稀薄、极微妙的东西，好像风、火焰，或精细的气（ether），遍布我身体较粗大的部分里。至于物体，我不仅从未怀疑过它的本性，而且对它有深刻的了解。如果我想按照当时所具有的概念来描绘它，那我会这样描绘：所谓的物体，是指能被某种形状所限定的东西，可以被局限在某个地方，并且占有一定的空间，而把其他物体排斥于外；我们可以透过触觉，或者视觉、听觉、味觉来感知它。它可以在许多种方式下运动，不过说实在的，它不是自动的，而是受了外物的触动（遭到一些压力）而动的，因为我认为，自动能力、知觉能力或思考能力，都不属于物体的本性，因此，如果我发现某些物体具有这一类能力，将会惊讶万分。

不过，我既然假设有一个极具势力的恶魔施展浑身解数来欺骗我，那么我还能说自己是什么呢？我能肯定地说，我稍具方才所说的那些属于物体本性的属性（attribute）吗？经过再三推敲后，我并没有见到有任何一种是属于自己的，要一一重述它们，实在是费时而沉闷的事，所以我直接探究灵魂的属性，看看其中是不是有某一种在我之内。首先谈谈摄取营养和走路，可是，如果我真的没有身体，就不能摄取营养和走路，接下来谈谈感觉，可是我如果没有身体，也就不能感觉，何况我经常在梦中自以为感觉到许多事物，实则在醒来的时候，才知道自己根本没有感觉到它们。最后要谈到思想，在这里，我发现了它才是我的真正属性，只有思想与我密不可分。有我，我存在，这是毋庸置疑的，可是，我能存在多久呢？我思想多久，就存在多久，换言之，只有当我思想时才存在。因为如果我完全停止了思想，则我或许就会完全不存在了。我现在既然一律不承认任何虚妄的事物，因此，严格说来，我只是一个思想物（thinking thing），也就是说，我是一个心灵（mind），一个灵魂（soul），或是一个理解（understanding），一个理性（reason），这些名词的意义都是我以前所不知道的。无论如何，我是一个真实的东西，而且是实际存在的，可是，我到底是什么“东西”呢？我已经答复过了：我是一个思想的东西。

除此之外，我还是别的什么吗？我要运用想象力，看看究竟自己是否还是别的东西。事实摆在眼前，我并非所谓人类五官百骸的集合体，也不是遍布其中之精细而无孔不入的空气，更不是风、火、蒸汽、气息，或其他我能想象到的东西，因为我已假设这一切都是子虚乌有的，虽然如此，我依然可以断定自己一定是个某物，并且一定存在。

我虽然由于那些事物不是自己所知道的，就假设它们不存在，但是也许我们确实与我所知道的“自我”没有差别。对于这一点，我无法加以确定，所以现在不想为此问题争论下去，而只判断我所知道的事物。我知道自己存在，而且在探究这个存在的“我”到底是什么。因此，严格说来，有关我对自己存在所有的知识，绝对不能依靠我不知道其存在的那些事物，由此可知，这种知识也不能依靠我想象中虚构的任何事物。其实，“在想象中虚构”或“我构成一个影像”这类说法，就足以证明我的错误。因为如果我想象自己是一种东西，则我非得构成一个影像不可，而所谓想象，只是思维有形物体的形状（figure）或影像（image）罢了。不过我已确实知道我是存在的，而且一般说来，这些影像就是与物体本性有关的事物，也许只是一些梦境或幻想而已。因此，我实在没理由说：“为了较清晰地知道自己是什么，所以我应该刺激自己的想象。”如果我变本加厉，硬说：“我现在是醒着的，而且知觉到一些真实的事物，可是因为我知觉得还不够清晰，所以故意去睡觉，让梦幻可以用最确实、最明显的方法，把我的知觉对象呈现出来。”那么我真是无理到极点了。因此，我确知，凡是在想象中所理解或接受的事物，都不能构成我对自己的认识。所以我必须唤醒心灵，以如履薄冰的态度摆脱这种思维方式，以便能完全清晰地了解自己的本性。

可是，我究竟是什么呢？我是一个思想物，然则思想物又是什么呢？它就是一个能怀疑、能理解、能设想（conceive）、能肯定、能否定、能意欲、能拒绝、能想象和能感觉的东西。

当然，如果这些东西真的都属于我的本性，那确实相当可观。但是为什么它们不该属于我的本性呢？我岂不是一个这样的东西吗？我现在几乎怀疑一切，可是又在理解和设想某些事物；我肯定只有一件事物是真实的，而否定其他的一切；我既想多知道这些事物，却又不愿意受骗；我想象出许多事物，甚至有时置自己的意志不顾；我也能感觉许多事物，就像透过身体各器官的媒介而来的。纵然我每天都要睡觉，纵然那个创造我的“神明”费尽心机来欺骗我，可是，上述这一切作用，难道就没有一种如同“我确实存在”一样真实吗？这些属性中，有没有一种能与我的思想分开呢？或者可以说与我自己分开呢？但是事情本身就很清楚明了：是我在怀疑、是我在理解、是我在意欲，根本不必在此补充任何东西来加以说明。而且我确实具有想象的能力，即使我所想象的事物有可能（像我以前所假设的那样）完全都是虚假的，可是这种想象能力却仍然不断地发挥作用并构成我思想的一部分。总而言之，是同一个我在感觉，也就是说，似乎能借着感官而知觉到某些事物的那种东西就是我。因为我确实看见光、听到声音、感觉到热。可是有人会说，那些现象都是假的，我只是在做梦。随便他怎样说好了，反正我的确觉得自己看到光、听到声音、感觉到热，这是铁一般的事实。真正说来，这就是所谓我的感觉（feeling），说得更精确一点，也即是我的思想（thinking）。

从此，我才开始比以前更明白而清晰地了解自己是什么。可是我似乎仍然觉得，而且禁不住地认为：那些由思想构成影像（作为感觉的对象），并且由感官所证实过的有形物体，应该比我自己那个不能想象、不知为何物的部分有更清晰的认识。也就是说，对于那些可疑的、未知的、不属于我的东西，我竟然知道得比那些我确信的、已知的、属于我真实本性的东西还要清晰，换言之，比知道我自己还清晰，这说法虽然有点奇怪，但是我明白地看到，这是由于我的思想有如天马行空，不喜欢墨守成规，被束缚于真理的范围之内。现在且让我的思想再次自由地驰骋（让它思考由外界呈现于我心中的事物），然后等待适当的时机收缰回顾（专注地思考自己的存在和属性），以使我的思想更易受到控制。

现在让我们思考一下一般人认为最容易认识，和知道得最清晰的事物，这就是我们摸得到、看得见的物体，但是我指的，并非普遍的物体，因为普遍的概念往往比较杂乱而模糊，因此让我们来思考一种特殊的物体，就以一块蜜蜡做例子吧，当它刚从蜂巢新鲜地取出来时，尚没有失掉蜜中的甜味，仍然保留着阵阵芬芳的花香；它的颜色、形状和大小都是显而易见的，而且质硬性冷，可随意用手拿起来，如果用手指弹它，还会发出声音，总而言之，凡是能令人清晰地辨认一个物体的必备条件，无不包含在这块蜜蜡中。可是，当我在说话时，如果把它放置于火旁，则剩余的甜味就会蒸发，香气亦随之消失，颜色也因而改变，形状亦起变化，而且体积变大，固体变成液体，冷变为热，很难再用手拿起来，即使用手指弹它，也不会发出声音。经过这一番变化之后，同一块蜜蜡还存在吗？我们必须承认它存在，没有人会怀疑这一点，也没有人会提出异议。那么，我在这块蜜蜡中最清晰地知道的是什么呢？当然不是我凭感官而觉察到的任何东西，因为同是原来的那一块。

也许这块蜜蜡正和我现在所想的一样，就是说，它原来并不是那种蜜的甜味、怡人的花香、独特的白色、形状和声音，而不过是一个形体，它刚才以那些形式呈现给我的知觉，现在又以别的形式显示给我的知觉。但是严格说来，当我如此这般设想这块蜜蜡时，我能想象到什么呢？现在且让我们细心思考一下，如果把所有不属于蜜蜡的东西全部抽取掉，看看还剩下什么？当然，那只是一个有扩延、能变形、可移动的东西而已，可是，能变形和可移动是什么意思呢？是否我想象的这块圆蜜蜡，可以变成正方形，再由正方形变成三角形呢？不，当然不是这样。因为尽管我可以想象它能接受无穷类似的变化，却不能以自己的想象来穷尽这些变化。因此，我对该蜜蜡的所有概念是不能借由想象力来完成的。至于扩延，它又是什么呢？不也是不知道的吗？因为当蜜蜡融化时就会变大，沸腾时则变得更大，而热度增加时，就更不用说了。因此，如果我没有假设，我们所思考的这块蜜蜡在扩延方面，能接受比我想象中还多的变化样式，那我并没有明白地按照真理来思考什么是蜜蜡。如此我们必须承认，我甚至无法借想象力来了解这块蜜蜡是什么，只有心灵才能奏其功。我在这里说的只是这块特殊的蜜蜡，至于普遍的蜜蜡，那更不在话下了。不过，这块只能为心灵（或理解）所了解的蜜蜡到底是什么呢？毫无疑问的，它是我所眼见、所接触、所想象，而且是自始所相信为蜜蜡的那种东西。不过，最值得注意的是，我们对蜜蜡的知觉，并非由于视觉作用、触觉作用和想象作用，虽然它以前似乎是这样，但实际上绝非如此，它只是心灵的一种“直觉”（intuition）。这种直觉是可以有缺陷，像以前一样混淆的，或可以像现在这样明白而清晰，这一切都要看我们对该蜜蜡所含有的成分能投入多少注意力而定。

不过在同时，我又发现心灵极为脆弱，而且往往不自觉地犯错，这实在令我大为惊异。因为尽管我没有表达自己的思想，而只在心中思索这一切，但文字亦会偶尔阻碍我进步，使我几乎被日常语言中的名词所骗。就如当一块蜜蜡在我面前时，我只会说“看见”同一块蜜蜡，却不会说自己根据同一的颜色、形状，判断出它是同一块蜜蜡。由此，我就轻率地推断说，我是借着视觉认识此蜜蜡的，不光是借着心灵的直觉。以下的例子，正可指出这种说法的错误。当我从窗外看到路上的行人时，自然会说，我看见的人，就像看到蜜蜡似的。但是我所看到的，会不会只是一些穿戴衣帽的人造自动机器呢？不过我仍然根据所看到的现象，判断“这些东西”是人。因此，我虽然相信眼睛所看到的是人，但实际上，这种认识是由心灵中的判断能力所构成的。

一个人如果想在知识方面凌驾一般人之上，则他应该觉得，从通俗语言的形式中找寻怀疑的根据，是很丢脸的。因此我宁可继续思考，我在初次看到蜜蜡时对它有较明白而完全的知觉吗？抑或现在对它有较明白的认识呢？在我初次看见它时，虽然是借着外在的感官，或至少是借着一般的认识能力（即想象力）而相信自己知道它。可是现在我不仅非常缜密地考察过它是什么，而且对透过何种途径才可认知它，亦经过一番深思熟虑，如果我连这点也加以怀疑，那可真是荒谬了。因为在初次知觉它时，会有什么是清晰的呢？那时我所知觉的，不正是任何动物都能知觉的吗？当我把蜜蜡和其外形加以区分，并脱掉它的外衣，赤裸裸地探究它时，我的判断即使仍有错误，但是如果没有心灵，我就无法知觉到它，这是确定无疑的。

可是到最后，我对于这个心灵——即是我自己——又该怎么说呢？因为到目前为止，我还不承认自己除了心灵之外，还有任何别的东西。那么，我既然如此清晰地知觉到那块蜜蜡，难道就不能更真实可靠地、更明白而清晰地知道我自己吗？因为，如果我由于看见蜜蜡就断定它存在，那么我就更可以根据同样的理由，明白地推断出自己是存在的。也许我看见的东西实际上并不是蜜蜡，或许我甚至没有看东西的眼睛，可是当我看的时候，或是当我认为自己在看的时候（这两种情况是一样的），这个在思想的我就绝不能不存在，绝不能是子虚乌有。同样的，如果我由于摸到蜜蜡就断定它存在，根据同样的理由，亦可以说我是存在的了。如果我判断说，由于想象，或无论哪一种原因，使我相信蜜蜡的存在，那我仍然会得出同样的结论。而且，我在这里提及有关蜜蜡的话，也可以应用到一切我身外的（我在外面遇到的）其他事物上。再者，视觉、触觉，以及别的许多原因把蜜蜡明显地呈现给我之后，既然都能使我对它的看法或知觉有更明白而清晰的了解，那么，我不是更明显地知道自己吗？因为能使我得到蜜蜡本性的知识，不正是更能使我知道心灵的本性吗？而且心灵中还有许多别的事物可以说明其本性，因此我刚才提到有关物体方面的证明，那就几乎没什么值得一提的了。

走笔至此，我发现自己在不知不觉中又回到了原来的论调，因为我现在已明显地看出，即使是物体，真正说来，并不是感官或想象力所认识，而只是被理智所认识；它们之所以被认识，也不是由于被看见，或被摸到了，而只是由于被理解了（或正确地被思想所掌握）。因此我明白地看到，没有什么东西比心灵更易于认识了。但是，因为人很难一下子完全摆脱掉那些习以为常的意见，所以我在这个阶段中，不妨多停留一些时日，以便借着长期不断的沉思，把这种崭新的知识更深切地铭记在记忆中。

5. 上帝的存在

我现在要闭上眼睛、塞住耳朵、停止一切感官活动，甚至从思想中，把一切有形物体的影像都抛开，或者，至少（因为这是难以达成的）把它们视为空洞而虚妄的。如此一来，我就可以和自己沟通，而且可以一心一意地思考自己的本性，从而逐渐认识自己，并与自己更为亲近。我是一个能思想（有意识）的事物，也就是说，此物能怀疑、能肯定、能否定、能知道少许事物，却对许多事物显得无知；此外，这思想物能爱、能恨、能意欲、能拒绝，而且能想象、能知觉。因为正如我以上所述，我所想象到和知觉到的东西，虽然一旦与我分开后，它们本身也许就不存在了，但是这些我所谓知觉和想象的意识模态（mode of consciousness），如果单就其为意识的模态而言，则仍然是存在我心中的。

我想上述的寥寥数语，已把我所真正知道的，或者至少到现在自认为知道的，无不涵盖起来了。不过为了把知识的范围拓展得更远更广，我必须格外慎重其事，而且要仔细地思量，看看在自身之内，是否还可以发现一些迄今仍没有知觉到的事物。我已确知自己是一个思想物，然而，我不是因而也知道必须具备什么条件，才可使我确信一个真理吗？在这第一种知识（first knowledge）中，我所以确信它是真理，当然是由于我对自己所说的事物有明白而清晰的知觉。如果我如此明白而清晰地知觉到的事物也一样是虚妄的，那么这种知觉就不足以保证我所说的事物是真实的了。因此我似乎可以建立一个概括的规则，那就是：凡是我极明白而清晰地知觉到（思想到）的事物，都是千真万确的。

可是，我以前所接受，且认为非常确定，非常明显的许多事物，到后来却都变得十分可疑而模糊。那么这些事物是什么呢？它们就是苍穹、大地、星辰，以及一切我借着感官为媒介而知觉到的物体。不过，在这些事物方面，我所能明白而清晰地知觉到的又是什么呢？当然只是这些事物的观念或呈现在我心中的思想。即使到现在，我依然承认我心中有这些观念。此外，还有一件事，我虽然以前曾经肯定过，而且由于习惯使然，令我一直相信它，并自以为非常明白地知觉到它，可是实际上，我对它根本一无所知。我所说的，就是那些外在于我的事物，我一直以为它们的观念不仅是从这些外界事物来的，而且与它们一模一样。我就是在这件事上犯了错误，即使我的判断曾是正确的，但也不是由我的知觉所生的知识来的。

可是，当我思考数学或几何学中最容易和最简单的道理时——如二加三等于五——它们不是如此明白地呈现于我的心中，迫使我不得不肯定其为真实吗？如果我认为这些道理也有怀疑的余地，那只有一个理由，就是我想起，也许上帝赋予我的本性，本来就是易于受骗的，甚至在最明显的道理方面亦不例外。但是我们如果经常对上帝至高无上的权柄怀有这种先入为主的观念，那么我不得不说，只要他愿意，就能轻易地使我犯错，纵使在我自以为最明确的事物上亦复如是。而在另外一方面，每当我注意自己所能十分明白地知觉到的事物时，又会对它们的真实性深信不疑，以致冲口而出地说：不论是谁欺骗我，反正只要我意识到自己是存在的，它就绝不能使我不存在，也不能在未来说我不曾存在过，因为我现在是确实存在的，而且它也不能使二加三少于五或多于五，亦不能制造任何我一眼就看出其中含有明显矛盾的事物。

其实，我并没有什么理由相信上帝是骗人的，况且我对上帝是否存在的问题亦没有充分的了解。因此我在这些意见上所建立的怀疑根据是脆弱而不切实的。为了完全摒除这个怀疑的基础，我必须尽快探究上帝是否存在，或是否有上帝的问题，而且一旦发现他确实存在之后，还须进一步探究它到底是否是一个骗子。因为假如对这两个真理一无所知，我就不能确知任何其他事物。

为了有条不紊地探讨上述的问题，而不致扰乱我提出的沉思次序（就是选逐步探究心灵中最先发现的概念，再探究后来发现的概念），必须在这里把我的思想分成几类，看看在哪一类中找到真理和错误。在我许多的思想中，有一些是事物的影像，“观念”正属于这一类，就如我思想（影像呈现于我的心中）一个人、一只吐火兽、苍穹、大地、天使，甚或上帝时那样。不过其他思想还有别的形式。例如：我在意欲、恐惧、赞成、否认时，虽然往往知觉到一些事物，以作为思想的对象，可是除了事物的表象之外，我的思想还接受了一些别的事物，属于这一类思想的，有些称为意欲（volitions）或情感（affections），有些又称为判断（judgments）。

有关观念的问题，如果我们只就观念本身来考究，而不指涉别的事物，那么，真正说来，观念不可能是虚妄的，因为不论我想象一只山羊或一只吐火兽，都同样是真实的事情。在意欲和情感方面，也不需害怕会有虚妄，因为即使我所欲求的事物是错误的，甚至是绝不存在的，可是我欲求这些事物仍不失为真事。因此，剩下来的只有判断（我们在下判断时，必须提高警觉，以免被骗或犯错）。不过在这方面，最主要和最常见的错误，就是我们往往以为自己心中的观念，跟外界的事物相似或互相契合。很明显的，如果我们只把观念当作思想（意识）的某些模态，而不把它们指涉任何外界的事物，则它们就很难令我们发生错误。

不过，在这些观念中，我觉得有一些是天生的（innate），有一些是外来的（adventitious），另有一些则是我自己捏造（factitions）的。因为第一，我既然有能力理解一般所谓事物、真理或思想的东西，因此，我觉得这种能力不是从别处得来的，而是与生俱来的（天生的）；第二，但是，如果我现在听到一些声音、看见太阳，或感觉到热，则我一直都断定这些感觉都来自一些存在于我身外的事物；第三，我感觉到美人鱼、鹫头马身且有翅膀的怪物等等，都是我心中捏造或虚构的。不过我甚至可以再强调，一切观念都是外来的，或都是天生的，或都是捏造的。因为我还没有明白地发现它们真正的来源。

我在这里的首要之务，就是要探究我到底有什么理由，可以信那些我认为由外物而来的观念与其对象相似。第一种理由似乎是：我觉得本性（nature）是如此教我的；第二种理由似乎是：我体验到这些观念的存在，并不依照我的意志而转移——因为呈现在我心中的观念，往往违反我的意志。就以现在的情形做例子，不论我愿不愿意，我都会感到热，因此，我相信，我心中所以产生热的感觉或观念，安全是由于受到一些异于我的事物的刺激所致，即我身旁火炉的热量令我心中产生热的感觉或观念。据此，我似乎可以非常合理地假设，这个对象是以其原版或肖像（likeness）印入我的心中，而不是以别的东西印入我的心中。

现在我必须探究这两种理由是否强而有力，而且令人心悦诚服。当我说我觉得本性是如此教我的时候，我所指的本性，只不过是一种自然而然的倾向（spontaneous inclination）或推动力，它使我相信观念和其对象有一种类似的关系，而不是指一种“自然之光[1]”，使我知道这是真实的。不过这两种说法有天壤之别，因为自然之光使我信以为真的事物，我是不能置疑的。例如，它向我指示，“我怀疑，故我在”等等诸如此类的真理。此外，我并没有别的能力可以分辨真假，可以和自然之光一样值得信任，而且我的能力也不足以推翻它所认定为真的事物。可是说到自然而然的倾向，我已经不止一次说过，当我要在善恶的行为之间做一选择时，往往会使我的选择模棱两可（有时选择善的，有时则选择恶的）。因此，在有关真假对错

① 自然之光（natural light）是指理性。

的问题方面，根本没理由依从这些自然而然的倾向。

另一种理由是说，由于这些观念并不依我的意愿而转移，所以它们一定是由我身外存在的事物来的。可是我发现这种理由并不见得比前一种理由能令人心悦诚服。因为我方才论及之自然而然的倾向，虽然有时和我的意愿不调和，但是却在我之内存在。因此，我亦可据此推论说，我自身或许有一种连我也无法知道的能力，可以不借外在对象的帮助，就能产生一些观念来。其实，当我睡着时，不是也有同样的能力，根本不需透过任何外在对象之助，就能形成一些观念吗?

最后，即使我承认这些观念是由那些异乎于我的对象来的，可是并不能据此必然推论出它们一定与那些对象相似。反之，我曾经在许多例证中，发现对象和其观念有着天壤的差异。举例来说，我心中就有两种完全不同的太阳观念，第一种是由感官来的，应该归入外来观念的范畴中，据此观念，我觉得太阳似乎很细小，但第二种则源自天文学的推理，就是说，是由我天生的一些概念推演出来的，或者是我透过其他途径构成的，据此观念，我觉得太阳似乎比地球大许多倍。当然，这两种观念，都绝不可能符合太阳的真相，而且理性令我相信，由直接经验太阳得来的观念，是两者之间最不符合真相的一种。

这一切足以证明，我所以相信外界有异乎于我的事物存在，而且相信它们可以透过感官或其他途径，把它们的观念或影像传送到我的心中（把它们的原版印在我的心中），并非出自深思熟虑的判断，而是出自盲目的冲动。

不过，还有另外一条途径，可供探究那些在我心中有其观念的对象，是否有一些存在于我自身之外。如果只是把这些观念当作一些意识模态来看，我认为它们之间并没有不同或不相等的地方，反而觉得它们都是以同样的模态由我而来的，可是，如果把它们当作影像，其中有一些表象一种东西，另一些表象另一种东西，则很明显的，它们彼此之间有着很大的差别。因为事实上，那些向我表象实体的观念一定不仅是观念，而且可以肯定地说，其中一定含有较多的客观实在性（那就是说，借着表象作用而分享更多的存在或完美），至于那些只向我表象模态或偶有性的观念，它们的客观实在性自然较少。此外，当我想象一位至高无上的、永恒的、无限的、不变的、无所不知的、无所不能的上帝时，或是想象一位能创造它自身以外一切事物的造物主时，我这种观念，亦比表象各种有限实体的那些观念，含有较多的客观实在性。

现在，借着自然之光，就可以明显地看出，在整个“动因”中，至少该有其结果中同样多的实在性，因为结果假使不从原因中取得它的真实性，那从什么地方取得呢？而且，如果原因本身有实在性，又如何能把真实性传达给结果呢？由此可知，不仅无中不能生有，而且比较完美的东西——即包含较多实在性的东西——也不能是较不完美的东西之结果。这种说法，除了在那些具有形式的（真实的）结果中是千真万确之外，在那些只有客观实在性的结果中亦复如此。举例来说，一块尚未存在的石头，如果没有一种“形式的”或“超越的”原因[①]，也不含有其所具的一切成分，则那块石头不会存在（换言之，它必须拥有一个和它性质一样的原因，或其他比石头更优越的东西，才会存在）。又如热所以会产生于原来没有热的物体中，完全是由于有一种至少跟热一样完美的原因在，而别的事物亦莫不如此。而且进一步地说，热或石头的观念所以会存在我的心中，亦只是由于它的原因，至少包含我想象热或石头时所有那么多的实在性，因为即使那个原因也许并不把任何真实的，或形式的实在性传到我的观念中，我们亦不能因此就想象它是较为不真实的，我们反而应该考虑到，由于每个观念都是心灵的制品，所以观念的本性就不需要其他形式的实在性，只要有意识得来的那种实在性就够了，因为它不仅是意识的模态，也是思想的态度或方式。不过一个观念所包含的客观实在性，既然会有参差不齐，而且时有变化，因此，它这种实在性一定是从一些原因来的，而这些原因中的形式实在性，至少不亚于观念中的客观实在性。因为如果我们在一个观念中，发现有原因中所没有的事物，那么，这种事物一定是从子虚乌有来的。不过，无论一种事物的存在模态如何不完美，它在我们的理解中既然能产生客观的表象——观念，则我们绝不能说，这种存在的模态是子虚乌有的，更不能说，那观念源自虚无。

① 原因中的完美性如果等于结果中的完美性，就称为形式的原因（formally cause），例如球体的形状就以圆为其形式的原因。

另一方面，原因中的完美性如果多于结果中的完美性，就称为超越的原因（eminently cause），就如上帝的智慧就是人类智慧的超越原因。

此外，我也不能由于这些观念中的实在性只是客观的（即表象的），就假设这些观念的原因中所包含的实在性不必是形式的（真实的），只要是客观的就够了。因为各种观念既然依其特殊的本性而具有客观的存在模态，因此，这些观念的原因（至少那些主要的原因），亦要依其特殊的本性而具有形式的存在模态。虽然一个观念可以生出另一个观念，但是这种追溯不能无穷地向上推演，因为到了最后，我们必定会遇到一个“第一观念”（first idea），换言之，它的原因就是一种原型（archetype），而在此原型中，这些观念的客观实在性都是形式的（和真实的）。因此，自然之光令我知道，观念之存在于我的心灵中，就像图画或影像似的，它们既然多半缺乏原物的完美性，所以绝不能包含任何较大或较多的完美事物。

我对这些问题研究得愈久，投下的心血愈多，也就对它们的真理愈有明白而清晰的了解。不过，总括来说，我由此得到什么结论呢？我的结论是这样的：我任何观念的客观实在性（或完美性），如果使我十分明白地认识到，这一种实在性既不是形式地，又不是超越地存在于我之中，则我自己不能是它的原因。此即必然可推论出：我并不是世界上唯一存在的东西，一定还有别的东西存在，以作为那个观念的原因。反过来说，我心中如果没有那种观念，则我没有什么充分的理由相信除了我之外，还有别的东西存在，因为在我再三仔细研究之后，迄今仍没有找到任何其他理由。

可是，我心中这一切观念中，除了向我表象自己的那个观念之外，还有另一个观念向我表象一位上帝，亦有其他一些表象有形体而无生命的东西，更有一些表象天使，有一些表象动物，最后还有一些表象与我相似的人类。不过，即使世界上除了我之外没有别人、动物和天使，我亦能轻易假设，我可以把表象我、有形物体和上帝的那些观念糅合协调起来，以构成别人、动物和天使的观念。

说到有形物体的观念，我认为它们不论有多么伟大或优越的性质，亦完全是我创生的。因为我曾抱着像昨天探究蜜蜡的观念那样的态度，把这些观念仔细地思量过，而且分别推敲一遍，结果我发现，我从它们那里所能明白而清晰地知觉的东西并不多。能为我明白而清晰地知觉的，只有体积或长、宽、深三向量的扩延；由这些扩延所形成的形状；由不同形状的物体互相保持的位置，以及运动或位置的改变，此外还有实体、持续性（duration）和数目。至于其他诸如光、颜色、声音、香气、味道、热、冷，以及其他可触觉的性质，则一概无法明白而清晰地想象到，以致我不能确定它们到底是真的还是假的，换句话说，我不能确定我对这些性质所有的观念，是否确是真实事物的观念（它们是否只表象实际上并不存在的吐火兽呢？）。因为我虽然在以前提过，只有在判断方面才有虚妄（正确地说是形式的虚妄 formal falsity）可言，但是，如果我的观念把子虚乌有的事物表象成某些现有的东西，则它们亦会含有一种实质的虚妄（material falsity）。举例来说，我对于冷和热所能有的观念，就十分不明白、不清晰，所以我不能根据它们来分辨，究竟冷是热的缺乏，或热是冷的缺乏，亦分不清这两者是不是实在的性质。可是，各种观念既然都是影像，是以总要表象一些事物，因此，如果冷确定是热的缺乏，则那个把冷表象为实在的、积极的观念，就可以说是虚妄的，别的情形亦是一样。

对于这一类观念，我就是它们的创造者，不必再找寻别的原因，因为如果它们是虚妄的，也就是说，如果它们表示事物是不实在的或不存在的，自然之光就会告诉我，它们是由子虚乌有来的，换言之，它们只存于我的心中，是因为我的本性有不完美的地方，不过这些观念如果是真实的，但由于它们向我呈现的实在性太少，以致我无法把所表象的事物和不存在（non-being）的事物明白地区别，那么，我实在没有理由说我不是它们的创造者。

在那些明白而清晰的有形物体的观念中，我似乎觉得有些可由我对于自我的观念引申出来，例如我对于实体、持续性、数目，以及其他这一类事物的观念便是。因为当我想到石头是一个实体或一个能自存的事物，而我自己也是一个实体时，虽然我明知自己是一个能思想而无扩延的事物，石头则是一个有扩延而不能思想的事物（因此，这两个概念有天壤之别），不过它们仍有一个共通点，那就是：这两者都表象实体。同样的，如果我想到自己现在存在着，而且记得自己以前亦曾存在过，此外还意识到一些可以数得出来的思想，则我就可以得到持续性和数目的观念，而且后来还可以把这些观念随己意地应用在任何事物上。至于构成有形物体观念的其他性质，如扩延、形状、位置和运动等，则我确实不是它们的形式原因，因为我只是一个思想物，不过由于它们仅是实体的一些模态，而我本身亦是一个实体，所以我似乎是它们的超越原因。

因此，现在只剩下上帝的观念，我必须探究一下，看看在这个观念中，是不是有某种东西不能来自我自己。关于上帝这个名词，我指的是一个无限、永恒、不变、独立、无所不知、无所不能的实体，而我自己，以及其他一切存在的事物——如果确有这些事物存在的话——都是这个实体一手创造出来的。可是它那些属性（特性）实在太过伟大、太过卓越，以致我愈是细心而孜孜不倦地探究它们，就愈不能相信我对此实体所有的观念，可以仅从我自己产生出来，因此，我们必须从上述所说的推出一个结论：上帝必然存在。因为实体的观念，虽然是由于我是实体而存在我的心中，不过我只是一个有限的实体，并不能有一个无限实体的观念，除非是由一个真正无限的实体把它赋予给我，或者把它注入我的心中。

我不应该想象，我所以能了解无限，不是借着一个真的观念[1]，而是借着否认有限的事物，就好像我所以能了解静止和黑暗，是借着否认运动和光明一般。正相反的，因为我明显地看出，无限实体中的实在性远比有限实体中的为多，而且我是先有无限的知觉（概念），然后才有有限的知觉，这就是说，先有上帝的知觉，然后才有自我的知觉。因为我如果没有一个比自己完美的“存在”观念，使我借此比较，以知道自己本性的缺点，我又如何能知道自

① 真的观念（true idea），是指上帝的观念。所谓上帝的“真观念”，是上帝的完美观念实在地存在着，它不仅异乎其他事物，而且和它们对立。

己为何怀疑？为何欲求（或为何缺乏一些东西）？而且非常不完美呢？

我们不能说上帝的观念或许在实质上是虚妄的，因此，这个观念可以从子虚乌有中产生出来（换言之，它或许是由于我不完美，才存于我心中），就如我以前所说的热、冷等等观念似的。但是这种说法大有商榷的余地，因为事实上，这个观念不仅是最明白的、最清晰的，而且比任何其他观念都含有较大的客观实在性。因此，没有任何观念比它更真实，比它更不能令人怀疑其为虚妄。

我所说的这个“存在”观念，不仅是绝对完美和无限的，而且是千真万确的。因为我们纵然可以想象这个“存在”并不存在，却不能假设它的观念向我表象的事物没有一件是真实的，就像我说冷的观念不表象任何实在的事物一样。此外，这个观念是最明白的、最清晰的，因为凡是心灵所明白而清晰地设想为真实的、完美的事物，完完全全地包含在这个观念里。尽管我不能理解无限，而且上帝或者含有一些无限的事物，既不是我所能理解的，也不是我透过任何思考的途径就能把握的，可是我上述的说法，仍然是正确无误的。因为无限的本性，本来就不是我这个有限的本性所能理解的。不过，只要我正确地掌握这个道理，而且相信，我明白地知觉的一切事物所蕴含的完美性，和无限性（这是我不知道的），都以上帝为其形式的或超越的原因，则在我的心灵中，我对它所有的观念，即可成为最真实、最明白和最清晰的了。

不过，也许我并不像我所假设的那么不济事，而且我所归诸上帝的那些完美性，也许在某种方式下潜存于我自身内，只是未曾表现出来，或未曾发生作用而已。其实，我已觉察到，我的知识是逐渐增加，渐次完成的，而且我看不出有什么东西可以阻止我的知识逐步地臻于无限之境，亦看不出，我在这样增加和完成之后，为什么不能获得神圣本性所有的其他完美性，最后，我还看不出，我既然拥有获得那些完美性的能力（如果我确有这种能力），为何不足以产生这些完美的观念？不过在进一步探究之后，我发现这种情形是不可能的。因为首先，虽然我的知识确实是逐日趋向完美之境，而且在我的本性中，有许多潜力还没有发挥出来。可是这些优点并不能稍微接近我所有的上帝观念，因为上帝的完美并非仅是潜存的，并且是真正而现实地存在的。此外，由于我的知识是逐渐增加的，这无疑表示它有缺点。其次，即使我的知识可以渐次增加，但我亦不能据此就相信它可以臻于无限之境，因为它无论达到什么地步，总是可以再往前增加，换言之，我的知识永远无法达到一个不必再往前增加的地步，但我心目中的上帝，却是真正无限的，而且它的绝对完美是不能再增加的。总之，我认为一个观念的客观存在，不能由仅仅潜存的存在产生出来，正确地说，它只能由形式的或真实的存在产生出来。

真正说来，任何人只要能审慎地思索这番道理，就很容易根据自然之光，来分辨我所说的一切，但是当我的注意力稍一松弛、思路偶尔混淆，因而被感官对象的影像所蒙蔽时，就很难再记得，为什么一个比我完美的存在观念，必然是由一个确实完美的存在来的，因为这个缘故，所以我想在这里继续探究，我虽然具有上帝的观念，可是宇宙间如果没有上帝，我是否还会存在。

那么我要问问，在上述的情形下，我的存在是如何来的呢？也许是由我自己来的，也许是由我的双亲来的，也许是由一些比上帝较不完美的原因来的，因为我们不能想象任何比上帝完美，或和它一样完美的东西。

但是，如果我独立于任何存在之外，而且我是自己的创造者，则我应当什么也不怀疑，什么也不欲求，并且不缺乏任何完美性，因为我应当早已把任何想象到的各种完美奉献送给自己了。因此，我应当是上帝。我们在此亦不能想象说，我现在所缺乏的事物，也许比我已拥有的事物较难获得，因为在另一方面，我们分明看到，要我这个思想物能从无中生有，那实在是十分困难的，可是，要我获得我所不知道的许多事物的知识，那就比较容易得多了。不过很明显，如果我拥有自己方才所说的完美（即如果我是自己存在的创造者），则我至少不会拒绝给予自己那些较容易获得的事物（如我现在所缺乏的那些各种不同的知识），而且凡是我知觉到上帝观念中所含有的任何事物，我都会赋予自己，因为在我看来，没有哪一种是难以获得的，或做到的。万一其中确有我较难获得的事物，这也无可避免（虽然我已假设自己是我所具有的其他事物的来源），因为我发现，在这些事物方面，我的能力相当有限。

虽然我还可以假设，我以往的存在，也许和现在一样，可是我亦不能据此而置以下这些强而有力的推论不顾，更不能借着这个假设，想象自己的存在，不需要再寻求别的创造者。因为人一生的时间，可划分为无数的部分，而且各部分并不是陈陈相因的，它们各自独立，因此，我们不能根据“我刚才是存在的”这一个事实，推论出“我现在一定存在”，除非当下有一个原因重新创造我，保存我。其实，任何人只要专心一意地探究时间的本性，就会很明白地看到，实体如果要在每一刻中保存其持续性，就需要能力和动作，正如它在被创造时所需要的能力一样（假设那实体还未曾存在）。因此，自然之光明显地指示出：创造和保存只是在思想模态上有区别，在实际上却没有差别。

因此，我在这里应当反省，我自身是否有任何能力，可以使此一刻存在的我，在下一刻亦存在。由于我既然是一个思想物（或者至少由于我现在的问题，只是涉及我思想的部分）；因此，如果那种能力存在于我，我一定会意识到它。可是，我明明意识不到那种能力，是故，我明白地知道：我是依靠一种与我不同的事物而存在的。

不过，也许我所依靠的事物，并非我所谓的上帝，而且我是被父母，或比上帝较不完美的其他原因创造的。但是这种说法很不可能，因为我方才已经说过：在原因中，至少要有结果中那么多的实在性。因此，我既是一个思想物，而且具有上帝的观念，所以不论到底什么是我存在的原因，也必须承认它亦是一个能思想的事物，而且它本身必然拥有上帝的观念，和我归诸上帝的一切完美性。此外，我们要进一步追问，这个原因所以发生和存在，是由于它自己，抑或另有原因呢？因为如果它是独立自存的（selfexistence），或是从自己来的，则我可以根据以前所说的推论：这个原因一定是上帝，因为它既然有独立自存的完美性，那么，毫无疑问地，它必然有能力拥有一切完美的观念（那就是我想象属于上帝的一切完美观念）。可是，如果它的存在是由于别的原因产生的，我们还是可以根据同样的理由提出问题：这第二个原因是自存的，或是透过其他的原因产生的，或是透过其他原因来的？由此我们可一步一步地向上推，直到最后达到一个终极的原因（ultimate cause）——那就是上帝。

有关这一点，我们分明看到，各种原因都不能无限后退（infinite regress），因为这个问题不仅会牵涉到曾一度产生过我的那种原因，而且还涉及现在能保存我的那个原因。

也许有人会假设：我的产生涉及许多原因，从某种原因中，我接受我归诸上帝的完美观念，又从另一种原因中，接受其他完美的观念，因此，宇宙里虽然有许多完美的观念，但是它们并非完全集中在独一的存在（上帝）中。这种假设似是而非。因为正好相反的，上帝所有的统一性、单纯性，和不可分性（这是我想象到的），正是其主要的完美性之一，而且，任何原因如果不能使我得到上帝一切完美的统一观念，则这种原因绝对不能使我得到其他一切完美的观念。因为该原因无法令我在不可分离的统一关系中了解那些观念，同时，它也不能使我知道它们是什么（它们在特殊模态下的存在是什么）。

最后再说到我的父母，虽然我似乎是源自他们，而且认为有关他们方面的事物都是真实的，可是，我不能由此推断：我是被他们保存的，而且就某种意义来说，假若我只是一个思想物，他们甚至不会把我生出来。他们在我的起源方面，亦只能在我或心灵（我现在只认为心灵是属于我的）里根植一些特质。因此，有关父母这一方面，也不能动摇我的论证。我们仅仅由我的存在，以及具有绝对完美的存在观念——上帝观念，就可以必然断言说：上帝的存在是基于最明白的事实和最确实的证明。

现在所剩下来的，只在于探究：我是在何种方式中获得上帝的观念。因为我不是透过感官获得此观念，而且它也不是意外地呈现出来的，就如可感觉的事物呈现于外在的感觉器官时，我们所获得的观念那样；它亦不是纯粹心灵的产物或虚构的事物，因为我并没有能力使它有所增减。因此我们别无选择，只可以说它是天生的，正如自我观念是天生的一般。

其实，我们不必大惊小怪，上帝在创造我的时候，为何把这观念注入我心中，好像工匠在自己的作品上印下标记似的。我们不必以为这个标记与他的作品有何分别之处，因为单从“上帝创造了我”这一事实而言，就足以可以相信，上帝是有几分按照自己的肖像创造我的，所以，我能借着了解我自己的能力来知觉这肖像（它包含了上帝的观念）。换句话说，当我反省自己的时候，我不仅知道自己是个不完美、有缺点的事物，而且必须依靠他人，时时刻刻地不断追求一个比我更完美，更伟大的事物，同时还知道，我所依靠者，其自身内具有我所追求的，和我所知道的一切美善及伟大的事物，而且它之拥有这些事物，并非含糊地，或是潜存地，而是确实地，无限地拥有它们，因此，它就是上帝。总之，我在这里所用的论证，完全是为了证明上帝的存在。在论证中，我知道：如果上帝确实不存在（即我的心中没有这位上帝的观念），则我就不可能有这种存在的本性，心中亦不会有上帝的观念。因此，我的确具有上帝的观念（上帝所具有的一切最高的完美，人心虽然对此有少许认识，却无法充分了解它们），而且上帝既然是没有任何陷缺，也没有任何东西可以显示它有半点不完美，因此，我们分明看到，它不能是一个骗子，因为自然之光指示我们，一切诡诈和欺骗，都是由某些缺点来的。

不过，在更专注探讨此问题，以及更细心研究由上述的结论所推论出的其他真理之前，我想最好还是稍微停顿一下，以沉思上帝自身。因为这样一来，我就可以从容不迫地回味它那些神奇而奥妙的属性，而且趁机就我心灵的力量来赞美、歌颂这位非笔墨能形容的“神明”所发出的灿烂光辉。由于信仰的指导，我们领会到来世的幸福和快乐，只在于思维神圣的权威，因此，我们凭经验知道，同样的沉思（虽然比起来太不完美），也能令我们今生享受到最大的幸福，和获得最大的满足。

6. 真理与谬误

在过去几天来，我已惯于使自己的心灵超脱于感官之外，结果我精确地观察到，我们对于有形事物方面，所知的甚少，但是在心灵方面，所知的就比较多，而在上帝自身方面，所知则远超过前两者。因此，我现在可以轻而易举地使自己不把心思放在可感觉，或可想象的对象上，而自自然然地思考那些超越物质（与物质无关）、纯属智慧的对象。说实在，如果我们把心灵看作是一个思想物，并没有长、宽、深的扩延，也没有物体的任何性质，则心灵这个观念，当然比任何有形事物的观念明白和清晰得多。但是当我想到自己是会怀疑的，且是个不完美和有依赖性的事物时，一个完美而独立的存在观念（即上帝的观念）又极其明白而清晰地呈现在心灵里——上帝的观念既然是在我的心灵里，而拥有此观念的我又是存在的，因此，我可以明确地推断，上帝是存在的。同时，我的存在，在我一生一世中，无时无刻不依靠他——以致我认为心灵并不能再较明显地、较确定地知道任何事物。因此，我面前似乎有一条坦途，可以引领我们从思考真正的上帝（因为它包含了一切学问和智慧的宝藏），进而获得天地间其他事物的知识。

首先，我就发现它从来没有骗过我，因为凡是欺诈的伎俩，都必然含有一种不完美性：尽管能骗人似乎亦可表示一种巧智和权力，可是想要骗人，却分明是有缺点、有恶意的证据。因此，上帝不可能骗人。

其实，我知道自己具有一种判断能力（或分辨真伪的能力），而且深信这种能力是从上帝那来的，就像我所具有的其他一切性质一样。既然它不可能有骗我的意图，因此，毫无疑问的，它所赋予我的能力，如果运用得宜，就绝不会使我犯错。

有关这一方面，似乎没有什么可疑之处，我们可以据此推断说，我是从来不会被欺骗的。因为我所有的一切，如果都是来自上帝，而且它如果没有给我会受骗的官能，则我绝对不会受骗和犯错。因此，说实在的，当我专心一致地思考上帝（以为我是从上帝那来的），且完全依赖它的时候，我在自身之内，就绝不会发现任何产生错误或虚妄的原因。可是当我立刻反省自身时，经验就告诉我，我仍然免不了会犯错。在我仔细探究这些错误的原因后，结果发现在我的心灵里，不仅有一个真实而积极的上帝观念，或一个至善的“存在”观念，而且还有一个虚无的消极观念，这种观念与其他各种完美性有天壤之别。我还发现，我是介于上帝和虚无之间，也就是说，我处于“绝对存在”（absolute existence）和“非存在”（non-exmtence）之间。因此，就一个“绝对存在”创造我而言，的确没有什么东西能使我犯错。不过在另一方面，如果把我视做有几分虚无或“非存在”，换言之，就我本身并非至高无上的存在、缺乏许多完美性而言，则我会犯错，自然是不足为奇的事。因此，我就分明看到，错误只是一种缺点，因为它并不是依靠上帝而存在的真实事物。这样说来，我所以会犯错，乃由于上帝赋予我分辨真伪的能力，并不是无限的。

不过，这种说法不能令我十分满意，因为错误并不是一种纯粹的否定（pure negation）（也就是说，错误并不是一种缺点，或缺少一些不必要的知识），而是缺少一些我该有的知识。但是当我在探究上帝的本性时，我似乎见到，上帝赐予我的任何能力，都绝不可能有缺点，亦即绝不可能缺少它所该有的一些完美性。因为作品的完美性，既然与工匠的手艺和技巧成正比例，那么宇宙中至高无上的创造者所制造的事物，还能不是各部分都绝对完美吗？因此，很明显地，上帝创造我，它一定不会使我受骗和犯错，而且可以确信，它总是力求尽善尽美，既然如此，我受骗的可能性，还会大于不受骗吗？

在更缜密地探究这一点之后，我首先就想到，纵然我不能常常了解上帝的作为，可是这亦无须大惊小怪，即使还有其他许多事物，我不了解上帝为何要创造它们、如何创造它们，也不能据此就怀疑它的存在。因为我早已知道自己的本性是极端薄弱而有限的，而上帝的本性却是深不可测的、无穷无尽的。故此，我很容易就明白了，在它的权力中有无数事物的原因，实在远超出我知识的范围之外。单从这个理由而言，已足以使我相信，一切的目的因（final causes）都无助于解释物理界的（或自然界的）事物。在我看来，妄想探究上帝无可测度的目的，乃是鲁莽和愚不可及的。

其次，我还发现，如果我们想知道上帝的作品是否完美，就绝不能个别地考虑独一的事物，而排除其他事物，必须把它们集合在一起来加以观察。因为只单独观察某一件事物，可能会把它当作是不完美的，但如果把它当作是构成全宇宙的一部分，则它就很可能是十分完美的。虽然我一直致力于怀疑一切事物，而且即使至今只能确知我的存在和上帝的存在，可是我既然知道上帝有无穷的力量，就断不能否认它也许已制造了许多其他事物（或者至少它有制造它们的能力），因此，我所处的地位，也许正如部分和全宇宙的关系一样。

在更仔细地探究我自身，以及反省我的错误之后（单凭这些错误，就可证明我自身有缺点存在），我发现这些错误是由两种原因组成的，一是我拥有的认识官能（taculty of cognition），二是选择能力或自由意志（power of choice or of free will），换言之，即理解和意志。因为仅凭理解，我不能肯定或否定任何事物，只能凭此了解我可以判断的那些观念，而且严格来说，理解中亦无所谓错误。纵然世界上或许还有无数的事物是我无法理解的，可是我不能据此就说，我被剥夺了那些事物的观念（仿佛它们是我的本性所该有的一样）。我只能说自己并不具有那些观念而已。因为说实在的，我没有理由证明上帝所赋予我的认识能力，应该比实际所赋予的还要大，而且不论我想象它是一个技巧多么超卓越的工匠，亦没有理由据此断言说，它应该把所赋予某些被造物的完美性，完全赋予每一个被造物。此外，我也不能抱怨上帝没有给我选择的自由权，或充足而完美的意志。因为事实上，我意识到自己的意志是充足而广大，不受任何限制的。在这里，我似乎还应当补充一点，那就是：我所拥有的其他特性，不论是如何伟大、如何完美，我总觉得它们能更伟大一些，更完美一些。举例来说，我在探究自己所具有的理解官能时，就发现它的范围相当狭窄，而且大受限制。同时，我找到另一种较广大，甚至无限的官能观念，而且发现自己可以构成这个观念，因此，仅根据这个事实，我就看出它是属于上帝的本性的。同样的，如果我探究记忆或想象的官能，或其他任何我所具有的官能，则又发现它们都是渺小而受限制的，只有在上帝方面是广大而无限的。而在我方面，唯有意志官能或自由选择权，是我经验过最广大的，最不受限制的，以致不能设想另一个更广大而无限的意志观念。因此，只有我的意志，能令我领悟自己与上帝有某种相似的地方。上帝的意志官能在知识方面、权力方面，或在事物方面，当然比我的大了好几千倍，因为它的意志官能中包含了知识和权力，可使它更坚强、更有效，所以它的意志还可概括较多事物。不过，在我仔细地探究之后，发现意志本身并不是较大的。因为所谓的意志官能，只是说我们有能力选择做某件事，或选择不做某件事（有能力确认它或否认它；追求它或避免它），或者只是说，在确认或否认，追求或避免理解所提出的任何事情时，我们只是自由行动，并没有意识到任何外在的压力，决定我们趋向某种特殊的行动。因为自由之成立，并不需要我们对于两种矛盾（极端），采取中立的态度。不仅如此，我愈偏向一边——不论我之偏向是由于我明白其中含有真和善，抑或由于上帝内在地决定我的思想——就愈自由地选择和接受这一边，况且神圣的恩典和自然的知识不仅没有削减自由，反而增加和强固自由。虽然我因缺乏理由而不偏向任何一边时，就会意识到一种中立的状态，可是这种状态只是自由最低的程度，只足以表示我的缺点和知识的否定，不足以表示意志的完美。因为如果我经常明白地知道什么是真的、善的，就很轻易地决定自己应该下什么判断，做什么选择，我因此仍是完全自由的，断不会陷于中立中。

不过，从以上所述，我发现从上帝那里获得的意志能力，并非错误的来源，因为它在其本身是极伟大而完美的。至于理解能力，亦非我错误的来源，因为在我了解任何事物的时候，都只能凭上帝赋予我的能力，因此，凡是我所能了解的，一定是我正确了解的，绝不可能受骗或发生任何错误。

那么错误从哪里来呢？究其实，这只是由于我没有把意志限制在理解能力的范围之内，而把它拓展到我所不了解的事物上。意志本身既然对此漠不关心，于是就会把假的当作是真的，把恶的当作是善的，结果很容易使我犯错和犯罪。

举例来说，就像我在近日探究世界上是否确实有事物存在时，发现有我这个人来探究这个问题，故此很明显的，我必然存在。我所以能如此明白地判断自以为真实的事理，并非由于外在任何原因迫使我，乃是因为我在极明白地理解之后，就会产生极强烈的意志，而且我对此事理愈不中立，就愈能自由地、自动地相信它。可是我不仅由于是一个思想物，就知道自己是存在的，而且由于我心中还有一种物质本性的观念。因此，我怀疑我的能思本性（thinking nature）（即是我），与这个物质的本性到底是相同的，还是相异的。我在此假设：我至今还不知道有任何理由，可令我决定同意它们是相同的，还是反对它们是相同的。因此，我在这两种假设中，不论同意之或反对之，都完全没有关系，而且在这方面，我纵然不下任何判断，亦无大碍。

这种中立态度，不仅可应用于理解力所全然不知道的事物方面，而且一般而言，意志在审议或选择各种事物时，理解力如果无法完全明白地通晓它们，这种中立态度也会发生作用。因为不论有多么确实的猜想，使我对一件特殊的事情下了一个判断，只要我知道这纯然是猜想，不是确定不移的理由，就足可令我再下一个正好相反的判断。有关这一层，我最近有相当丰富的经验，就如我只要认为各种事物稍有可疑之处，就会把以前视做真实的事物当作是虚妄的而加以排斥。不过，如果我对任何没有明白而清晰地了解的事物不妄下判断，乃是正确无误的，而且亦不会被骗。可是如果我在这时候决心要确认或否认，那么我就没有正确地运用自由意志，因为万一我把错误的反认为是正确的，那很明显的，我是受骗了。此外，即使我的判断合乎真理，但是如果那只是碰到运气，则我仍免不了因误用自由而受责难，因为按照自然之光的指示说来，理解的知识往往应该在意志的决定之前。

因此，误用这种自由意志，就会产生能构成错误形式的缺陷。不过，我所以说这种缺陷在于误用自由意志，只是就它乃由我自己而起来说的；缺陷并不存在于上帝所赋予我的官能中，亦不存在于我依上帝所产生的作用中，因为我确实没有任何理由可以埋怨，上帝所赋予我的智慧能力为什么不较大一些，所赋予的自然之光为什么不较完美一些。不过有限理解力的本性，本来就不能了解许多事物，而一个被创造的理解力又必然是有限的。故此，我反而理当感谢上帝，因为它虽然并没有欠我什么，但是它竟然把一切完美都给了我。所以我不该妄自认为它由于不公正或吝啬，而剥夺了我其他的完美性。

它赋予我的意志虽然较理解为广大，我也没理由大加抱怨。因为意志只包含单一的元素（single element），而且该元素又是不可分割的。所以这种能力倘若稍微减少，就会完全消灭，因此，它的范围愈广大，我就愈应当感谢上帝把它赋予给我的善意。

最后，我也不应当抱怨说，在构成这个意志作用时，或构成令我受骗的判断时，上帝曾参与其事，因为那些作用在依靠上帝的范围以内而言，完全是真实和善良的，而且我具有这种下判断的能力，总比没有这种能力，更能表示我的本性完美无缺。至于缺陷，虽然确是构成错误和罪恶唯一的形式根据。可是上帝亦不必参与其间，因为此根据并不是一种事物或存在。如果把缺陷的原因归诸于上帝，那么它不应当叫做缺陷，而应当叫做否定（negation）——按照经院学派所用的字义。因为说实在的，我虽然凭借上帝所赋予的能力，对于自己理解力所无法明白而清晰地知道的一些事物，仍置以否定或肯定的意见，可是这并非上帝的缺点，反之，如果我不能正确地运用自己的自由，又对不清楚的事物随便下判断，那才真的是一种缺陷。

不过，我仍可看到，尽管我是自由的，而且只有有限的知识，但是上帝亦很容易把我构造得免于犯错和受骗，因为它可以使我的理解对于我所思考的各种对象，得到明白而清晰的知识，或者干脆使我牢牢记着：在对一个事物没有明白而清晰的概念前，不要妄下判断。而且我很容易了解，只要我把自己当作一个独一的整体来观察，而不指涉宇宙中别的事物，则上帝如果使我免于犯错，那我就会比现在完美得多。可是我不能因而否认，宇宙万物参差不齐，有些能免于错误，有些则不能幸免，那正是宇宙之所以如此完美的原因，而且还总比万物完全千篇一律更为完美。

此外，我们亦无权抱怨说，上帝既然把我安置在世界里，为什么又不愿使我具有最重要、最完美的性质。其实，我应该自足才是，因为即使它不曾赋予我完美的性质，使我对于自己所思维的事物，得到明白而清晰的知识，并且能依上述所提出的方法来免于犯错，可是它至少还使我有其他能力牢牢记得，在未确实知道真相时，绝不要下判断。因为我虽然意识到自己懦弱无能，不能使心灵不断地集中在这一种思想上，可是我仍可以借着专注而再三的沉思，把这种思想强而有力地刻铸在记忆里，使我在需要时可以想起它，并由此途径而养成一种习惯，使自己绝不再轻易犯错。人类最高而最重要的完美性，既在于消除犯错。因此，我认为自己今天沉思的结果相当可观，因为我已经发现了错误和虚妄的根源。

这种根源不外乎我刚才说明的论证：只要我严格地把自己的意志限制在认识的范围之内，使它只对明白而清楚地呈现于理解中的事物下判断，我就绝不会犯罪和受骗。

因为凡是明白而清晰的概念，都无疑是一种东西，所以它不能从虚无中产生，而必然以上帝为其创造者（但是我已说过，上帝是最完美的，所以我们如果说它是错误的原因，那当然是一个矛盾）。故此我们得到一个结论：这类概念或判断都是真实的。此外，我今天不仅知道必须避免什么才可以不犯错，而且知道应该遵循什么途径才可以获得真理的知识。因为只要我把注意力充分地集中在我完全了解的事物上，并把这些事物和其他只是含糊地了解的事物截然分开，则一定可以获得真理。有关这一点，我以后会细加注意。

7. 物质事物的本质

再论上帝的存在

有关上帝的属性，以及我的本性（或心灵），我还有几个问题要好好探究一下。不过我想把这些问题留待以后有机会时再讨论。在目前，我既然已发现了应该做什么，或者避免做什么，才能获得真理的知识，因此，我现在的首要之务，只在于尽力从我过去这几天陷入的怀疑中超脱出来，看看是否能从物质事物方面，得到一些可靠的知识。但当我探究是否有这种事物在我以外存在之前，必须就我意识中所发现的这一些事物观念，看看哪一些是清晰的，哪一些是杂乱的。

首先，我清晰地想象到一些哲学家通常称之为有连续性的那种量（quantity），或者有长、宽、高三量向的扩延，此扩延就在这个量里，也可以说就在人们认为具有量的事物里。其次，我可以在这个连续量中列举出许多不同的部分，并且把各种体积、形状、位置和运动，加给这些部分。最后，我还可以想象这些运动有各种程度的持续性。我不仅在概括地思考这些事物时对它们有清晰的认识，而且只要稍微用心，还可以发现形状、数目、运动方面的无数特性，以及其他一些这类事物。这些事物都是如此真实，而且如此与我的本性相契合，以致当我现在发现它们时，并不觉得领会了什么崭新的事物，只好像是记起以前已经知道的事物，或好像这些事物早已存在心中，只是一直未加注意，现在才特别注意到而已。我在这里看到的重要事情，莫过于发现自己心里有无数事物的观念。虽然它们也许在我的思想以外并非真实地存在，可是这些观念不能被视为纯粹的否定或虚妄，而且纵然我有自由去思考它们或不去思考它们的能力，可是它们并不是我杜撰出来的，而是具有它们本身真实和不变的本性。举个例来说，当我想象一个三角形的时候，虽然离开我的思想之外，也许世界上并没有这种形状，可是这个形状毕竟具有一种明确的形状、本性或本质，这些特性都是不变的、恒真的、并非我捏造出来的，而且丝毫不依靠我的心灵。我们既然可以证明此三角形的各种特性，例如，它的三只角等于两直角、最大的边对着最大的角等等；而现在不论我愿意与否，我都十分明白地看到这些特性存在于此三角形之中（虽然我以前初次想象三角形时根本没注意到这些）。因此，不能说是我杜撰了，或虚构了这些特性。也许有人会说，这个三角形的观念所以能透过感官进入心灵，是由于我见过三角形的物体，不过这说法并不能成为有效的论证。因为我可以在心中构成无数个其他不同的形状，而我并不能假设它们都是感官的对象，可是我的仍能推论出各种涉及它们本性的特性，就像推论出三角形的各种特性一样。所以这些特性自然都是真的，因为我可明白地理解它们，因此它们确乎是一种东西或是存在的，并非纯粹的虚无或否定。因为很明显的，凡是真的分明都是一种东西，或者都是存在的（那就是说，真理和存在是一致的）。我已经充分地证明过这个真理的原则：凡是我明白而清晰地认识到的事物都是真的，即使我不曾证明这一点，心灵的本性仍旧会迫使我承认这一点，而且我还记得，纵然当我过去十分执信感官的对象时，也曾把我在算术、几何，以及一般纯粹数学中有关形状、数目等方面所能明白地知道的事物列入最确定的真理中。

那么，现在如果根据我能从自己的思想中得到一个事物的观念，就可以推断说：凡是我明白而清晰地认识到属于这个事物的性质，实际上正属于这个事物，我岂不是可以根据同样的理论证明上帝存在吗？我的确发现心中有上帝的观念，也就是说，我有一个极完美的神明观念，正如我发现任何形状或数目的观念一样。而且我亦明白而清晰地知道上帝的本质具有一种（现实的）、永恒的存在，其明白而清晰的程度，就像我知道任何形状或数目方面所能推论出来的性质，都确实属于这个形状或数目的本性一样。

因此，纵然前几篇所获得的结论都不是真实的，但是在我看来，上帝的存在至少与任何数学的真理同样确实。这个理论在乍看之下，诡辩的成分似乎比真理的成分居多。因为我在其他每种事物方面，既然习以为常地把存在和本质分开，所以就很容易相信，上帝的本质和存在也是分开的，这样就可以把上帝想象成并不是确实存在的了。可是，当我更仔细地思考上帝的问题时，却明白地发现，存在绝不能与上帝的本质分开，正如山的观念绝不能与谷观念分开一样，或者三角形的三只角之和等于两直角这种性质，绝不能与直线三角形的本质分开一样。因此，设想一个并不存在的上帝，亦即想象一个最完美的“存在”缺乏完美性，这和想象一座没有谷的山同样悖谬。

不过，虽然我只能设想上帝是存在的，就如只能设想山是必然有谷一样，可是世界上不能只因为我能设想一个带有谷的山，就必然有一座山，因此，尽管我可以设想上帝是存在的，可是似乎不能据此就说上帝是存在的，因为我的思想无法赋予外物以必然性。我虽然可以设想一匹有翅膀的马，但是实际上，天下间并没有这种马。同样的，我虽然可以设想上帝是存在的，但是它也可以是不存在的。不过这两种情形并不相同，而且这两种反驳都潜藏着一个错误。因为我所以说自己不能设想一个五谷的山，并不意味真有一个山或一个谷存在，我只是说，不论山或谷是否存在，两者的关系都是不可分开的。在另一方面，我既然只能设想上帝是存在的，因此，它的存在是和它密不可分的，所以它确实是存在的。不过我并非反映它的存在是由我的思想来的，或者是我的思想给予外界事物任何必然性，我只是说，事物本身的必然性，就是上帝存在的必然性，而我就是决定以此方式来思考。因为我虽然可以自由设想一匹马有翅膀或没有翅膀，可是并没有能力设想一个不存在的上帝，换言之，我不能一面设想一个至高无上而完美的上帝，却一面又设想它没有那种绝对完美性——必然存在。

有人也许会反驳说，如果我必然假设上帝具有一切完美性，当然要承认上帝是存在的，因为存在正是其完美性之一，不过我本来的假设并不是必然的，这好像我们不必设想所有四边形都能纳于圆形之中一样，因为倘若这样假设的话，就不得不承认菱形既是四边形之一，亦会纳于圆形之中，这是一个相当明显的错误。不过我可以说，这个反驳无效，因为我虽然不必在任何时候都怀着上帝的观念，可是每当我想到一个至高无上的“存在”，并且在心灵里得到它的观念时，虽然不必一一列数它所有的完美性，也不必分别思考它的各种特性，可是我仍不得不把一切完美性都归诸于它。只要我发现这种必然存在是一种完美性，就会自自然然地推断这个至高无上的“存在”是存在的。这正如我不必设想任何三角形一样，不过，每当我设想由三只角所组成的一个直线形时，则我绝对得承认，它的三只角不能大于两只直角（也许我当时并没有特别注意这种关系）。不过当我思考什么形状可以纳入圆形时，我们绝不能说，所有四边形都可以如此。反之，只要我的思想不愿意接受任何自己所不曾明白而清晰地思考过的事物，则我就不能设想一切四边形都能纳入圆形之中。因此，在虚妄的假设和天生的真实观念之间，的确有云泥之别。在天生的真实观念中，第一个主要的观念就是上帝的观念，因为我根据许多理由看到，这个观念并非虚构而捏造出来的东西，纯粹依赖我的思想，而是一个真实不变之本性的表象或肖像。我所以如此说，第一，因为我只能设想上帝的存在必然属于其本质，第二，因为我不能设想两个或更多同类的上帝，我既然假设只有这样的一位上帝存在，因此我明白地看到，它过去是存在的，将来亦必定的存在的，第三，因为我知道上帝还有许多其他性质，而我却丝毫不能减少或改变其中任何一种。

可是不论我结果持用什么理论或证明方法，到头来亦只不过是说，唯有我明白而清晰地了解的事物，才是令我完全信服的力量。在我所能明白而清晰地了解的事物中，虽然有些确是人人皆知的，有些则要专注而细心地探究之后才能知道的，不过后者在一经了解之后，就可确定它们跟前者是一样明确的。就以一个直角三角形为例，虽然在乍看之下，也许不能明显地看出“底边的直角和其他两边的角相等”，只知道“底边正对着最大的角”，不过在了解前一种定理之后，则我们会相信这种真理，就像相信后一种真理一样确定。有关上帝方面，只要我的思想不为偏见所惑，而且不为可感觉事物不断呈现的影像所困扰，则应该更能直接地和更容易地知道它存在的真相。如果必然而永恒的存在只能属于这个至高无上的“存在”（或上帝），那么还有什么别的真理能比它的存在更明白吗？

虽然要正确地了解这个真理必须花费许多缜密的心思，但是我目前不仅直接坚信它，一如我相信最确实的真理似的，而且我还要指出，其他一切事物的真实性，绝对要凭借这个真理，以致如果不知道它，我就绝不能全然知道任何事物。

因为我的本性，虽然在我对一个事物有明白而清晰的了解之后，就使我无法拒绝相信它的真理，但是我的心灵并不能恒常地固定在同一个事物上，而且纵使我经常记着过去的判断，却往往会忘记它的理由，因此，我如果不知道上帝存在——所以得不到确定而真实的知识，反得到含糊而游移不定的意见——则或许有别的理由会立刻呈现给我，使我顿然改变往日的意见。举例来说，当我思考直线三角形性质时，我这个通晓几何学定理的人当然一眼就看出，它的三只角等于两支直角，而且当我专心一致地解证时，觉得自己绝不会相信别的定理，但是只要偶一疏忽解证的过程，那么我虽仍记得自己曾明白地了解过它，可是假若我不知道有一位上帝存在，则我马上会怀疑所解证的那个真理。因为我相信，即使在我最明确而明显地了解的事物上，我的本性有时也会受骗。而我之所以如此相信这个事实，尤其是因为我记得自己屡屡认为许多事物是真实的、确定的，可是在后来，却有其他理由令我不得不判定它们是完全虚妄的。

但是在我知道上帝是存在的，一切事物都依靠它，以及它并不会骗人之后，就可以推断说，我所明白而清晰地知觉到的一切事物都必然是真实的。虽然我不再记得某个判断的根据或理由，可是，只要我记得以前曾明白而清晰地了解过它，就没有相反的理由足以使我怀疑它的真理。因此，我对于这种判断所有的知识就成为真实而确定的。任何真理，就像几何学中的真理等，只要我记得以前曾解证过，则我就可以对它们有确定的知识，因为有什么说法可以反驳它们，可以使我们怀疑它们呢？大家能说我的本性经常受骗吗？但是我早已知道，只要能明白地知道判断的各种根据，我就不会犯错，也不会受骗。也许大家又会说，我以前认为起初而确定的事物，到后来会发现是虚妄的吗？不过我在那时一定不曾明白而清晰地知道那些事物，而且由于不晓得有什么规则可以确定判断的真实性，因此，只好根据较薄弱的理由同意它们——我后来发现这些理由并不如我以前所想象的那么强而有力。除此之外，还有什么可以反驳的理由呢？大家或许又会说，我只是在做梦（此驳难是我近来才想到的），我现在意识到的一切思想，不是像梦中的幻觉一样不真实吗？其实，纵使我真的是在做梦，这个规则仍旧确实而有效：凡是明白地呈现在我的心灵或智慧中的事物，都是绝对真实的。

因此我非常明白地了解，一切科学的确定性和真理，都要看我们对于真实上帝的知识而定，所以不先认识它，就不能完全知道任何其他事物。现在我既然认识了它，就具有获得无数事物完备知识的方法，借着这个方法，不仅可以认识有关上帝自身和其他智慧的事物，而且可以知道有形事物的本性，但是这里所指的本性，只是就其为纯粹数学的对象而言（因为纯粹数学并不讨论它是否存在的问题）。

8. 物质事物的存在

兼论心灵和肉体的真正区别

现在剩下来要讨论的，只是物质事物是否存在的问题。有关这方面，我至少确实知道，就我们把这种事物，当作纯粹数学（几何学）的对象而言，则它们是可以存在的。因为当我以这个角度来看它们时，我能明白而清晰地知觉到它们。我所以这样说，乃由于上帝明明有能力产生一切我能清晰地知觉的事物，而且我从来不认为它无法创造任何事物，除非在我正确地理解它们时，发现其中有矛盾的地方。此外，我具有一种想象官能（我凭经验知道），当我从事探究物质事物之际，又要使用这种官能，而它亦足以使我相信物质事物是存在的。因为在我周详地探究想象到底是什么时，发现它只是认识官能（cognitive faculty）对于物体的一种应用，而物体是直接呈现在认识官能的，因此它的对象当然是存在的。

为了把这一点弄个明白。首先，我要指出想象和纯粹理解（或概念）之间的区别。举个例来说，当我想象一个三角形的时候，我不仅知道这是一个由三条线组成的形状，而且同时了解这三条线是心灵的力量和内在努力所提供的。这就是我所谓的想象。可是，如果要想象一个千边形，我虽然确实可以了解这是一个由一千条边组成的形状，就像我了解三角形是由三条边组成一样容易。然而，我却不能想象一个千边形的一千条边（像我想象一个三角形的三条边那样），也就是说，我不能（用心灵的眼睛）看见所呈现出来的一千条边，而且我在思考有形事物时，往往要想象一种事物，由于这种习惯，所以我在想象一个千边形时，也能杂乱地向自己表象某种形状。不过很明显，这不是千边形，因为此形状和我想象万边形，或其他多边形时向自己表象的形状没有什么区别。而且我从这个表象中，看不出有任何特性可以区分千边形和其他多边形。但如果是五边形，我不仅可以不必借想象之助来设想它的形状，一如我设想千边形的形状一样，还可以把心灵的注意力集中在它的五条边上，来想象这个五边形，同时注意它们所包含的面积。因此，我明白地认识到，想象作用需要一种心灵的特殊注意力，至于设想或理解，则没有这个必要；这种心灵的特殊注意力，明白地显示出想象和纯粹理解之间的区别。

此外，我还可以说，我所具有的这种想象能力，就其异于理解能力而言，并不是我本性（或本质）所必需的，亦即不是心灵本质所必需的。因为我纵然没有这种能力，但是我仍旧和现在的我一模一样。我们似乎就可借此推断说，想象能力依靠某些异于心灵的东西。我很容易了解，如果有某些物体存在，而我的心灵与它非常紧密地连接在一起，以致不论在什么时候，都可以随意思考它，则心灵就可借此想象到有形的物体。因此这种思考方法和纯粹理解的区别，仅在于心灵在理解的时候，往往会反观自身，以探究它自身所具有一些观念，至于在想象的时候，心灵则转向物体，思考物体中与观念契合的一些对象，而此观念若不是由它自身所构成的，就是由感官所得来的。我很容易了解到，如果确实有物体存在，想象就可以由此途径来形成，因为我找不到其他更明确的方法，来说明想象是透过哪种途径形成的，只好以或然的方式来猜测物质事物是存在的，不过这是种权宜的方法。因为我仔细地探究过各种事物，仍然看不出；从自己想象中对物体的本性有清晰的观念，就可必然断定物体是存在的。

可是，除了作为纯粹数学对象的物体本性之外，我还经常想象到许多其他事物，诸如颜色、声音、味道、痛苦等等，虽然不如想象物体本性时那么清晰，但是用感官去观察这些事物，则会清晰得多。而且它们似乎透过感官和记忆，达到我的想象中。因此我认为，要想更便捷地探究它们，最好同时能探究感官知觉（sense-perception）究竟是什么，看看从这种思想方式中所得到的观念，是否可以确定地证明有形事物的存在。

首先，我要回想一下，到底有哪些东西我过去认为是真实的（我之所以认其为真实，乃因我透过感官而获得），以及我所以相信它们为真的根据；其次，我要探究那些强使我怀疑它们的理由；最后，还要探究现在该相信什么东西。

首先，我以前会知觉到自己有头、手、脚，以及其他组成我这个身体的肢体，我把这个身体视为自己的一部分，有时甚至视为我的整体。我还感觉此身体处于许多的物体之间，而且在各种方式之下（有益或有害地），被那些物体所影响。有益的方式使我产生愉快的感觉，有害的方式则带来痛苦的感觉。除了这些苦乐的感觉之外，我还意识到饥饿、口渴、欲望、肉体上倾向快乐、悲伤、愤怒，以及其他类似的情绪。再者，在我之外，除了各种物体的扩延、形状和运动之外，我还在它们中知觉到硬度、温度和其他一切触觉方面的性质，而且又知觉到光、颜色、气味、滋味、声音等等，凭着这些不同的东西，我才能直接地分辨苍穹、大地、海洋和一般别的物体。当然，这些性质的观念既呈现于我的心灵中，而且只有它们是我真正而直接地感觉到的，于是我认为自己知觉到一些与我的思想完全不同的对象，并认为自己所有的观念都是由那些对象产生的，自然是有理由的。因为我曾经验过，这些观念呈现给我时，并不需要我的同意。因此，无论我如何渴望知觉某个事物，如果它没有呈现给感觉器官，我根本无法知觉到。而当它要呈现时，我也完全不能拒绝知觉它。由于我透过感官而获得的观念，比透过沉思所构成的观念，或铭刻在记忆里的观念，都更为生动，更为明白，甚至在方式上更为清晰。因此，它们似乎不能来自心灵，而必然是由别的对象在我心中引起的。不过，我对于那些对象的认识，既然只限于那些观念所给我的，因此，我认为那些对象一定与它们所引起的观念相似。又因为我曾记得自己一向信任感官，而怀疑理性，而且认为我自身所构成的观念，比不上以感官所知觉到的观念那么清晰，况且它们甚至多半是由后一种观念所构成的。故此，我就轻信自己心灵所有的观念，都是以前透过感官来的。此外，我还有理由相信我这个身体（由于某种特权，我称之为身体），比任何其他物体更适合、更确实地属于我。因为实际上，我可以和别的物体分开，却不可以和身体分开。我借着它来感觉；由于它，我才能感觉到自己的欲望和情感。总之，我只能在自己身体的各部分中感到痛苦和快乐，却不能在与我分开的物体的任何部分中感觉到。但是当我进一步深究，为什么莫名的痛苦感觉会带来悲伤的心情，快乐的感觉则会带来愉快的心情？或者为什么我感觉饥肠辘辘的这个胃，会令我产生要吃东西的念头？喉咙的干渴，又为什么会产生要喝水的念头？以及其他类似的情形时，我除了说这是本性（nature）教我如此之外，没有别的理由可以解释，因为在胃的刺激和想吃的欲望之间，并没有必然的关系，这如痛的感觉和由此感觉而产生的悲伤意识没有关系一样。同样的，我对感官对象所形成的其他判断，亦都是本性所指示的。因为我注意到，在我还没有闲暇探究强使我形成这些判断的理由之前，已在心中构成了这些判断。

可是，我后来经验渐增，就逐渐削弱我对感官的信心，因为我曾经多次观察到，那些塔在远看之下似乎都是圆的，不过在近看之下，却是方的，而且竖立在塔顶上的巨大雕像，在塔底下看来，亦只是一些小雕像而已。此外，在别的无数例证中，我也发现外部感官所下的判断有错误，而且不仅外部感官如此，连内部感官也一样。痛苦不是最内在的吗？可是有些断手折足的人常常告诉我，他们有时似乎感到失去的那条肢体还在痛。这种情形令我想到，即使我在某条肢体内感到痛苦，也不能确定就是它令我痛苦的。

除了这些怀疑的根据之外，我随后又加上两个很普遍的怀疑根据。第一，我相信凡是自己在醒时感觉到的事物，有时在睡眠中亦能知觉到。不过，我既然不相信，这些在睡眠中仿佛感觉到的事物是由我以外的事物来的。因此就没有什么理由相信，我在睡时仿佛感觉到的事物是由外界来的。第二，既然我当时还不知道自己的创造者是谁，或至少还不会假设自己就是自身的创造者，因此，我的本性正可令我在似乎最真实的事物上，也受了骗。至于我以前所以相信可感觉事物存在的那些理由，很容易就找到恰切的答复。因为本性使我倾向的许多事物，既然为理性所反对，所以我认为不该太过于相信本性的指示。虽然我借着感官而接受的观念并不依靠自己的意志，可是我不认为就该据此推论说，它们是由与我不同的事物来的。因为在我身体之中，也许有一种迄今仍未为我所知的能力，把它们产生出来。

不过，我现在开始更了解自己，也更明白地发现自己的创造者，因此，我实在不该随便承认感官所教我的一切事物，但是另一方面，我也不该普遍地怀疑一切事物。

因为我首先知道，是我明白而清晰地了解的事物，都能由上帝按照我所了解的样子创造出来。因此，只要我能明白而清晰地单独了解一物，而不受另一物的影响，就可以确知这两个事物之间的区别，因为它们至少可凭借上帝的全能分别独立地存在（不论是哪种能力使它们分离，使我非得判断它们之间互有差异，则无关紧要）。而且由于我确知自己存在，同时认识到，除了我是一个思想物之外，根本没有任何别的东西必然地属于我的本性或本质。因此我可以正确地下结论：我的本质只在于我是一个思想物（或者我是一个只以思想为全部本性或本质的实体）。虽然我马上会说，我确实有一个身体与我紧密地连在一起，可是因为一方面，我既然有一个明白而清晰的“自我”观念，而且我只是一个有思想而无扩延的事物，另一方面，我对物体又有清晰的观念，知道物体只有扩延而没有思想。因此我（亦即我之所以为我所依据的心灵）是完完全全、确确实实地与我的身体分开的、互相独立的；没有身体，我仍然可以存在。

其次，我发现自身还有一些思想的能力，每种都有其特有的模态，可以变化我的思想，举个例子来说，我发现自己拥有想象和知觉的能力，没有这两种能力，我虽然也可以明白而清晰地认识自己是完整的，不过却不能在没有我，即离了它们所依附的实体之情况下，单独想象这两种能力。因为在我们对它们所有的意念中，或在其形式的概念（formal concept）（用经院学派的名词）中，都含有一种思维作用。因此，我知道它们所以与我不同，就像事物的模态与事物本身不同一样。此外，我还看到其他能力，诸如移动位置的能力、改变形状的能力等等，它们亦都与前一些能力相同，如果离了它们所寓的实体，我们就无法设想它们的存在，因此，它们也不能凭空地存在。不过很明显的，如果这些能力确实存在，则一定属于有形的或有扩延的实体。因为在它们明白而清晰的概念中，只包含一些扩延，而根本没有包含思维作用。再其次，我相信自身有一种被动的知觉能力（passive faculty of perception），可以接受和了解可感觉事物的概念，可是，如果我自身中，或其他事物中，并不包含其他可以构成或产生那些观念的自动能力（active faculty），则这种被动的知觉能力是毫无作用的。不过，就我只是一个思想物而言，这种自动能力并不能存在于我之中，因为它不能预设思想，而且那些观念在心灵中产生时，我亦不会参与其事，这种过程甚至与我的意志相连。因此，这种自动能力一定存在于与我不同的实体中，而且由它所产生的那些观念之客观实在性，亦以这个实体与其形式的或超越的原因。就如同我以前所说的一样：这个实体要不是一个物体，就是上帝（或是其他较物体优越的生物）。如果是前者，则它是物质的本性，而且那些观念中所表象的一切，就以该物体为其形式的原因；如果是后者，则那些观念中所表象的一切，就以上帝为其超越的原因。不过，上帝既然不能欺骗人，所以很明显的，她并没有直接把那些观念传给我，而且任何事物的客观实在性如果不包含形式的原因，而只包含超越的原因，上帝亦不会把它们传给我。因为我凭上帝赋予我的能力，发现她不会如此，而且她赋予我一种强烈的念头，使我极容易相信那些观念是由有形事物引起的。因此，如果它们确实是由别的原因引起的，则我认为她难免会背负欺骗的罪名。所以我们必须推断说，有形事物是存在的。不过它们的外形也许并不完全像感官所知觉的那样。因为在许多例证中，感官只能暧昧而纷乱地知觉它们。可是我们至少得承认，凡是我在它们方面明白而清晰地理解的，换言之，即凡是能在纯粹数学（或几何学）的对象中所理解的事物，都确实是在我以外存在的。

不过，说到其他特殊的事物（例如太阳有多大、形状如何等），或比较不能明白而清晰地理解的事物（例如光、声音、痛苦等），它们虽然是极可疑而不确实的，但由于上帝不是骗子，而且又不准让我的意见有错误，此外，还给予我改正意见的能力。因此我自信可以安全地推论说，我具有获得真理的方法。首先，我们不能怀疑，在本性的每一种指示中，都含有一种真理。因为所谓本性，就一般的意义来说，即是上帝自己，或上帝在被造物中所立的次序和性质；就特殊的意义来说，即上帝赋予我的一切事物的集合物（assemblaze）。

然而，这个本性最明显地指示给我的，莫过于我有一个身体，当我感觉痛苦时，它就会不舒服，感到饥饿和口渴时，它就需要吃和喝等等。因此，我该确信其中必定含有一些真理。

本性又透过这些痛苦、饥饿、口渴等等的感觉指示我，我不仅依附自己的身体里，就像舵手在船上一样，而且我和此身体紧密地连接和混合在一起，使心灵和身体组成了一个整体。如果不是这样，则我的身体受伤时，就不会感到痛苦，因为我只是一个思想物，只能借着理解力知觉这个伤处，就像一个舵手，借着视觉来察看船上是否有那个部分损坏一样。当我的身体需要喝水或吃东西时，我只是简单地知觉到这件事，而并非凭饥饿和口渴的混乱感觉知觉到的。因为事实上，所有这些饥饿、口渴、痛苦等等的感觉只是一些混杂的思想模态，是由于心灵和身体的联结和融合而产生的。

此外，本性还向我指示，我身体的四周有许多别的物体，其中有一些是我追求的，有些则是我回避的。由于我确实感觉到各种不同的颜色、声音、气味、热度、硬度等等，所以可安心地推断说，在那些产生这一切感官的物体中，必定有一些与这些知觉相应的性质（虽然这些性质也许实际上与它们不同）。在这些感官知觉中，既然有一些是我喜欢而同意的，有一些则是我讨厌而反对的。因此，我的身体（或我的整个自我，因为我是由心身组合而成的）可以从四周的其他事物中，得到各种有益或有害的影响，或各种方便或不方便。

此外，还有许多其他信仰，虽然似乎是本性向我指示的，可是实际上并非如此，它们所以在我心中留有一席位，乃因为我有一种轻率下判断的习惯。这些判断当然是错误的，就像我以为一切空间，如果其中没有东西来影响和刺激我的感官，就是空虚的；又如我以为在热的物体中，有类似我心中热的观念之一种东西；在白色或绿色的物体中，有我所知觉的那种白色和绿色；在苦的或甜的物体中，确有同样的味道；星星、高塔，以及其他遥远的物体，与我们所见到的体积和形状都一样。不过，凡是模糊不清的概念，我都要一律避免。因此，我必须把“本性的指示”一词解释清楚，因为此处所说的本性只是就其狭义而言，它并不代表上帝赋予我们的事物之全部。因为在后面这种较广的意义下，本性所包含的多半只属于心灵的，或只属于物体的，而在前一方面（心灵），诸如我对“成则无毁”这个事实所有的意念，或借着自然之光所了解的事物（无需靠身体的帮助）就是；在后一方面（物质），诸如重量的性质（但这里所说的本性并不包含这类事物）就是。因此我在使用本性一词的时候，并不采用这两种意义，我只是把本性一词，表示上帝把我当作身心合一的人时所赋予我的一切事物。不过照这里的解释来看，则本性只是教我舍离那些能带来痛苦的东西，而追求那些能带来快乐的东西。除此之外，我还发现，我们的心灵必须先把这些知觉加以仔细而透彻的探究，本性才可以教我们根据这些感官知觉，对任何外物得到结论。因为在我看来，在这些事物方面获得真理，只是心灵的职责，而不是心身合一后的职责。因此，虽然一颗星星在我眼中所留下的印象，并不比独光所留下的较大，可是我不曾经验到有任何实在或积极的刺激，令我相信星星不比烛光大。我所以会如此，只是因为我打从幼年时开始，在没有经任何合理的论证下，就做出这样的判断。在接近火的时候，我虽然会感到热，而在太接近时就会感到痛，可是我并不能据此就断言说：火中含有一些东西和我所感觉的热相似，更不能说其中有一些东西和我所感到的痛相似。我所能合理地相信的，只是火之中有一些来自我自身的东西，可以刺激和影响我的感官，但是亦不能因此就断言说，那些空间空无一物。因为我发现，在这种情形和类似的情形下，我惯于把本性的秩序颠倒了，因为本性所以赋予我这些感官知觉，只是为了向我的心灵表示什么东西是对身心有益，什么东西是对身心有害的，而且这些知觉非常明白而清晰，足以达到这个目的。不过，我虽然可把它们视做确定的规则来直接决定外在于我的物体本质，但是实际上，这些知觉对这方面于事无补，它们只会给我最暧昧和最纷乱的知识。

不过我已经充分地考虑过，上帝虽然是至善的，可是我的判断仍然有错。因此，有关本性教我必须追求和避免的那些事物，以及我的内部感觉，我都发现有问题，因为在这两方面，我偶尔会发现错误（而且直接被自己的本性所欺骗）。举例来说，一种混有毒药的美味食物亦可以欺骗我，使我服下毒药。不过在这种情形之下，本性是值得原谅的，因为它只使我渴求美味的食物，并不使我渴求我所不知道的毒药。因此，我只能从这个事实推论，我的本性并非无所不知的。不过我们实在没什么理由大惊小怪，因为人类的本性是有限的，所以知识的完美程度亦当然是有限的。

可是，即使在本性直接驱使我们选择的那些事物方面，我们亦会屡屡犯错，就如病人有时会贪求使健康受损的饮食一样。也许有人会申辩说，这些人所以受欺骗，乃因为他们的本性败坏而不可靠，但是此种解释并不能解决问题，因为不论病人或健康的人，都一样是上帝的创造物。如果说前者的本性会骗人，而后者的本性却不会骗人，那是与上帝的善意互相矛盾的。正如一个具有轮齿和秤锤的钟虽然做得颇拙劣，而且不准确，但它还是能够遵循本性的次序，并且满足制造者的心意。同样的，如果我把人体当作某种机器，认为它是由筋骨、神经、肌肉、脉管、血液和皮肤等所组合而成的，则它虽然没有心灵，依旧可以被动地把人类该有的那些运动展现出来，而不必依靠心灵的帮助（只要根据其器官的意志和所排列出来的动作）。因此，我很容易看出，一个没有心灵的身体，只须借着其器官的意志和排列，亦自然会有各种经验。例如，一个患了水肿病的身体，经常受到喉咙干渴之苦，而令心灵感到口渴难耐，且被这种干渴的感觉所逼，使得它运用神经和其他部分，以求取水分或喝水，因而令病情恶化和多受伤害，这种作用是很自然的，正如它在没有患病时，受到类似原因的刺激，以求取有益于自身的饮料是一样的。说到工匠做钟时所预计的用途，我们虽然可说，它不能准确地指示出时间来，是违反了其本性的次序。根据同样的原理，如果认为人类身体的机器是上帝创造的，用以表现它经常显示的一切运动，则我们有理由想象说，在饮水有损于身体的健康时，喉咙如果觉得干渴，它并没有遵循本性的次序和常规。不过，我同时又看到，本性这个词的意义在后面的情形下，和前一种的意义截然不同。因为后者的意义不过是一个名称，完全要看我的思想而定，因此可称为外在的，或非固有的（extrinsic），因为我们在此只是以病人和健康的人比较，及以构造不良的时钟和精制的时钟比较。至于本性的另一种意义，我是指真正存在于事物之中的一种东西，因此它是千真万确的。

不过，患了水肿病的身体不需要饮水，却觉得喉咙干渴，我们之所以说它的本性受到损坏，那只是使用一种外在的名称。至于整个组合方面，即身心合一的全体，则这不仅是纯粹名称的问题，而确实是本性的错误。因为在饮水会对它有损害时，它竟然会觉得口渴。因此，我们仍须探究一下，至善的上帝为什么不防止人类的本性犯错。

在开始探究这个问题之前，我先要指出：心灵和身体之间有极大的差别。有关身体方面，就它的本性来说，是永远可分的，而心灵的本性则完全不可分。因为事实上，当我探究心灵时，也就是说，当我就自己仅是一个思想物来探究时，并不能把自己分成几个部分，只能明白而清晰地理解到我是一个绝对单一的整体。纵然整个心灵好像与整个身体连接在一起，但是我的身体若被削去一只脚、一条胳臂，或失去任何其他部分，我却知道自己的心灵并不因而有什么损失。至于意欲、感觉、理解等等能力，我们不能说它们是心灵的各部分，因为意欲、感觉、理解等等，只不过是同一个心灵的作用而已。可是在有形的，或有扩延的物体方面，则大大不同了，因为我可以想象，任何有形物体（不管它是多么微细）都可以轻易地被我的思想分成许多部分。因此，我确定物体实在是可分的。如果我还不曾从别的地方充分了解这一点，则这个事实已足以证明，人类的心灵或灵魂与身体是迥然不同的。

其次，我还要指出，心灵并非从身体各部分直接接受印象，而是从大脑接受印象，或许甚至从大脑中最小的部分，亦即从那个称为“共通感觉”（common sense）的部分接受的。每当这个部分受到跟平常同样的刺激时，就使心灵产生同样的感觉来，虽然这时候，身体的其他各部分可以受到不同的刺激，像无数实验所证明的那样，不过在这里用不着一一列举出来。

此外，我还要指出，身体的本性既然是这样的，因此它的任何一个部分，如果能被另一个离得稍远的部分所推动，则这两个部分之间的任何一个部分，就能以同样的方式推动另一个部分，即使那个离得稍远的部分根本不动。例如，在一条紧绷的绳子甲乙丙丁上，如果我们拉动最末的部分丁，最初的部分甲就会动起来，其动法就像拉动中间部分乙或丙，而最末的部分丁保持不动的情形一样。同样，当我感到脚痛的时候，物理学告诉我，我所以会有这种感觉，是透过分布在脚上的神经传来的；这些神经像绳子一样，从脚延伸至脑子里，当它们在脚上收缩或被牵动时，也同时令脑子最内部（即脑子里神经发源的地方）收缩起来，并且在这部分刺激起一种运动，而本性令这种运动使心灵产生疼痛的感觉，好像疼痛就在脚上似的。但是这些神经由于必须经过胫骨、腿部、腰部、背部、颈部，才能从脚上通到脑子里，所以，即使在脚的末端没有受到刺激，腰部或颈部的某些部分只要受到刺激，则脑子亦会受到这种运动的刺激，而产生一种运动来，与脚上受伤所引起的运动相同。因此，心灵必然会感到脚痛，就好像脚受伤一样。至于我们感官的其他知觉，情形也是如此。

最后，我要指出，脑子的每种运动直接刺激心灵时，既然只带来一种感觉，因此，我们很可以根据这种情形假设说，这种运动在心灵中刺激起许多感觉来，但是它只能使心灵经验到最适宜和最有利于维持身体健康的那种感觉。不过，经验告诉我，本性所给我的一切知觉，都像我所提过的那样，因此，这一切知觉无一不可以显示出上帝的权力和善意。举例来说，当脚上的神经受到猛烈或异于寻常的摇动时，通过脊骨髓直达脑子最内部的那种运动，就会把一种讯号供应给心灵，使心灵经验到一种感觉（即疼痛），而这种痛觉就像在脚上一样。如此一来，心灵受到了刺激，就会竭尽其力来避免危及和损害脚部的原因。其实，上帝可以这样构造人类的本性：脑子的同一运动可以传达给心灵一些截然不同的东西，就如一种运动，可以使心灵意识它是在脑子，或是在脚和脑之间的某些部位，还可以使心灵知觉其他全然不同的东西。不过，说到维持身体健康方面，所有这些意识都不如心灵实际感觉到的那么有效用。同样，当我们想喝水时，喉咙就会产生一种干渴之感，这种感觉使神经运动，并借此直达脑子的内部，使心灵产生口渴的感觉。因为在这种情形之下，最重要的事情，莫过于让我们知道，为了保持身体健康，我们必须喝水。有关其他例证，亦复如是。

由此我们清楚地了解到，上帝虽然是至美至善的，但是人类的本性既然由心灵和身体组合而成，则有时难免会犯错。因为如果有其他原因，不在脚方面，而是在脚和脑之间的一些神经部分里，或在脑子本身，刺激起于脚受损时所产生的同一运动，则我亦一定会感到痛苦，就好像痛苦是在脚上似的，如此，我的感官自然会受骗。因为脑中同样的运动，既然能把同样的感觉印在心灵中，而这种感觉往往是由于脚受损所引起的，并不是由其他部分的刺激引起的。因此它自然令心灵感到脚痛，而不在身体的其他部分感觉痛苦。再者，有时喉咙的干渴虽然可以反乎常态，不由身体健康需要饮水而起，却由迥然不同的原因而起，就如患了水肿病的人。不过我们宁可在这种情况下受骗，而不愿在身体健康时经常受骗。其他类似情形也是这样。

这些思考确实对我有很大的作用，不仅使我认清楚我本性容易犯的错误，也使我更容易避免或改正这些错误。因为我既然知道，在关于对身体有益的事物方面，我的感官所指示的通常是真实而非虚妄的，又因为我可以运用一种以上的感官来考察同一的事物，此外，还可以凭自己的记忆，把现在和过去的知识联结起来，而且我运用理解力发现了一切错误的原因，因此就不必再害怕感官每日呈现给我的事物会是虚妄的了。这样一来，我可以把过去的一切怀疑都排斥掉，并把它们当作夸张的、荒谬的，特别是有关我难以分辨是睡是醒的一些怀疑，更应该加以摒除。因为我现在发现这两种状态有一个显著的差异，记忆不能把各个梦境联结起来，或是把它们与整个日常生活贯串起来，可是却能把醒时所发生的事一一联结起来。其实，如果在我醒时，有一个人突然出现，然后又突然消失，正如我在梦中所见到的影像似的，使我不知道它从什么地方来，往什么地方去。那么，我只会把它视做一个幽灵或脑中形成的幻影，而没有理由把它视做一个真实的人。但是我如果知觉到一些事物，而且能清晰地确定它们从什么地方来、所占的空间，以及它们呈现于我眼前的时间，并且能不断地把它们所给我的知觉与我的整个生活贯串起来，那自然可以百分之百地肯定这些知觉是在我醒时出现的，绝不是在梦中出现的。如果我搜集自己的一切感官、记忆、理解力，来推敲它们，只要这些能力中任何一种所提出的证据，能够互不相违，那么我就不应当对这些事物的真实性有丝毫的怀疑。因为上帝绝不是骗子，所以我在这方面也就不会受骗。不过，由于急需行动，往往会使我们在没有工夫仔细探究之前，就随意下了决定。因此我们不得不承认，人生在个别事物方面难免会犯错误。总而言之，我们必须承认，我们的本性是软弱而优柔寡断的。

9. 答辩之一：

关于观念

先生们：

我向你们供认你们给我惹起了一个反对我的强大的对手，他的才华和学识本来会给我惹出很多麻烦的，假如这位权威的、虔诚的神学家不是更愿意促进上帝的事业和他的软弱的辩护者的事业而不喜欢公开攻击这种事业的话。但是，虽然对他来说没有使用那种办法是非常正直的，如果我企图妄自尊大，我就免不了要遭受谴责的。因此我的计划不过是在这里揭露他所使用的用以支持我的办法，而不是把他当作一个对手来进行答辩。

他从我用来证明上帝的存在的主要理由的简短演绎开始，以便使读者们更好地重新回忆起它。然后，在简明扼要地对他认为已经充分得到证明的一些东西表示同意，并且用他的威信加以支持之后，他来到了困难的症结，即：要知道在这里必须怎么理解观念这个名称，这个观念要求什么原因。

我在什么地方说过，观念就是被领会或被想到的东西本身，就其客观地存在于理智之中而言。对于这句话，他故意理解得和我所说的不同，以便给我机会让我再清楚地解释一下。他说：客观地在理智之中，这就是按照一个对象的方式完结理智的行动，这只是一个外部的名称，它给事物增加不了什么实在的东西，等等。在这里必须指出，这是有关事物本身的，就其是在理智之外而言，在事物本身这方面，不错，这一个外部的名称是客观地在理智之中；但是，我谈到观念，它绝不是在理智之外的，关于它，客观地存在只意味着它是以对象习惯在那里存在着的方式而在理智之中的。这就好比如果有人问，太阳是客观地存在于我的理智之中，这对太阳怎么样呢？人们回答得非常正确：这不过是一个外部的名称，即它以一个对象的方式完结了我的理智的活动，但是如果人们问我，太阳的观念是什么，而人们回答说这就是被思维的那个东西本身，就其是客观地在理智之中而言，没有人会把它理解为就是太阳本身，就其是这个外部的名称在理智之中而言。而客观地在理智之中也并不意味着以一个对象的方式完结的活动，而是意味着以这些东西经常在那里的方式而在理智之中，这样一来太阳的观念就是太阳本身存在于理智之中，不是形式地，就像它在天上那样，而是客观地，也就是说以对象经常存在的方式而在理智之中。不错，这种存在的方式比东西存在于理智之外的方式要不完满得多，可是这并不是一个纯粹的什么都不是，就像我从前说过的那样。

当这位学识渊博的神学家说一个纯粹的什么都不是这句话是有歧义的，他好像是想要告诉我刚才指出的那个歧义，怕的是我在那上面不加以注意。因为他说，首先以其观念而存在于理智之中的这样一个东西并不是一个实在的、现实的存在体，也就是说，这并不是存在于理智之外的什么东西；这话不错。然后他又说，这并不是由精神假想出来的什么东西，或者说一个由道理推论出来的存在体，而是被清楚领会的一个什么实在的东西；通过这几句话，他完全接受了我所提出来的东西。不过他接着说：因为这个东西仅仅是被领会的，而在现实上并不存在，（也就是说，因为它仅仅是一个观念，而不是在理智之外的什么东西），不错，它可以被领会，可是它不能被什么原因所引起，也就是说，它为了存在于理智之外，不需要原因。这一点我承认，[1] 不过为了被领会起见，它当然需要原因，而这里的问题所在就是这个原因。比如，如果有人在心里有一个什么非常精巧的机器的观念，人们有理由问这个观念的原因是什么；那个说这个观念在理智之外什么都不是，从而它不能被什么原因所引起而只能被领会的人是不会令人满意的；因为人们在这里问的不是别的问题，而是这个东西之所以被领会的原因是什么。那个说理智本身就是它

[1] “也就是说，它为了存在于理智之外，不需要原因，这一点我承认，”这句话在法文第二版是：“或被放在理智之外。这一点我承认，因为在理智之外它什么都不是。”

的原因，因为原因是它的活动之一。说这样话的人也同样不会令人满意；因为人们对于这一点并不怀疑，而问的只是在机器里面的客观技巧的原因。因为虽然这个观念会有这样一个而不是那样一个客观技巧，它无疑要有一个原因，而客观技巧在这个观念方面是和在上帝的观念的客观实在性或完满性是一样的。不错，人们可以给这个技巧指定各种原因；因为或者这是人们将要看到的什么实在的、相似的机器，这个观念就是模仿这个机器做成的；或者是在那个具有这个观念的人的理智之中的、对于机械的伟大认识，或者也许是那个人的一个伟大机智，用这种办法他才能够没有事先的认识就发明了这个机器。必须指出，任何技巧（它仅仅是客观地在这种观念之中）都必然应该形式地或者卓越地在它的原因之中，不管这种原因可能是什么。同样，也必须想到在上帝的观念之中的客观实在性。但是假如上帝不是实在地存在的话，那么这个全部的实在性或者完满性能够在什么里边呢？这位才华超众的人已经看到了所有这些事情；这就是为什么他承认能问为什么是这个观念而不是那个观念含有这种客观实在性；对于这个问题他首先回答说：一切观念都和我说过的关于三角形的观念一样，即，即使也许世界上任何地方都没有三角形，可是这并不妨碍有三角形的某一种确定不移的性质，或形式，或本质；这种性质，或形式，或本质是不需要原因的。不过他所判断的并不能令人满意；因为，即使三角形的性质是不变的、永恒的，这并不能因此就不让人问它的观念为什么在我们心中。因此他接着说：不过如果你们要我说出一个道理，我将告诉你们说这是来自我们精神的不完满，等等。不过这一回答，好像是仅仅意味着那些想在这里反对我的人回答不出什么类似的东西来的。因为，诚然，说为什么上帝的观念是在我们心中的原因是由于我们精神的不完满，并不比说我们想象一个非常精巧的机器而不去想象一个不完满的机器是由于对于机器的无知更有道理。因为，正好相反，如果有人具有一个机器的观念，在这个观念里含有人们可能想象出来的全部技巧，那么人们就很可以由之而推论出这个观念是从一个原因产生的，在这个原因里实在地、事实上有全部可想象的技巧，虽然这种技巧仅仅是客观的而不是事实上在这个观念之中。同样道理，既然我们在心里有上帝的观念，在这个观念里含有人们所能领会到的全部完满性，那么人们就可以由之而非常明显地得出结论说这个观念取决于并产生于什么原因，这个原因本身真正地含有全部的这种完满性，即上帝实际存在的这种完满性。当然，由于并不是所有的人都是精通机械学的，因而对于十分精巧的机器不能有观念，同样，如果大家也不是都有领会上帝的同一功能，那么问题在两种情况下同样是困难的。可是，因为这种观念是以同样的方式刻印在大家的精神里，而且我们看到它绝不是来自别处，而只是来自我们心中，所以我们假定它是属于我们精神的本性。而且这并不是不合适的。不过我们忘记了人们应该主要加以考虑的另一件事，而这个论据的一切力量和一切光明或智慧都取决它，这就是如果我们的精神仅仅是一个有限的东西（事实就是如此），而且它没有上帝这一原因作为它存在的原因的话，那么本身有着上帝的观念的这种功能就不能在我们心中。这就是为什么我曾经问过下面的话：如果在没有上帝的情况下我是否能够存在；这不是为了提出一个与前面不同的理由，而是为了更圆满地解释它。

可是在这里这位对手的礼貌把我驱使到一个相当困难的地步，并且可能给我引起许多人对我的忌妒之心；因为他把我的论据跟圣多玛和亚里士多德的论据相比较，好像他想要用这种办法迫使我说出既然和他们进入同一的道路为什么我却没有在一切事物上走这条道路的理由。可是我请求他容许我不提到别人而只解释我说过的一些东西。那么首先，我的论据并不是从我看见在可感觉的东西里有一种秩序或者动力原因的某一种连续而提出来的；这部分是因为我想到上帝的存在性是远比任何一种可感觉的东西的存在性更为明显，部分也是因为我没有看到这种因果连续能够把我引到别处去，而只是使我认识我的精神的不完满，因为我不能懂得这么无限多的原因怎么如此永恒地彼此相续以致没有第一原因。因为当然，由于我不能懂得它，这并不等于说不应该有一个第一原因；同样由于我不能懂得一个有限的量可以无限分割，也不等于说人们可以达到一个最后分割，在这之后，这个量再不能分割了；而只等于说我的理智是有限的，不能懂得无限，这就是为什么我更喜欢把我的推理依靠在我自己的存在性上的缘故，这个存在性不取决于任何原因连续，而且没有什么别的东西比我认识它认识得更多；关于这一点我问自己，我并没有怎么追寻从前是由什么原因被产生的，现在保存我的是什么原因，以便我用这个方法使我从原因的全部连续中摆脱出来。除此而外，我没有就我作为肉体和灵魂的组合，而仅仅是并且恰恰是就我作为一个在思维着的东西，来追寻我的存在的原因。我相信这对这个问题用处不少，因为这样，对于我摆脱成见，考虑自然的光明告诉我的东西，问我自己并且坚信任何我对之没有什么认识的东西都不能存在我心里来说，就好得多了。事实上这和下面的事完全不同，即：我考虑我父亲也是来自我的祖先；而且，如果看到也在追寻我的父亲的父亲上我不能把这种进程继续到无限，为了结束这种追寻，我断言有一个第一原因。再说，我没有仅仅追寻我的存在的原因是什么，就我是一个在思维着的东西而言，而是我主要地、恰恰是就我是一个在思维着东西而追寻这种原因，这个在思维着的东西，在许多别的思想之间，认出了在我心里存着一个至上完满的存在体的观念；因为，我的论证的全部力量就是取决于这里的。首先，因为这个观念使我认识上帝是什么，至少是按照我所能认识他的那种程度；而且，按照真正的逻辑的规律，绝不要问什么东西是否存在，如果首先不知道它是什么的话。其次，因为就是这个观念给了我机会去检查我是由我自己还是由别人而存在的，也给了我机会认出我的缺点。最后，就是这个观念，他教导我不仅我的存在有一个原因，而更多的是这个原因含有各种各样的完满性，从而这个原因就是上帝。最后，我没有说过一个东西不可能是它自己的动力因；因为，虽然人们把动力的意义限制在与其结果不相同或者在时间上在其结果之先的那些原因上这一点显然是正确的，可是在这个问题上它好像不应该这样限制它，一方面因为那会是一个毫无意义的问题，因为谁不知道同一的东西不断与其自身不同、也不能在时间上先在于它自身？另一方面也因为自然的光明并没有告诉我们动力因的本性是时间上在它的结果之先。因为，相反，真正说来，它既没有动力因的名称，也没有动力因的性质，除非是它产生它的结果，从而它并不是在结果之先。不过，自然的光明当然告诉我们没有任何东西是不许问它为什么存在，或者不能追寻它的动力因的，或者，假如它没有动力因，那么问它为什么不需要动力因。因此，如果我想任何东西以某种方式对它自己的关系就是动力因对它的结果的关系，远不是从这里我就想要得出结论说有一个第一原因，相反，从人们称之为第一的这个原因本身，我再继续追寻原因，这样我就永远不会达到一个第一的原因。可是当然，我坦率地承认能够有个什么东西，在这个东西里边有一种能力，这种能力是如此的强大、如此的不能穷竭，以致它绝不需要任何帮助而存在，并且它现在也不需要任何帮助而被保存，这样它在某种方式上就是它自己的原因；我领会上帝就是这样的。因为，即使我过去是永恒存在的，因为在我之先什么都没有，可是我看到时间的各个部分是彼此分开的，这样一来，从我现在存在并不说明我以后还应该存在，如果，姑且这样说，我不是每时每刻都重新被什么原因创造的话，我就毫无困难地把这个原因称之为动力因，它不断地用这种方式创造我，也就是说它保存我。这样一来，虽然上帝过去永远存在，可是，因为事实上是他自己保存他自己，所以他被说成并且叫做自己是自己的原因，这似乎是相当正确的。（虽然如此，必须指出，在这里我的意思并不是谈由动力因的任何一种实在的、肯定的影响做成的保存，我仅仅是谈上帝的本质是这样的，即他不可能不是永远存在的。）

说明了这一点，我就很容易回答这位非常博学的神学家告诫我应该解释的由本身这个词的分别；因为，尽管那些只拘泥于动力这一词的本来的、狭窄的意义的人们认为一个东西不可能是自己的动力因，而不在这里指出与动力因有关的、类似的其他种类的原因，尽管当他们说什么东西是由它自己而存在（除非那个东西是没有原因的）的时候，他们不习惯理解别的东西，虽然他们与其说停留在字面上不如说宁愿停留在事物上，可是他们会很容易地认识到由它自己这一词的反面意义不过是就在于人类精神的不完满，这种反面意义在事物上没有任何基础，而有另外一种正面意义，这种意义是从事物的真实性得出来的，我的论据就是根据这种正面意义的。因为，比如说，如果有人认为一个物体是由它自己而存在的，他的意思就是说这个物体是没有原因的，这样，他就不能用任何正面的理由，而只能用一种反面的方式来肯定他所认为的东西，因为他对这个物体的任何原因都没有认识。不过这就证明了在他的判断上的某种不完满，就如同他以后很容易认出，如果他考虑到时间的各个部分彼此不相依存，考虑到从而从他假定这个物体到现在为止是由自己而存在的，也就是说没有原因的，这并不等于说它以后还应该存在，假如不是在它里边有什么实在的、正面的能力，这个能力，姑且这样说，不断地重新产生它的话。因为，看到在物体的观念里没有这种能力，他就由之很容易推论出这个物体不是由自己而存在的，这样就会把由自己而存在这一词当作是正面的。同样，当我们说上帝是由自己而存在的，不错，我们也可以把这理解为反面的，并且没有别的想法，除非认为他的存在没有任何原因①，可是，如果我们以前曾经追寻过他为什么存在或者为什么他不停止存在的原因，如果考虑包含在他的观念里的广大无垠的、深不可测的能力，我们把这种能力认识为如此饱满、如此丰富以致事实上这种能力就是他为什么存在以及不停止存在的原因②，如果除了这个原因以外不能有别的原因，那么我们说上帝是由自己而存在的，不再是在反面的意义上，而是相反在正面的意义上这样说的。因为，虽然用不着说他是本身的动力因，怕的是也许人们对于这个词进行争论；不过，因为我们看到使他是由自己而存在的，或者使他没有不同于本身的原因的，并不是从无中生出来的，而是从他的能力的实在的、真正的广大无垠性中生出来的，所以我们完全有权想到他以某方式关于他本身做跟动力因关于它的结果所做的一样的事情，从而他是正面地由自己而存在的。每个人也有权问他自己：在这种意义上他是否是由自己而存在的？当他在他本身里找不到任何一种能力可以保存哪管是一刹那，他就有理由得出结论来说他是由一个别人而存在的，甚至

① “并且……原因”，法文第二版是：“就如同想要他没有原因一样。”

② 法文第二版：“以及为什么这样地永远存在的真正原因。”

由一个由自己而存在的人而存在的，因为，由于在这里问题是现在而不是过去或将来，进程不可能是继续到无限的。我甚至在这里再接着说几句，（虽然我在别处还没有说过）不能仅仅追究到一个第二原因，因为，如果它有着那么大的能力以致能够保存一个在它以外的东西，它就更有理由用它本身的能力保存它本身，这样一来它就是由自己而存在的。

现在，当人们说，任何限制都是由于一种原因使然的，我认为认真说来，人们理解对了，不过他们没有用任何纯正的言词把它表示出来而且他们去不掉困难；因为，认真说来，限制不过是一个更大的完满性的一个否定，这个否定不是由一个原因，而是由被限制的东西使然的。虽然一切东西都是被原因限制的这话是真的，可是这本身并不明显，而是必须从别的方面来证明。因为，这位精细的神学家回答得很好，一个东西可以从两种方式来限制：或者是因为产生它的那个人没有给它更多的完满性，或者是因为它的本性就是那样的，即它只能接受某一些完满性，就好像三角形的本性不能有三个以上的边那样。不过我认为凡是存在的东西都或者是由于一个原因，或者是由于自己，把自己作为原因而存在；因为，既然我不仅对于存在性，同时也对于存在性的否定，领会和理解得十分好，那么就没有什么我们能故意认为是如此的由自己而存在的，以致必须给它任何理由说明为什么它存在而不是不存在；这样我们就永远应该正面地说明由自己而存在这几个字，并且就好像这是由于一个原因（即由于他本身固有的一种非常丰富的能力）使然的那样，这种能力只能是在上帝里边，这样人们就很容易论证了。

这位学识渊博的圣师随后向我表示同意的虽然事实上没有受到任何怀疑、却一般是被人忽略的问题，这个问题对于把哲学似乎是从黑暗中援救出来是如此的重要，以致当他用他的威信来肯定它的时候，他在我的事业上给了我很大的帮助。

他在这里很有道理地问，我是否清楚、分明地认识无限；因为虽然我曾试图防范这个反驳，可是这个反驳如此容易地对每个人呈现出来，以致我对它比较大量地回答一下是有必要的。所以我在这里首先说，无限，就其是无限的来说，实在说来并没有被懂得，不过它不管怎么样是被理解的；因为清楚、分明地把一个东西理解为在它里边绝没有限制，这就是清楚地理解了它是无限的。我在这里把无穷（indéfini）和无限（infini）做了区别。没有什么东西是我真正称之为“无限的”，除非在它里边我什么地方都看不到有限制，在这种意义上只有上帝是无限的。但是对那些在某种考虑上我仅仅看不到止境的东西，比如想象中的空间的广延，数不清的数目，量的各部分的可分割性，以及诸如此类的东西，我把它们叫做无穷，而不叫做无限，因为不管怎么说，它们并不是无止境的，也不是没有界限的。还有，我把无限的形式，或无限性，同无限的东西加以区别。因为，至于无限性，虽然我们把它领会为正面的东西，可是我们只是以一种反面的方式，即：从我们看不出在这种东西里边有任何界限来理解它。至于无限的东西，不错，我们把它也从正面来领会，可是不是领会它的全部，也就是说，我们不理解在它里边的所有的有智慧的东西。同样，当我们看一下海，不能不说我们看见了海，虽然我们的视觉并没有达到海的一切部分，并且没有衡量海的广大的全部领域。说实在的，当我们只是从远处看它，就好像我想要用眼睛把它全部一览无余一样，可是我们是模模糊糊地看见了它；也就像当我们试求全部想象一个千边形所有的边的时候，我们也只能模模糊糊想象它；可是当我们的视觉仅仅停止在海的一部分的时候，我们所看见的就能够是十分清楚、十分分明的。同样，当我们只想象一个千边形的一两个边的时候，我们的想象也能够是十分清楚、十分分明的。同样，我和所有的神学家都同样认为，上帝是不能被人类精神懂得的，甚至那些试图用思维把他全部地、一下子地一览无余，如同从远处看他的人一样，也不能清楚地认识他；在这个意义上，圣托玛曾在以前引证过的地方说过：对上帝的认识，在我们心里仅仅是在一种不清楚的状态之下，就像在一个模糊的图像看到的一样；但是那些认真考虑他的每一个完满性，并且用他们的精神的一切力量来思索那些完满性，不是为了懂得它们，而是为了赞美和认识它们是多么超出一切理解力的人，那些人在上帝里找到多得不可胜数的、能够被清楚分明认识的、而且比在任何一个造物里都更容易找到的东西。圣托玛自己十分正确地认识到的东西，就像从很容易地在下面文章中所看到的东西那样，他确认上帝的存在性是能够被论证出来的。至于我，每次当我说上帝是能够被清楚、分明地认识的时候，我的意思从来都只是谈到有限的、适合于我们的精神的小小的能量的那种认识。因此没有必要对于我所提出的事物的真实性做不同的理解，就像人们将会很容易看到的那样，如果人们注意到我对这个问题只在两个地方说道：一个地方是，当问题在于是否什么实在的东西包含在我们关于上帝所做成的观念里边，或者是否只有一个事物的否定（就像人们可以怀疑是否在冷的观念里有一个热的否定），这是很容易被认识的，尽管人们不懂得无限。在另一个地方，我主张存在性之属于至上完满的存在体的本性和三个边之属于三角形的本性是一样的，这也是能够充分理解的，用不着具有广阔到非把包含在上帝里边的一切东西都认识到不可的认识能力。

他在这里再一次把我的论据和圣托玛的另一个论据相比较，以便以某种方式迫使我指出在二者之间哪一个是最有力的。我觉得我轻而易举地就可以这样做，因为圣托玛并没有把这个论据作为他的论据来使用，而且他没有得出和我所使用的论据得出的同样结论；最后，我在这里丝毫没有离开这位天使般的圣师。因为人们问他，对于上帝存在性的认识是否对于人类精神是如此的自然以致不需要证明，也就是说这种认识是否对于每个人都是明显的；这是他否定的，我也和他一样。可是，他对他自己提出的反驳也可以这样地提出：当人们懂得并且理解上帝这个名称意味着什么的时候，人们理解一个这样的东西，即：没有比他更伟大的东西能够被认识；不过，这是一个存在于事实上同时也存在于理智中的东西，它比仅仅存在于理智中的东西更伟大，所以当人们懂得并且理解上帝这个名称意味着什么的时候，人们理解上帝存在于事实上同时也存在于理智中。在这里有一个形式上的明显错误；因为人们只应当得出这样的结论：所以，当人们懂得并且理解上帝这个名称意味着什么的时候，人们理解的是它意味着一个东西，这个东西存在于事实上同时也存在于理智中；而被一个词句所意味的东西并不因此就是真的。可是我的论据是：我们所清楚、分明地领会为属于什么东西的常住不变的、真正的本性，或本质，或形式的事物，可以真正地能够被说成或被肯定是属于这个事物的；可是，在我们足够仔细地追究上帝是什么的时候，我们清楚、明白地领会他之存在是属于他的真正的、常住不变的本性的，所以我们能够真正地肯定他是存在的；或至少这个结论是合法的。不过这个大前提不能否定，因为大家以前已经同意了，即：凡是我们清楚、分明地理解或领会的东西都是真的。问题只有小前提了，在那里我承认困难不小。首先，因为我们是如此的习惯于在其他一切东西里把存在同本质加以区别，以致我们不大注意存在性怎么属于上帝的本质而不属于其他东西的本质；其次，因为，由于不大仔细地把那些属于什么东西的真实的、常住不变的本质的东西同那些仅仅由于我们的理智的幻想而归之于它的东西加以区别，虽然我们相当清楚地看出存在性是属于上帝的本质，我们却不能由此而得出结论说上帝存在，因为我们不知道他的本质是否是常住不变的、真实的，或者他的本质是否仅仅是由我们的精神做成的、捏造的。不过，为了排除这个困难的第一部分，必须在可能的存在性和必然的存在性之间加以区别，并且指出可能的存在性是包含在我所清楚、分明地领会的一切东西的概念里或观念里，而必然的存在性只有包含在上帝的观念里。因为，我毫不怀疑那些将仔细地考虑在上帝的观念同其他一切观念之间的区别的人会十分正确地看出以下的事实，即：虽然我们仅仅把其他的东西领会为是存在的，可是这并不因此就说明它们存在，而只说明它们能够存在；因为现实的存在性之与这些东西的其他特性联结在一起这一点，我们领会不到它是必然的，而从我们清楚地领会现实的存在性里是必然地、永远地和上帝其他属性联结在一起这一点上，随之而来的必然是上帝存在。然后，为了排除困难的另外一个部分，必须注意不包含真实的、常住不变的本性的而只包含虚构的、由理智组合成的那些观念，可以被理智本身，不仅用它的思维，而且用一种清楚、分明的活动，加以分割；这样一来，理智不能这样分割的那些东西就无疑地不是被它做成或组合成的。举例来说，当我想出来一个带翅膀的马，或者一个现实存在的狮子，或者在一个正方形里画出的三角形时，我很容易领会到我也可以完全相反的想出来一个没有翅膀的马，一个不存在的狮子，一个不带正方形的三角形，从而这些东西没有真实的、常住不变的本性。如果我想出来一个三角形，或一个正方形（我在这里不去说狮子和马，因为它们的本质还没有完全被认识），那么当然，凡是我将认识为被包含在三角形的观念里的东西，比如它的三角之和等于二直角，等等，我都将真实地肯定它是属于一个三角形，并且把凡是我将找到在正方形的观念里包含着的东西都是属于正方形的；因为，虽然我可以用把我的思维限制到这种地步以致我不管怎么样只能领会它的三角之和等于二直角，去领会一个三角形，我却不能用一种清楚、分明的活动，也就是说清楚理解我所说的，去从它身上否定这个东西。还有，如果我考虑一个画在正方形里边的三角形，不是为了把只属于三角形的东西归给正方形，或者把属于正方形的东西归给三角形，而是仅仅为了检查由二者的结合而产生的那些东西，那么由三角形和正方形组合起来的这个图形的本性就不会不如光是正方形或者光是三角形的本性真实、不变。这样一来我就可以一点不错地确认正方形并不比在它里边画的三角形的两倍小。属于这个组合成的图形的本性的其他东西也一样。可是，如果我考虑到一个非常完满的物体的观念，这里边就包含着存在性，而这是因为在事实上存在，同时也在理智中存在，比光是在理智中存在有更大的完满性，我就不能由此断言这个非常完满的物体存在，而只能说它可以存在。因为我相当认识到这个观念是由我的理智本身做出来的，理智把一切物体性的完满性都结合在一起了；同样，存在性并不从包含在物体的本性中的其他完满性中得出来，因为我们既可以肯定它们存在，也可以否定它们存在。① 由于在检查物体的观念时，我在物体里边看不出有任何力量足以使它自己产生自己或者自己保存自己，我就很可以断言必然的存在性（问

① 法文第二版下面还有一句："也就是说可以把它们领会为存在，也可以把它们领会为不存在。"

题在这里只在于这种存在性），尽管它是多么完满，和它之属于一个没有谷的山的本性，或者属于一个比二直角更大的三角形的本性是一样地不合适。可是现在如果我们问，不是关于一个物体，而是关于不拘一个什么样的东西，它在它里边有着可以在一起存在的一切完满性，是否存在性应该被算在这些完满性里边。不错，首先我们可以怀疑这种事情，因为由于我们的精神（它是有限的）只习惯于把它们分别来加以考虑，它也许一下子看不出来它们彼此是多么必然地联结在一起。可是，如果我们仔细地考查一下，即：是否存在性适合于至上强大的存在体以及什么样的存在体，我们就会清楚、分明地认识到，首先，至少是可能的存在性对它合适，就像它对凡是我们在我们心中具有什么清楚的观念的东西，甚至对那些由我们的精神的幻想而组合成的东西，都适合一样；然后（因为我们不能想到上帝的存在性是可能的而不同时由于注意到他的无限的能力而认识到他能够用他自己的力量存在），我们就会由此断言他实实在在地存在，并且他曾经是完全永恒地存在。因为，非常明显，自然的光明告诉我们，能够用他自己的力量存在的就永远存在；这样，我们将认识到必然的存在性只是包含在一个至上强大的存在体的观念里不是由于理智的虚构，而是由于它属于这样的一个存在体的真实、不变的本性而存在；而我们将很容易认识到，这个至上强大的存在体在他自己里边没有包含在上帝的观念里的其他一切完满性，这是不可能的，因此它们都是由于其本性，不是由于理智的任何虚构而联结在一起的，并且存在在上帝之中。所有这些东西，对于认真对它们加以思索的人说来都是明显的，没有什么跟我以前说过的话不同的地方，仅仅是在方式上在这里解释的不同，在方式上我特意改变了一下以适合于各种各样的人。我在这里将毫无顾虑地承认，这个论据是这样的：那些不记得有助于证明这个论据的一切东西的人，他们会很容易把这种论据当作诡辩，这使我在开始时犹豫是否我应该使用这个论据，因为怕的是给那些不明白它的人以机会对别的论据也不相信了。可是，因为可以证明有一个上帝的，只有两条路可走：一条是从他的效果上来证明，另一条是从他的本质或他的本性本身来证明，而我曾尽我之所能在第三个沉思里解释第一条道路，我相信在这以后我不应该省略去另外一条道路。

关于这位非常博学的神学家说是从司各脱那里引证的形式的（formelle）分别，我简要地回答如下：形式的分别和样态的（modale）分别没有什么不同，它只能适用于一些不完整的东西，我曾仔细地把这些东西同那些完整的东西加以区别。实在说来，它（形式的分别）足以使一个东西被精神的一种抽象作用（它不能圆满地领会事物）领会为同另一个东西有分别，而不是为了使两个东西被领会为彼此不同到这样程度，使我们理解其中的每一个都是一个完整的东西，和另一个完全不一样；因为，为了这样做，就需要一个实在的分别。这样，举例来说，在同一的一个物体的运动和形状之间，有一个形式的分别，并且我很可以去领会运动而不去领会形状，去领会形状而不去领会运动，去领会运动和形状而不去特别想到运动着的和有形状的物体；可是我却不能完整地、圆满地领会运动而不领会这个运动所依附的什么物体，也不能完整地、圆满地领会形状而不领会这个形状所依附的物体，最后也不能设想运动是一个其中没有形状的东西，或者形状在一个不能运动的东西里。同样道理，我不能领会没有正义者的正义，或者没有爱德者的爱德，而且我们不能设想有正义的人本身不能同时是有爱德的。可是，在我仅仅想到物体是一个有广延的、有形状的、可动的等等的东西时，我完整地领会什么是物体（也就是说，我把物体本身领会为一个完整的东西），尽管我否认在物体里有属于精神的本性的一切东西。我也领会精神是一个完整的东西，它怀疑，它理解，它想要，等等，尽管我不同意在它里边有任何包含在物体的观念里的东西。如果在物体和精神之间没有一种实在的分别，这是绝对做不到的。

先生们，这就是我对你们的共同朋友的那些精细的、出于善意的反驳的答辩。可是，如果我没有足够的幸运来完全满足他的要求，务请你们通知我在什么地方还应该更加大量地加以解释，或者也许在什么地方甚至有大的错误。如果我能通过你们从他那里获得这项通知，我将不胜感激之至。

10. 答辩之二：

关于思维着的东西

先生们：

我读了你们对我关于第一哲学的小论文所提出的意见后感到很满意。因为这些意见使我认识到你们对我的好意，你们对上帝的虔诚和你们为了增强上帝的光荣所采取的关心。我不能不感到高兴的是，不仅你们判断了我的理由值得你们的检查，而且你们没有提出什么反对这些理由的东西，对此我觉得我能够回答得相当轻松一些。

第一点，你们提醒我回想一下我把物体的观念或虚影抛弃掉了以便结论出我是一个在思维着的东西，怕的是也许我认为由此而得出结论说我不过是一个在思维着的东西。这并不是老实的、真诚的，而仅仅是一种精神的虚构。可是我已经在我的第二个沉思里指出过我已经想得够多了，因为我在那个地方使用了这样的话：可是，也有可能发生由于我不认识而假定不存在的那些东西，事实上同我所认识的我并没有什么不同。我一点也不知道，关于这一点，我现在不去讨论，等等。通过这几句话，我想要特别告诉读者们的是，在这个地方我还没去追查灵魂是否和肉体不同，我仅仅是检查灵魂的哪些特性是我能够有一种清楚、可靠的认识。虽然我在那里指出许多特性，我不能无分别地接受你们接着说的话：我却不知道一个在思维着的东西是什么。因为，虽然我承认我还不知道这个在思维着的东西是否与物体不同，或它是否就是物体，我并不承认因此我就对它毫无认识；因为谁曾对任何一个东西认识到那种程度以致他知道在它里边的除了他认识的东西以外就没有任何别的了？可是我们认为最好是我们认识这样的一个东西，在这个东西里边有着比我们所认识的更多的特性。这样，我们对我们每天与之谈话的那些人认识得比我们只认识他们的名字或面貌的那些人就有更多认识。不过我们并不认为我们对后者就毫无认识。在这种意义上，我认为已经足够说明了下面的事实，即不连带人们习惯归之于物体的那些东西而单独被考虑的精神，要比不连带精神而被考虑的物体认识得更好一些：这就是我在第二个沉思里打算去证明的全部东西。

可是我很明白你们想要说的，即关于第一哲学我只写了六个沉思，读者们很奇怪在头两个沉思里我仅仅结论出我刚刚说的东西，他们会觉得太贫乏了，不值得拿出来去见世面。对此我仅仅回答说，我不担心那些带着判断来读我写过的其余部分的人们会有机会怀疑我是缺乏材料，而是，我认为非常有道理的是：那些要求特别加以注意、应该被彼此分开去考虑的东西，是否分开放在几个沉思里了。

因此，为了达到对于事物的一种坚实的、可靠的认识，除了在建立什么之前，先去习惯一下怀疑一切，并且特别怀疑那些物体性的东西，我不知道有什么更有益处的事，尽管在很久以前我读过几本由怀疑论者们和科学院士们关于这方面写的书，而且这和我咀嚼已经咀嚼过的一块非常平常的肉一样令人作呕。就是因为这个缘故，我没有能够逃避在这方面做一个完整的沉思。我想要让读者们不仅要用必不可少的时间来读它，而且要用几个月，或者至少几个星期来考虑它谈到的一些东西，然后再读别的，因为这样一来我就不怀疑他们从书的其余部分得到更大的益处。

还有，由于我们直到现在对于属于精神的东西没有任何观念不是非常模糊、和可感觉的东西掺混在一起的，并且由于这是人们之所以没有能够足够清楚地理解关于上帝和灵魂所说的任何东西的首要原因，因此我曾想，如果我指出为什么必须把精神的特点或性质同物体的特点或性质分别开来，以及必须怎么去认识它们，那么我就做了不少工作了；因为，虽然不少人已经说过，为了很好地理解非物质的或形而上的东西，必须把精神从感官摆脱出来，可是就我所知，还没有人指出过用什么办法才能做到这一点。不过我认为，这样做的真正的、唯一的办法已经包含在我的第二个沉思里了，可是这种办法是这样的，即：这种办法使用一次是不够的，必须经常检查它而且长时间地考虑它，以便把精神的东西和物体的东西混为一谈的习惯（这种习惯是在我们心里扎根一辈子的）得以用把它们分别开来的一种得自几天时间的锻炼的相反的习惯来抹掉。这就是我认为在第二个沉思里不去谈论别的方面的东西的十分正当的原因。

你们在这里问我怎么论证物体不能思维。如果我回答说我还没有谈到这个问题，就请你们谅解我，因为我只有等到第六个沉思才开始谈到这个问题。我是用这几句话谈到的：我能够清楚、分明地领会一个东西而不牵涉到一个别的东西，就足以确定这一个东西和那一个东西有分别或不同，等等，后面不远的地方又谈到：虽然我有一个肉体，我和它非常紧密地结合在一起，不过，一方面我对我自己有一个清楚、分明的观念，即我只是一个在思维的东西而没有广延，而另一方面，我对于肉体有一个清楚、分明的观念，即它只是一个有广延的东西而不能思维，所以肯定的是这个我，也就是我的精神或我的灵魂，即我之所以为我的那个东西，是完全、真正跟我的肉体有分别的，它可以没有肉体而存在。在这上面很可以加上一句：凡是能够思维的就是精神，或者就叫做精神。由于物体和精神是实际上有分别的，那么任何物体都不是精神。所以任何物体都不能思维。肯定是，在这上面我看不出有什么是你们可以否认的；因为，你们否认我们清楚地领会一个东西而不牵涉到另外一个东西就足以知道它们实际上是有分别的吗？那么把实在分别的什么更可靠的标记给我们吧，如果能够给得出任何一个的话。因为你们怎么说呢？你们说那些东西是实际有分别的，它们之中的任何一个都不需要另一个而能够存在吗？可是我再问你们，你们从哪里知道的一个东西可以不需要另一个而存在？因为，为了这是分别的一个标记，它就必须被认识。也许你们会说：感官使你们知道，因为你们看见一个东西没有另一个东西，或者你们摸到了它，等等。可是对感官的信任比对理智的信任更不可靠；一个同一的东西有可能用不同的方式给我们的感官表现为各种不同的形式，或者在几个地方或者表现为几种样子，这样它就被当作是两个。最后，如果你们还记得我在第二个沉思的末尾关于蜡所说的话，你们就会知道物体本身不能真正地被感官认识，而只能被理智认识；因此，感觉一个东西而不牵涉到另一个东西无非是一个东西的观念，即这个观念和另外一个东西的观念不是同一的。然而这只有由一东西不牵涉到另一个东西而被领会才能被认识，而如果人们没有这两个东西的清楚、分明的观念，这就不能被肯定地认识。这样一来，实在的分别的标记就应该被还原到我的标记上才能够是靠得住的。

如果有人否认他们具有精神和物体的清楚的观念，我只好请他们把包含在我的第二个沉思里的东西足够仔细地考虑一下，只好指出，他们认为大脑的各部分有助于精神去形成我们的思维，这个意见没有任何正面的理由，这种意见不过是由于他们从未体验过脱离肉体，他们经常是在他们的活动上受肉体的拖累，这就和假如有人自从童年起脚上就带上铁镣，他会认为铁镣是他的身体的一个部分，走路没有它就不行是一样的。

第二点，当你们说我们在我们本身里找不到足以做成上帝的观念的根据时，你们并没有说出同我的意见相反的东西；因为在第三个沉思的末尾我自己用明确的词句说：这个观念是与我俱生的，它不是来自别处，只是来自我自己。我也承认我们可以做成它，尽管我们不知道有一个至上的存在体，而不是事实上如果没有一个至上的存在体我们能够这样做；因为相反，我曾说过，我的论据的全部力量就在于：如果我没有被上帝创造，那么做成这个观念的功能就不可能在我心里。

你关于苍蝇、植物等等所说的话也绝不能证明某种程度的完满性可以在结果里而在从前并不在它的原因里。因为，要么肯定是在动物里没有完满性，因为动物和无生物一样没有理性，要么，如果它有什么完满性，这种完满性是从别处来到它们那里的，太阳、雨水和土并不是这些动物的全部原因。如果有谁仅仅由于他不认识有助于一个苍蝇出生的原因并且有着和在一个苍蝇里的一样多的程度的完满性，而却不确知除了他认识的那些完满性之外还有别的一些完满性，如果这个人从这里找到机会来怀疑一件（就像我不久将要大量说的那样）由于自然的光明而明显起来的东西，那会是一件十分不合道理的事。

我再加上一句：你们在这里反对苍蝇的东西，既然是从对物质性的东西的考虑中得出来的，是不会来到这些人的精神中来的，这些人按照我的沉思的次序将把他们的思维从可感知的一些东西上避开以便开始进行哲学思考。

你们说在我们心中的上帝的观念不过是一个理性的存在体这话，我也认为一点也反对不着我。因为，如果一个理性的存在体指的是一个不存在的东西，那就不对；只有如果凡是理智的活动都被当作理性的东西，也就是说，都当作由理性出来的存在体，那才是对的。在这种意义上，这个世界的全部也可以称之为一个上帝理性的存在体，也就是说，由上帝的理智的一个简单的行为创造的一个存在体。我已经在几个地方充分说明过，我仅仅谈这个上帝的观念的完满性或客观实在性，这种完满性或客观实在性也同样要求一个原因，这个原因在它里边事实上包含全部只是客观地包含或通过表象包含的东西，这和某一个工匠所有的一个非常巧妙的机器的观念中所包含的那种客观的或表象的技巧是一样的。

肯定是，假如不是读者们由于更加注意到我已经写过的那些东西而把他们自己从也许模糊了他们的自然光明的那些成见中摆脱出来并且习惯于信任首要的一些概念（对这些概念的认识是非常真实和明显的，任何东西都不能比它们更真实、更明显），而不信任模糊的、虚假的，长时期的习惯已经深深地刻印在我们的精神里的一些见解的话，我看不出能够加上一点什么东西才能使人更清楚地认识到，如果一个至上的存在体不存在，这个观念就不能在我们心中。

因为，在一个结果里没有什么东西不是曾经以一种同样的或更加美好的方式存在于它的原因里的，这是首要的概念，这个概念是明显得不能再明显了；而无中不能生有这另一个普通概念本身包括了前一个概念，因为，如果人们同意在结果里有什么东西不是曾在它的原因里有过的，那么也必须同意这是从无中产生的；而如果显然“无”不能是什么东西的原因，那只是因为在这个原因里没有和在结果里同一的东西。

仅仅是客观地在观念里的全部实在性，或者全部完满性，必定形式地或卓越地在它们的原因里，这也是一个首要的概念；我们一向所具有的关于在我们精神之外的东西的存在性的全部见解就是单独依靠这个概念的。因为，如果这些东西的观念之来自感官打击我们的精神是单独由于这个概念，我们怎么能猜测到它们存在呢？

可是，在我们心里有一个至上强大、完满的存在体的什么观念，同时这个观念的客观实在性既不是形式地，也不是卓越地在我们心里，这对于那些对它认真思维的、愿意和我一起对它进行沉思的人是显而易见的；不过我不能硬把它装到那些只把我的《沉思集》当作小说来读以便解闷而不加以很大的注意的人的精神里。然而人们却从所有这些里非常明显地结论出上帝存在。虽然如此，为了那些其自然的光明如此微薄以致看不到客观地在一个观念之中的全部完满性一定是实在地在这些原因的某一个里是一个首要的概念的人，我曾用一种更容易领会的方式再一次证明，指出有着这个观念的精神不能由自己而存在；因此我看不出你们能够希望得到什么更多的东西以便认输，像你们曾经许诺过的那样。

你们说给我表象上帝的观念也许是我从以前有过的思想里，从书本的教育里，从我和我的朋友们的谈论里等等，而不是单独从我的精神里接受过来的，这话我看不出你们能够反对我什么。因为，如果我向那些人们（他们说我是从他们那里接受上帝的观念的）说，我问他们是从他们自己还是从别人那里有这个观念的，而不是把这话问我自己，我的论据仍然会有同样的力量；同时我仍然会结论出那个人是上帝，这个观念首先就是从他那里得出来的。

至于你们在那个地方接着说它可以由对物体性的东西的考虑而做成的那些话，我认为它并不比假如你们说我们没有任何听的官能，可是单独用看颜色的视觉我们就能够得到声音的认识更为真实。因为人们可以说，在颜色和声音之间与在物体性的东西和上帝之间，存在着更大的类似性或关系。当你们要求我再加上什么东西把我们提高到对非物质性的或精神的存在体的认识上时，我最好是请你们看看我的第二个沉思，以便至少可以使你们认识到它并不是完全没有好处的；因为，如果用仅仅为这个问题而准备的长长的一段讲话我都没有能够做出任何进展，我在这里用一两个段落能够做出什么呢？对那一段讲话我认为比我所发表的任何一个别的著作都没有少下工夫。

虽然在这个沉思里我仅仅说到人类理智，但它并不因此就对于认识上帝的本性和物质的东西的本性之间的不同不那么有用了。因为，我很愿意在这里坦率地承认，我们所具有的观念，比如说，除了像一个无限的数目是和二进制或三进制的观念不同之外，上帝的理智的观念对我来说和我们所具有的我们自己的理智的观念没有什么不同；这和上帝的一切属性一样，对这些属性，我们在我们心中只认出一点痕迹。

可是除此而外，我们在上帝里领会到一种广大无垠性、单纯性或绝对统一性，它囊括了他的其他一切属性，对于这种广大无垠性、单纯性或绝对统一性，无论是在我们心里，或是在别处，我们找不到任何例证；可是，我以前曾说过，它就如同工匠刻印在他的作品上的标记似的。也就是用这个办法，我们认识到，由于我们理智的弱点，我们零碎地归之于上帝的那些个别属性，没有一个（正像在我们心里所体验的那样）是属于上帝和我们的，按照学院所指的那种特有的意义来说。

我们也认识到，在我们有其观念的许多没有限制的具体东西中，就像在没有限制的认识中，在没有限制的力量中，在没有限制的数目中，在没有限制的长度中，等等，以及各种没有限制的东西中有些是形式地包含在我们所具有上帝的观念之中，如知识和力量，其他一些只是卓越地包含在我们所具有的上帝的观念之中，如数目和长度；假如这个观念在我心中只不过是虚构出来的，事物当然就不会是这种样子的。

它也不会这么准确地为所有的人以同样的方式所领会；因为，非常值得注意的是，一切形而上学家都在他们对上帝的属性的描述上（至少是对在仅仅被人的理性所认识的那些属性的描述上）意见一致，因而没有任何物理的、可感知的东西，没有任何我们有其那么特殊的、可触及的观念的东西，在关于这个观念的性质上，在哲学家中不是比关于上帝的观念有更大的意见不同的。

如果人们仅仅愿意对他们所有的关于至上完满的存在体加以注意，他们就一定不能不对于上帝的这个本性有真正的认识。可是那些把这个观念掺杂上什么别的一些观念的人，用这个办法组成了一个虚构的上帝，在这样的一个上帝的本性里有一些互相矛盾的东西，在这样组合以后，如果他们否认由一个虚假的观念给他们表现的上帝之存在，那是不足为奇的。因此，当你们在这里谈到一个非常完满的物体的存在体时，如果你们把非常完满这一名称绝对化，把物体理解为一个在其中有着一切完满性的存在体，那么你们就说了互相矛盾的话。因为物体的本性包含着许多不完满性。举例来说，物体可以分做许多部分，每一个部分都不是另外一个部分，以及诸如此类的东西；因为，不能被分割比能被分割有着更大的完满性，等等，这是自明的道理；如果你们仅仅按照物体那样的办法来理解非常完满的东西，那它就不是真正的上帝。

你接着说到一个天使的观念，这个观念比我们更完满，即用不着这个观念由一个天使放在我们心中。我很同意你的意见，因为我自己曾在第三个沉思里说过，它可以由我们所具有的上帝的观念和人的观念组合而成。在这上面一点都反对不着我。

至于那些否认在他们心里有上帝的观念、而假造某种偶像来代替上帝的观念的人，我说，那些人否认名称而承认事实。当然，我不认为这个观念是和任意描画的物质的东西的影像属于同一性质；相反，我认为它只能单独被理智所领会，从而它就是由它的第一个活动，或者第二个活动，或者第三个活动使我们认识的观念[1]，我认为，仅仅由于在我之上的什么完满性成为我的理智的对象，不管这个完满性是用什么办法表现给理智的，比如，仅仅由于我发觉我永远不能数到一个比一切数目更大的数目，我由之而认识到在数目上有什么东西是超出我的能力的，我就必然能够得出结论，当然不是说一个无限的数目存在，也不是

① “从而它就是……的观念”，法文第二版是“从而它就是我们由理智的办法或者由它领会，或者由它判断，或者由它推理而发觉的”。

像你们所说的无限的数目的存在性含有矛盾，而是说我对在我永远不能领会的最大的数目上永远有什么更多的东西去领会的这种理解能力，不是来我自己，而是来自什么比我更完满的别的东西。

把一个无穷的数目的这个概念，叫做观念，或者不叫做观念，这倒没有什么关系。可是，为了理解这个比我更完满的存在体是什么，如果这和我不能找到它的终点、实际上是存在的并且是无限的数目不是一回事，或者这是另外一种东西，那就必须考虑其他一切完满性，这些完满性，除给我这个观念的能力以外，可以就是包含这种能力的东西；这样，人们就看到这个东西就是上帝。

最后，当上帝被说成是不可领会的，这要从一种完整的、全面的概念上来理解，这个概念圆满地包含并且囊括在他里边的全部东西，而不包含、不囊括在我们心中不美好的、不完满的东西，不过这种东西却足以使我们认识上帝存在。你说在上帝里的一切完满性的统一的观念是由和种属的统一和其他共相的统一同样方式形成的，这你也证明不出来什么是反对我的。虽然如此，它和它们是完全不同的；因为它表明在上帝里的一种特殊的、积极的完满性，而种属的统一对于每一个个体什么实在的东西都增加不了。

第三点，我说如果我们不首先认识上帝存在，我们就什么都不能确定地知道，我在那个地方是用特别的词句说我只谈这些结论的知识，当我们不再想我们从什么地方得出的这些理由时，这些结论的记忆可以回到我们的精神中来。因为对于第一原理或定理的认识没有被逻辑学家们（dialecticiens）称之为知识的习惯。可是当我们发觉我们是在思维着的东西时，这是一个第一概念，这个概念并不是从任何三段论式推论出来的。当有人说：我思维，所以我存在时，他从他的思维得出他的存在这个结论并不是从什么三段论式得出来的，而是作为一个自明的事情；他是用精神的一种单纯的灵感看出它来的。从以下的事实看，事情是很明显的，如果他是从一种三段论式推论出来的，他就要事先认识这个大前提：凡是在思维的东西都存在。然而，相反，这是由于他自己感觉到如果他不存在他就不能思维这件事告诉他的。因为，由个别的认识做成一般的命题，这是我们精神的本性。

一个无神论者能够清楚地认识三角形三角之和等于二直角，这我并不否认；不过我认为他的认识并不是一种真正的知识，因为凡是可以怀疑的认识都不能叫做知识；既然人们假定他是一个无神论者，我以前已经指出过，他不能肯定在他认为非常明显的事情上没有弄错；尽管这种怀疑他没有想到，但是如果他检查一下，或者如果别人向他提出，他仍然可以怀疑，并且，如果他不承认一个上帝，他就永远不能摆脱有怀疑的危险。

也许他认为他有一套论证来证明没有上帝，这也没有关系，因为这些所谓的论证都是错误的，人们总是可以使他认识到那些论证的错误，到那时人们将使他改变看法。实在说来，这并不难，如果，不管他有多少理由，只要他拿出你们在这里提到的那些理由就够了，即在一切种类上都是完满的那种无限性排除其他全部不拘是什么的东西，等等。

因为，首先，如果人们问他，他从哪里知道的排除其他全部东西的这种排除是属于无限的本性的，他会答复不出来什么合理的东西的。因为在无限这个名称上，人们没有习惯把它理解为排除有限事物的存在，而且对于人们以为什么都不是的东西的本性，什么都不能知道，其结果是没有本性，有的只是包含在这个东西的名称的单独的、普通的意义中的东西。

此外，如果这个想象的无限什么都创造不了，那么它的无限的力量有什么用处呢？从我们体验在我们自己的心中有什么思维的能力，我们就很容易领会到这样的一种能力可以存在于什么别的东西里，甚至比在我们心里更大；但是虽然我们认为那个能力增大到无限，我们并不由此而害怕在我们心里的能力变小了。上帝的其他一切属性也是如此，就连产生本身以外的什么结果的能力也是如此，只要我们假定在我们心中没有不是听从于上帝的意志的话。因此我们能够把他领会为完全无限的而丝毫无碍于被创造的东西的存在。

第四点，当我说上帝既不能撒谎，也不是骗子的时候，我认为我和无论是过去还是将来的一切神学家的意见都是一致的。你们所提出的全部相反的意见都不比下面的事实更有说服力，即在否认了上帝生了气或者他受灵魂的其他激情的支配之后，你们反对我《圣经》上的有些地方，在那里似乎是把人类的某些激情加给了上帝。

因为人人都充分认识《圣经》上谈到上帝时一般所使用的方式（这些方式是合乎一般人的能力的，它们包含着某种真理，不过这个真理只关系到人）和表示一种更简单、更纯粹的真理（这种真理在性质上并不改变，虽然它不关系到人）的那些方式（关于这些方式，每个人都在进行哲学思考时使用它们，我在我的《沉思集》也不得不主要地使用这些方式，因为在这个地方我还没有假定我认识任何一个人，我也没有考虑到我是肉体和精神的组合，我仅仅考虑到我是一个精神）这二者之间的区别。

由此，显然在这个地方我并没有谈到用言语表示的谎言，而仅仅谈到在谎言里边的内部的、形式的弄虚作假，虽然你们提出来的一个先知说的话：再有四十天，尼尼微就要毁灭并不是一个口头上的谎言，而仅仅是一个恫吓，这个恫吓的实现取决于一个条件；当说到上帝使法老硬了心肠时，或者诸如此类的事情时，不要认为他是从正面上这样做，而仅仅是从反面上这样做，即不给法老一个有效的恩宠使他改信上帝。

然而我不愿意责备那些人，他们说上帝用他的先知的口说出什么口头上的谎话，就像医生们在为了给他们的病人治病而骗他们所使用谎话一样，也就是说，他们一般在欺骗里边的全部恶意都不算数；但是，尤有甚者，有时我们看到我们真地上了上帝所给我们的天然本能的当，就像当一个水肿病人口渴时那样；因为那时他真是受上帝为了保存他的肉体所给他的天性促使他喝水，尽管这种天性骗了他，因为喝水对他是有害的；不过我在第六个沉思里解释过这怎么可以与上帝的善和真相提并论。

但是在那些不能这样解释的事情上，即在我们的非常清楚、非常准确的判断上，这些判断如果是错误的，就不能被其他更清楚的判断所纠正，也不能借助其他任何一个天然功能来改正，在这些判断上我坚决认为我们不能受骗。因为上帝既然是至上存在体，他必然也是至上的善，至上的真，从而他反对来自他的什么东西正面地趋向于错误。可是，由于在我们心里不能有任何实在的东西不是他给我们的（就像在证明他的存在性所已经表明的那样），同时由于我们心里有一个认识什么是真的和把它与假的东西分别开来的功能（就像人们仅仅由我们在心里有的关于真的观念和假的观念所证明的那样），那么如果这个功能不趋向于真，至少是当我们正确使用它的时候（也就是说，当我们只对我们领会得清楚、分明的东西表示同意的时候，因为人们不能给这个功能捏造一个别的好用法），那么把这个功能给了我们的上帝被当作是一个骗子，这并不是没有道理的。

这样，如果我想要怀疑我们领会得清楚、分明的事物，我们就会看到，在认识了上帝存在之后，必然想象他是骗子；同时，因为这是不可想象的，那么就必然承认这，些事物是非常真实、非常可靠的。

然而，由于我在这里看出你们还停留在我在第一个沉思里所提出的，并且认为已经足够准确地在以下几个沉思里排除了的怀疑里，我在这里把我认为是人类的一切可靠性所依据的基础再解释一遍。

首先，我们一旦认为清楚地领会了什么真实性，我们就自然地相信它。如果这种信念坚强到我们永远不能有任何理由怀疑我们像这样地相信的东西的程度，那么就没有任何东西要去进一步追寻的了，我们关于这件事就有可以合理地希望得到的全部可靠性。

因为，如果也许有人硬说我们如此强烈相信其真实性的东西在上帝的眼里或者在天使的眼里是错误的，并且从而绝对地说来是错误的，这对我们有什么关系呢？既然我们对于这个绝对的错误绝不相信，而且我们连丝毫疑心都没有，我们费事管它做什么？因为我们先对一个信念坚定不移到不可动摇的程度，那么结果这个信念就是非常可靠的信念。可是人们很可以怀疑是否人们有这样性质的什么可靠性，或者什么坚定不移的信念。

当然，人们不能对于模糊不清的东西有什么信念，即使是一点点的模糊不清也不行；因为不管是什么样的模糊不清都是使我们对这些东西怀疑的原因。对于由感觉得来的东西也不能有信念，因为我们经常发现在感官里可能有错误，就像当一个水肿病人口渴或者有黄疸病的人把雪看成是黄色的，因为那个人把雪看得清楚、分明的程度也并不比我们差，而我们看雪是白的。因此，剩下的就是，如果人们能够有信念，那仅仅是精神领会得清楚、明白的东西。

可是，在这些东西里边，有一些是那么清楚，同时又是那么简单，以致我们不可能想到它们而不认为它们是真的。例如，当我思维时我存在；一经做成的东西就不能是没有做成的；以及诸如此类的东西。关于这些东西，我们显然是具有十足的把握的。

因为如果我们不想到那些东西，我们就不能怀疑它们；可是如果我们不相信它们是真的，我们就绝不会想到它们，就像我刚才说的那样。所以如果不同时相信它们是真的，我们就不能怀疑它们，也就是说，我们绝不怀疑它们。

说我们时常经验到有些人在他们以为比看见太阳还清楚的一些事物上弄错，这也没有什么用处；因为，不管是我们或者任何人都没有看见过这样的事情发生在那些单独从他们的理智的知觉中得出全部清楚、分明性的人身上，只看见过这样的事情发生在那些从感官或者从什么错误的偏见中得出全部清楚、分明性的人身上。想要假装认为也许这样的事情在上帝或者天使看来是错误的，这也没有什么用处，因为我们的知觉的明显性绝不允许我们去听那个想要假装认为是那样并且想要使我们相信的人的话。

还有，其他的一切东西，当我们密切注意对它们的认识所根据的那些理由时，我们的理智对它们领会得也十分清楚，因此我们不能怀疑它们；可是因为我们可能忘记那些理由，不过我们记得由那些理由得出的结论，人们问道，对于这些结论，在我们记得它们是从一些非常明显的原则推论出来的时候，是否能够有一个坚定不移的信念；因为这个记忆必须设定，以便这些结论能够被称之为结论。我回答说，那些认识上帝到如此程度以致他们知道由上帝给予他们的理解功能除了有真理作为对象不可能有其他东西的人，他们能够对于这些结论有一个坚定不移的信念；不过其他的人不能够有。关于这一点，我在第五个沉思的末尾已经讲得非常明白，我认为没有必要在这里多说什么了。

第五点，我奇怪你们会怀疑当意志按照理智的模糊不清的认识行事时，就有达不到目的的危险；因为，假如它所按照其行事的东西不是被清楚认识的，谁能使它是靠得住呢？有谁（不管是哲学家也好，神学家也好，或者仅仅是运用理性的人也好）不承认，在给予同意之前领会得越清楚的东西上，我们所面临的达不到目的的危险就越小，而那些对于原因还不认识就贸然下什么判断的人就失败？领会不能说成是模糊不清，除非是因为在它里边有什么还不认识的内容。

从而，你们关于人们应该接受的信仰所做的反驳，在反对我上，并没有比反对所有任何时候都从事培养人类理性的人具有更大的力量，而且，真正说来，它对任何人都没有力量。因为，虽然人们说信仰是对付模糊不清的东西的，可是我们之所以信仰那些东西的理由却不是模糊不清的，而是比任何自然的光明更清楚、分明的。不仅如此，还必须把我们信仰的材料或东西同推动我们的意志去信仰的那种形式的理由加以区别，因为就是在这种形式的理由中我们才意愿有清楚性和分明性。

至于材料，从来没有人否认它可以是模糊不清的，甚至它就是模糊不清性本身：因为当我判断必须从我们的思想里把模糊不清去掉，以便能够把我们的同意交给我们的思想而毫无达不到目的的危险时，给我用作材料以便做成一个清楚分明的判断的，正是模糊不清。

除此而外，必须注意我们的意志由之而能够被激发起来去相信的那种清楚性、分明性有两种：一种来自自然的光明，另外一种来自上帝的恩宠。

可是，虽然人们通常说信仰是一些模糊不清的东西，不过这仅仅是指它的材料说的，而并不是指形式的理由说的，我们是为了形式的理由去信仰的；因为，相反，这种形式的理由在于某一种内在的光明，用这个光明，上帝超自然地照亮了我们之后，我们就有了一种可靠的信念，相信要我们去信仰的东西是他所启示的，而他完全不可能撒谎欺骗我们，这就比其他一切自然的光明更可靠，经常由于恩宠的光明而甚至更明显。

当然，土耳其人和其他一些不信基督教的人，当他们不接受基督教时，并不是因为不愿信仰模糊不清的东西由于这些东西是模糊不清的缘故而犯罪；他们犯罪是由于他们拒绝从内部告知他们的那种圣宠，或者由于他们在别的事情上犯了罪，不配享受这种恩宠。我敢说，一个不信基督教的人，他被排除于享受任何超自然的圣宠之外，并且完全不知道我们这些基督教徒所信仰的那些东西是上帝所启示的，可是，由于受到某些错误推理的引导，他也会信仰和我们所信仰的同样的那些东西，而那些东西对他来说是模糊不清的；虽然如此，这个不信基督教的人并不会因此就是基督教的信徒，而不如说他之所以犯罪是由于他没有很好地使用他的理性。

关于这一点，我想任何一个正统的神学家也绝不会有别的意见；读过我的《沉思集》的人们也没有理由相信我没有认识这种超自然的光明，因为，在第四个沉思里，在那里我仔细地追求了错误的原因，我特别用下面的词句说过：它（超自然的光明）支配我们思想的内部去愿望，可是它并不减少自由。

再说，我在这里请你们回忆一下，关于意志所能包括的东西，我一向是在日常生活和真理的思考之间做非常严格的区别的。因为，在日常生活中，我绝不认为应该只有按照我们认识得非常清楚、分明的事情才能做，相反，我主张甚至用不着总是等待很有可能的事物，而是有时必须在许多完全不认识和不可靠的事物中选择一个并且决定下来，在这以后，就如同是由于一些可靠的和非常明显的理由而选择出来的那样坚持下去（只要我们看不到相反的理由），就像我已经在《谈方法》一书中解释过的那样。不过在那里谈的仅仅是对真理的思考。有谁否认过，在模糊不清的、没有被清楚认识的事物上不应该去下判断？然而，我的《沉思集》一书的唯一目的只是思考真理，这不但是由这些沉思自身可以足够清楚地认出，而且我还在第一个沉思的末尾说得很明白：我在这上面不能使用太多的不信任，因为我对待的不是日常生活，而仅仅是对真理的追求。

第六点，在你们批评我谱之于形式逻辑的一个三段论式中得出的结论的地方，似乎是你们自己在这个形式逻辑上弄错了；因为，为了得出你们所要的结论，大前提应该是这样的：凡是我们清楚、分明地领会为属于什么东西的本性的东西，都能真正不错地被说成或者被肯定为是属于这个东西的本性。这样一来，这个大前提除了无用的、多余的重复以外，没有包含什么东西。可是我的论据的大前提是这样的：凡是我们清楚、分明地领会为属于什么东西的本性的东西，都能真正不错地被说成或者被肯定为是属于这个东西的。这就是说，如果“是动物”属于人的本质或属于人的本性，那么可以肯定人是动物；如果三角之和等于二直角属于直角三角形的本性，那么就可以肯定直角三角形三角之和等于二直角；如果存在属于上帝的本性，那么就可以肯定上帝存在，等等。小前提是这样的：而存在是属于上帝的本性的。从这里显然必须得出像我所说的那样的结论，即：所以我们可以真正不错地肯定说上帝存在，而不是像你们所想的那样：所以我们可以真正不错地肯定说存在是属于上帝的本性的。

从而，为了使用你们接着提出的例外，你们本来应该否认大前提，说我们清楚、分明地领会为属于什么东西的本性，不能因此就被说成是或被肯定是属于这个东西，除非是它的本性是可能的，或者不矛盾。不过，我请你们看一看这个例外的缺点。因为，要么是你们用可能这个词，像一般人所做的那样，指的是凡是与人类思想不相矛盾的东西，在这种意义上，上帝的本性，按照我所描写的方式来说，显然是可能的，因为在上帝的本性身上，除了我们清楚、分明地领会为应该属于它的东西以外，我并没有假定什么东西，这样我就没有假定什么与思想或人类概念相矛盾的东西；要么是你们假想出什么其他的可能性，从对象本身那方面来说，这种可能性如果与前一种可能性相矛盾，就绝不能被人类理智所认识，从而它就和否定人的认识中的其他一切东西一样，没有什么力量来迫使我们去否定上帝的本性或者上帝的存在。因为，如果把上帝的本性是可能的这件事加以否定，这虽然从概念或从思想方面来说没有什么不可能，可是相反，凡是包含在上帝本性的这个概念里的东西都是如此的互相衔接，以致如果说其中有某一个不属于上帝的本性，这对我们来说似乎是矛盾的：因此，如果上帝的本性是可能的这件事可以去否定，那么同样道理，也可以去否定一个三角形三角之和等于二直角是可能的，或者现实在思维的人存在是可能的；尤有甚者，人们甚至可以否定凡是我们由感觉知觉到的一切东西都是真的。那样一来，人类的一切知识都将既无丝毫理由，又无任何根据而被完全推翻。

至于你们用来和我的论据相比较的那个论据，即如果在上帝之存在上没有矛盾，那么上帝之存在就是肯定的，而在上帝之存在上没有矛盾，所以等等。实质上它是对的，可是形式上，它是一种诡辩。因为，在大前提里，有矛盾这一词是关于上帝之能够存在所根据的原因的概念的，而在小前提里，它是单独关于上帝的存在和本性的概念的，如果否定大前提，就似乎必须这样来证明它：

如果上帝还没有存在，那么他之存在是有矛盾的，因为不能指定充足理由律来产生他；可是他之存在没有矛盾，就像小前提中所认可的那样：所以，等等。如果否定小前提，就必须这样来证明：

这件事没有矛盾，在它的形式的概念里没有什么东西包含着矛盾；在上帝的存在或本性的形式的概念里，没有什么东西包含着矛盾：所以，等等。因此有矛盾这一词有两种不同的意义。

因为，有可能是这样的，即在事物本身里不会领会到什么东西阻碍它能够存在，然而在它的原因里会领会到什么东西阻碍它被产生。

可是，虽然我只是非常不圆满地领会上帝，但这并不妨碍他的本性是可能的或者是没有矛盾的这件事是靠得住的；也不妨碍我们可以真正不错地确认我们已经足够仔细地检查了并且清楚地认识了上帝的本性，也就是说，足以认识上帝的本性是可能的，以及必然的存在性是属于上帝的本性的。因为，一切不可能性，或者，如果我可以在这里用经院哲学的话来说，一切矛盾性仅仅在于我们的概念或思想里，因为它不能把互相矛盾着的观念结合到一起，而并不在于在理智之外的任何东西里，因为，就是由于它在理智之外，所以显然它是没有矛盾的，而是有可能的。

而存在于我们思想里的不可能性不过是来自思想的模糊不清，在清楚、分明的思想里不可能有任何不可能性；从而，为了我们得以确知我们足够认识上帝的本性以便知道上帝的本性之存在是没有矛盾的，只要我们清楚、分明地理解我们在上帝的本性里所看到的一切东西（尽管这些东西比起虽然也在上帝的本性里可是我们看不到的那些东西来数目是很小的），只要我们看出必然的存在性是我们在上帝里所看到的许多东西之中的一个，这就足够了。

第七点，我已经在我的《沉思集》的《内容提要》里说过关于灵魂不死我为什么在那里什么都没有说的理由。

我在前面也表示了我已经充分证明了精神和一切种类物体之间的区别。

至于你们补充说，从灵魂与肉体之间的区别不能得出灵魂不死这个结论来，因为虽然有区别，可是人们可以说上帝把灵魂做成这样一种性质使它的延续时间和肉体的生命的延续时间同时完结，我承认我没有什么可答辩的，因为我没有那么大的胆量去企图用人类的推理力量来规定一个只取决于上帝的纯粹意志的东西。

自然的认识告诉我们精神是与物体有别的，精神是一种实体；同时，人的肉体，就其与其他物体有别而言，不过是由某一种外形的肢体以及诸如此类的属性组合而成；最后，肉体的死亡仅仅取决于形状的某种分解或改变。然而我们没有任何论据也没有任何例证使我们相信像精神这样一个实体的死亡或毁灭应该随着一个形状的改变这样一个如此轻微的原因，而形状的改变不过是一个样态，更何况这个样态又不是精神的样态，而是与精神实际上有别的肉体的样态。我们甚至没有任何论据或例证可以使我们相信有些实体是可以被毁灭的。这就足以得出结论说，人的精神或灵魂，按其能够被自然哲学所认识的程度来说，是不死的。

可是如果有人问道，是否上帝用他的绝对能力，也许规定了人的灵魂和它与之联合的肉体的毁灭而同时停止存在？这只有由上帝自己来回答。既然他现在向我们启示这样的事不会发生，关于这件事我们不应该再有任何怀疑了。

此外，我十分感谢你们，由于你们肯于如此助人为乐地并且如此坦率地不仅把你们理应得到解释的一些事情，而且也把无神论者们，或者某些坏家伙能够向我提出的反驳也都告诉了我。

在你们向我提出的东西里，我看不出有什么是我以前在我的沉思里没有解释过的。比如说，你们所提到的关于由太阳产生的苍蝇、加拿大人、尼尼维人、土耳其人，以及诸如此类的事，那些按照我的沉思所指出的办法暂时抛弃一切从感官得来的东西以便注意最纯粹、最健康的理性所告诉我们的话的人是想不到的。这就是为什么我认为已经把所有这些东西都避而不谈的缘故。尽管如此，我认为这些反驳对我的计划来说仍然是很有用处的，因为我并不希望有很多这样的读者，他们愿意对我所写的东西给予那么大的注意，以致看到末了他们还记得所看过的全部东西；而那些不这样做的读者们，他们很容易陷于困难，对于这些困难，他们以后将会看到在这个答辩里我会使他们得到满足，或者至少他们会由此得到更认真地检查真理的机会。

关于你们建议我把我的理由按照几何学家们的方法来处理，以便让读者们能一下子就明白，我在这里告诉你们我如何以前就按照这个方法做过，我如何今后还要这样做。

在几何学家们的写作方式中我把两件事区别开来：次序和证明方式。

次序仅仅在于：最先提出的东西应该是用不着后面的东西的帮助就能认识；后面的东西应该是这样地处理，即必须只能被前面的东西所证明。我在我的沉思里边就是尽可能试用这个次序的。这就是我所以在第二个沉思里没有谈精神和物体的不同，而留待在第六个沉思里再谈的缘故；而且我故意取消了很多东西不谈，因为那些东西要事先提出很多别的东西才能说得清楚。

证明方式是双重的：一个是由分析法或决定法做的，一个是由综合法或组合法做的。

分析法指出一条一件事物由之而被有条不紊地发现出来的真正道路，同时也指明结果如何取决于原因；这样，如果读者们愿意遵循这个方法并且仔细注视它所包含的一切东西，他们就会把这样证明了的东西理解得同样完满，就跟他们自己发现了它一样成为他们自己的东西。

不过这种证明不足以使顽固的、不用心的读者信服；因为，如果一不经心漏掉了它所提出的一点点小事情，它的结论的必然性就不会出现；人们没有习惯大量检查那些本身足够明确的东西，虽然那是最应该注意的东西。

综合法则相反，它走的是一条完全不同的道路，好像从结果里检查原因一样（虽然它所包含的证明经常也是由原因检查结果），它固然清楚地证明在结论里所包含的东西，并且使用了一长串的定义、要求、公理、定理、问题，以便如果否认它的什么结论的话，它就指出这些结论是怎样包含在前件里边的，这样它就会使读者们（不管他们是多么顽固不化）不得不同意，不过它不像另外那种方法那样，使那些希望学习的人感到完全满足，因为事物是用什么方法发现的，它不告诉你。

古时几何学家们习惯于在他们的著作里仅仅使用这种综合法，这不是因为他们对分析法完全无知，而是，我认为，因为他们过于重视它，把它留给他们自己，当作一个重要秘密。

至于我，我在我的沉思里仅仅采用分析法，因为我认为这种方法是最真实、最好的教学方法；不过，至于综合法，它无疑的是你们希望我采用的方法，虽然在几何学里所谈的东西上它仅次于分析法的地位，但是它对于形而上学的东西却不怎么合适。因为，有这么一种不同：被假定来证明几何学命题的第一概念适合于感官，从而很容易为每一个人所接受；因此在这上面没有问题，问题只在很好地推出结论上，这对于各种人，甚至最不经心人来说，都不难做到，只要他们记得前面的东西就行；而且人们很容易迫使他们记起在提出的问题当中有多少东西要指出就分别出多少不同的命题，以便他们得以分别停留在每一个上面作为以后可以引证这些命题，让他们知道应该对这些命题加以思考。相反，在属于形而上学的问题上，主要的困难在于清楚、分明地领会第一概念。因为，虽然第一概念由于其本性的关系并不是不如几何学家们所对待的那些第一概念清楚，甚至时常是比那些第一概念更清楚，不过，由于它们似乎与我们通过感官接受来的许多成见不一致，而这些成见，我们自从儿童时期就已经司空见惯了，这些第一概念只有那些非常用心并且致力于尽可能把他们的精神从感官的交往中解脱出来的人才能完全懂得；因此，如果人们把它们单独提出来，它们就会很容易地被那些好持反对意见的人所否认。

就是为了这个缘故，我宁愿写沉思而不愿像哲学家们那样写争论或问题，或者像几何学家们那样写定理或问题，以便由此来证明我写这些沉思仅仅是为那些肯和我一起认真沉思并且专心致志地来考虑事物的人。因为，谁要准备向真理进行攻击，就是因为这个缘故他就越是不能懂得真理，因为他的精神与对于使他相信真理的那些理由的思考背道而驰，他是去追求摧毁真理的那些理由。

可是，虽然如此，为了证明我对你们的建议的尊重，我在这里试求效仿几何学家们的综合法，并把我用以论证上帝的存在和精神与人的肉体之间区别的主要理由做了一个概要：这对于安慰读者们的关怀也许不无小补。

11. 答辩之三：

关于怀疑、思维及其他

□

这位哲学家对迄今认为对的而接受过来的那些怀疑理由，我认为都不过是似是而非的。我之所以使用了怀疑理由，并不是当作新的东西来传述，而是一方面给读者们作为精神准备之用，好让他们去考虑理智性的东西，让他们去分辨什么是理智性的东西，什么是物体性的东西，因为把理智性的东西从物体性的东西分别出来，我一向认为这是非常必要的；一方面是为了在以后的几个沉思里来回答，一方面也是为了指出我在以后所提出的那些真理是坚实、可以信赖的，因为那些真理不是如此普遍，如此不平常的怀疑所能动摇得了的。我讲了这些怀疑理由不是为了获得什么荣誉，而是我认为把这些怀疑理由解释出来，这和一个医师把他从事治疗的那个病症描述出来是有同样必要的。

□

我在那里说："也就是说一个精神，一个灵魂，一个理智，一个理性……"，我用这几个名称不是指单独的功能说的，而是指能有思维功能的东西说的，就像人们习惯于用前头两个所指的，以及人们经常用后头两个所指的那样。这是我经常而且用非常明显的词句解释过的，我看不出有什么可疑的地方。

在散步和思维之间，没有什么关系；因为散步除了行动本身之外，从来不指别的，而思维有时指行动，有时指功能，有时指寓于这个功能之内的东西。

我并没有说理智和在理解的东西是一回事，也没有说在理解的东西和理智（如果把理智当作一种功能的话）是一回事，而仅仅是当理智被当作在理解的东西的时候，我才说它们是一回事。我坦率地承认，为了说明一个东西或一个实体，我要把凡是不属于它的东西都要从它身上剥掉起见，我尽可能使用了简单、抽象的词句；而相反，这位哲学家为了说明同一的实体，却使用了另外的一些非常具体、非常复杂的词句，比如主体、物质以及物体，以便尽可能地不让把思维和物体（或身体）分别开来。我并不害怕他使用的方法（即把几种东西连接在一起）比我所使用的方法（即用以尽可能地分辨每一个东西）更能有效地认识真理。但是不要再多说空话了，还是让我们看看问题的所在吧。

他说："一个在思维的东西可以是物体性的，可是他提出来的倒是与此相反的东西，而没有加以证明。"否。我没有提出相反的东西，我也绝对没有把它当作根据，我不过是完全未置可否，一直把它留到第六个沉思里才对它加以证明。

后来他说得很好："没有主体（体），我们就不能领会其任何行为（用），就像没有一个思维的东西，就不能领会思维一样，因为在思维的东西不是无。"不过他接着说："从这里似乎应该得出这样一个结论，即一个在思维的东西是某种物体性的东西"，这就毫无道理，不合逻辑，甚至跟通常说话的方式相反了。因为一切行为（用）的主体（体）当然是指实体说的（或者，如果你愿意的话，是指物质，即形而上的物质说的）；不过不能因此就说它们是物体。

相反，一切逻辑学家，以及差不多一切人通常都说，实体之中，有一些是精神性的，另一些是物体性的。我用蜡这个例子证明的不是别的东西，而是颜色、软硬、形状等等并不属于蜡的形式理由，也就是说，并不属于能够领会必然存在于蜡里边的全部东西，用不着因此想到蜡，我在那个地方既没有说到精神的形式理由，也没有说到物体的形式理由。

像这位哲学家所做的那样，说一个思维不能是另一个思维的主体，这是毫无用处的。因为，除了他以外，还有谁这样装模作样过呢？不过，我在这里想要用很少的几句话解释一下问题之所在。

不错，思维不能没有一个在思维的东西，一般来说，任何一个属性或一个行为都不能没有一个实体。行为是实体的行为。可是，既然我们不能直接认识实体本身，而只能由于它是某些行为（用）的主体（体）才认识它，那么非常合理的，而且习惯也这样要求的是，我们用不同的名称来把我们认识为完全不同的许多行为（用）或属性的主体（体）叫做实体，然后我们再检查是否这些不同的名称意味着不同的东西，或者不过是同一的东西。

有一些行为（用）我们叫做物体性的，如大小、形状、运动以及凡是可以被领会为不占空间的其他东西，我们把它们寓于其中的实体称之为物体，而不能错误地以为形状的主体是一个主体，地位运动的主体是另外一个主体，等等。因为一切行为（用）在它们之以广延为前提这一点上都是彼此一致的。然后，有一些其他的行为（用），我们称之为理智的，如理解、意愿、想象、感觉等等，所有这些，在它们之不能不有思维或者知觉，或者领会和认识这一点都是共同的；它们寓于其中的实体，我们把它叫做在思维的东西，或者精神，或者随我们的便把它叫做什么吧，只要我们不把它跟物体性的实体弄混就行。因为理智性的行为（用）跟物体性的行为（用）没有任何关系；思维（它是各理智性行为彼此一致的共同理由）和广延（它是各物体性行为彼此一致的共同理由）全然不同。

可是在我们形成了这两种实体的清楚、分明的两个概念之后，再看第六个沉思里讲到的话，我们就很容易认识它们是一种东西或者两种不同的东西了。

□

我并不反对在思维的我有别于我的思维，就好像一个东西有别于它的样态一样；可是我在那里讲：“有什么是有别于我的思维的？”这句话我是从几种思维方式上来讲的（这些思维方式都在那里讲明了），而不是讲我的实体。在那里我接着说：“有什么是可以同我自己分开的？”我不过是想说，在我心里的所有这些思维方式，在我以外不能存在。在这上面我既看不到有什么可以使人怀疑的地方，也看不到为什么在这个地方谴责说我弄得一塌糊涂了。

□

在第二个沉思里，在我用蜡的例子指出什么是我们在蜡里想象的东西，什么是我们单用理智领会的东西的时候，我解释了想象和理智或精神的纯粹概念之间的不同；可是我在别的地方也解释了我们理解一件事物怎么跟我们想象这件事物不同，举例来说，要想象一个五边形，就需要特别集中精力把这个形状（即它的五个边和五个边内所包含的空间）给我们弄得就好像是在面前一样；要去领会，我们就不使用这个方法。在推论里所做的总和并不是名称的总和，而是名称所意味着的事物的总和。我奇怪为什么有人能够想到相反的东西上了。

因为有谁怀疑一个法国人和一个德国人，尽管他们用完全不同的名称来领会，对于同样事物不能有同样的思维或推理呢？这位哲学家当他说到我们关于名称的意义所任意做的约定时，他不是谴责他自己吗？因为如果他承认什么东西是由言语来表达它的意义，那么为什么他不愿意承认我们的言词和推理是表现为意义的东西的言词和推理，而不单单是言语的言词和推理呢？当然，用同样的方式和同样正确的理由他得出结论说，精神是一种运动，他也可以得出结论说，地是天，或者他愿意说什么就说什么；因为世界上没有别的东西在其间有像运动和精神之间的差别那样合适的了，它们是属于两种完全不同种类的东西的。

□

用观念这个名称，他只让人在这里指任意描画为物体性的物质东西的影像；这样一来，他就不难指出人们不能有任何真正的上帝观念，也不能有任何真正的天使观念。不过我经常提醒过，主要是就在这个地方我用观念这个名称指精神所直接领会的东西说的。因此，在我想要和我害怕时，由于我同时领会到我想要和我害怕，这种想要和这种害怕，我把它们放在观念之列里。我之所以使用这个名称，是因为哲学家已经一致接受了，为了让它意味着上帝的理智的领会形式，虽然我们在上帝那里认识不到任何物体性的幻想或想象，而且我不知道有什么更合适的。对于那些愿意领会我的话的意义的人，我想我把上帝的观念已经解释得够明白了；可是对于那些硬要把我的话做别的理解的人，我怎么解释也不够。最后，他谈到世界的创造，这是毫无道理的；因为在研究是否有一个为上帝创造的世界之前，我已经证明了上帝存在，而仅仅从上帝（也就是说，一个全能的存在体）存在这件事，就可以得出，如果有一个世界，那么这个世界必然是由他创造的这个结论来。

□

事情本来是非常明显的：看见一只狮子同时害怕它，这跟仅仅看见它不是一回事；同样，看见一个人跑和确信看见他也不是一回事。我看不出在这里有什么需要去回答或者去解释的。

□

如果有一个上帝的观念（显然是有上帝的观念的），那么所有这个反驳就都不成立了；其次，说没有灵魂的观念，它是由理性领会出来的，这就如同说，没有随意描画出来灵魂的影像，而却有我迄今称之为观念那种概念一样。

□

我再一次回答：这里所说的并不是太阳的观念；虽然如此，他所描写的正是我称之为观念的东西。既然这位哲学家不愿意同意我对这几个词所下的定义，那么我反驳也毫无意义。

□

我多次说过，我称之为观念的东西就是理性让我们认识的东西，和我们所领会的其他一切东西一样，不管我们用什么方式来领会这些东西。我已经充分解释了实在性有多有少，就是说，实体是某种比样态更多的东西；如果有实在的特性或者不完全的实体，那么它们也是比样态多可是比完全的实体少的东西；最后，如果有无限的、不依存于别的东西的实体，那么这个实体比有限的、依存于别的东西的实体有更多的东西①或者更多的实在性，也就是说，分享了更多的存在或更多的东西②。这本来就非常明显，用不着做更多的解释。

□

我们归之于上帝的东西里边没有一个是能够作为一个样板的原因来自外部世界的；因为在上帝里边没有什么跟外部的东西相似，也就是说，跟物体性东西相似。可是显然，凡是我们领会为在上帝里边跟外部东西不相似的东西，都不能通过外部的东西的媒介，而只能通过这种差别性的原因（也就是说上帝）的媒介来到我们的思维之中。

现在我请问这位哲学家是怎么从外部的东西得出上帝的理智的；因为，对我来说，我用下面的办法很容易解释我所具有的观念是什么：用观念这一词，我是指某种知觉

① “有更多的东西”，法文第二版是：“是更多的存在”。

② “也就是说，分享了更多的存在或东西”，法文第二版缺。

的全部形式[①]说的；因为，有谁能领会什么东西而不知觉这个东西，因而缺少理智的这种形式或这种观念？理智的这种形式或这种观念延伸到无限，就做成了上帝的理智的观念。上帝的一些属性就是这样[②]。

不过，既然我使用了我们心中的上帝的观念来证明上帝的存在，并且在这个观念中包含着一个如此广大无垠的能力以致我们领会到，如果上帝以外别的东西不是由上帝创造的，如果真有上帝存在的话，他就会反对那些东西存在，那么显然从它们的存在性被证明出来了这件事也就证明出来全世界，也就是说，上帝以外凡是存在着的东西，都是由他创造的。

最后，当我说，某种观念是与我们俱生的，或者说它是天然地印在我们灵魂里的，我并不是指它永远出现在我们的思维里，因为，如果是那样的话，就没有任何观念；我指的仅仅是在我们自己心里有生产这种观念的功能。

□

说上帝是不可领会的，这是指一个全部地、圆满地理解上帝的领会说的。再说，对于我们心里怎么有上帝的观念，我已经解释过多少遍了，如果我再重复一遍，读者们就要厌烦了。

① “某种知觉的全部形式”，法文第二版：“全部知觉的形式”。

② 法文第二版：“我关于这种完满性说的话，对于其他一切完满性也应该适用”。

□

虽然说需要有推理（或者不如说判断，或者肯定或否定[①]）的功能才能犯错误，不过，既然犯错误是个缺点，那么不能因此就说这个缺点是实在的，这和盲目不能叫做实在的东西一样，石头虽然不能看，也不能因此就说石头是盲目的。我在所有这些反驳里感到奇怪的是我还没有遇到我认为是从原则中正确推论出来的任何结论。

关于自由，我除了我们在我们心中每天感觉到的东西之外，没有做任何假定，而由于自然的光明，这是人所共知的；而且我不能理解他在这里为什么说这和我以前所说的话有矛盾。

可是，也许有些人，当他们考虑到上帝预先注定时，他们不能理解我们的自由怎么能存在下去并且能和上帝的预先注定配合一致；虽然如此，没有一个人在看看他自己以后，不感觉到并且体验到意志和自由不过是一回事，虽然不如说，在自愿的东西和自由的东西之间并没有不同。而且去检查加尔文派的意见是什么，这也不是地方。

□

问题不在于把一个巨大的清楚性拿到论据里来是否正确，只要能够用它把我们的思维解释清楚就行，而且事实就是这样。因为没有人不知道理智里有一种清楚性是指一种认识的清楚性或明了性，这种清楚性或明了性是人人都

① 法文第二版："或者最好说是判断，也就是说肯定和否定"。

认为有的，可是也许并不是人人所能有的；但这并不妨碍它和顽固的见解没有很大的不同。这种顽固的见解是由于没有显明的知觉而形成的。

当他在这里说，不管我们愿意也好，不愿意也好，我们对于我们清清楚楚领会的东西加以信任时，这就跟我们说不管我们愿意也好，不愿意也好，我们都愿意和希望要好东西，只要这些好东西是我们清清楚楚领会的，没有什么两样，因为，不管我们不愿意也好，这种说法在这里说不通，因为对同一的东西又愿意又不愿意，这是矛盾的。

□

本质和存在之间的分别是大家都认识的；这里不是说一个永恒的真理概念或观念，而是说的永恒的名称。关于永恒的名称，前面已经充分地驳斥和否定过了。

□

为了证明这个结论是对的，用不着说我们绝不能受骗（因为，相反，我坦率地承认我们经常受骗）；不过，我们看不出来我们的错误表示在上帝里边有欺骗的意志；欺骗的意志不能存在于上帝里边。在这里又可以看出结论还是从原理中正确推出来的。

□

睡着和做梦的人不能把他的梦圆满地、真实地同过去的事物的观念连接起来，尽管他梦想把它们连接起来。因为，谁能否认睡着的人不能弄错？可是以后，当他醒来时，他就很容易认识他的错误。

一个无神论者不能认识到他之所以是醒着是由于他过去生活的记忆[①]，可是，如果他不知道他是上帝创造的，上帝不能是骗子，那么他就不能知道这个标记足够使他确信他没有弄错。

12. 答辩之四：

关于人类精神与上帝

尊敬的神父：

我很难找到一个比你给我寄来批评意见的那个人更明智、更能助人为乐的人来对我的著作做检查了，因为他对待我是那么温文尔雅，以致我看得很清楚他的计划并不是反对我，也不是反对我所从事的事业。虽然如此，在检查他攻击的东西上，他是那么细心，以致我有理由相信他什么都没有漏掉。除此而外，他非常激烈地反对他所不能同意的东西，使我没有理由害怕人们会认为这种客气姿态掩盖了什么东西。这就是为什么我对他的反驳并不那么难受，而是看到他没有在我的著作中的更多的东西上提出反对意见而感到高兴。

首先，关于人类精神的性质。

① 法文第二版：“过去生活的行动的记忆”。

我在这里将不停下来去感谢他在用圣奥古斯丁的权威来支持我这件事上给我的援助，感谢他在陈述我的理由上用这样的方式，即他好像怕其他人们感到这些理由还不坚强、有说服力。

但是，我将首先说在什么地方我开始证明怎么，从我不认识任何别的东西属于我的本质（也就是说，我的精神的本质），除非我是一个在思维着的东西这件事，得出这样的结果，即也没有任何其他的东西事实上属于它。就是在同一的地方我证明上帝存在，我说，这个上帝，他能够做出凡是我清楚、明白地领会为可能的一切东西。

因为，虽然也许在我里边有许多东西是我还不认识的（就像我假定在那个地方我还不知道精神有推动肉体的力量，或者精神和肉体实质上结合在一起）；可是，只要我认识到在我里面的东西，仅仅因为这个就足以使我存在，我就确实知道上帝能够不用我还不认识的其他东西而创造我，从而那些其他东西并不属于我精神的本质。因为，我认为，任何东西，凡是没有它，别的东西也可以存在的，就不包含在那个别的东西的本质里；虽然精神是人的本质，可是认真说来，精神与人的肉体相结合，也并不是精神的本质。

我也必须在这里解释一下我说下面这段话的意思是什么：用一种把事物领会得很不完满的精神抽象作用来领会一个东西而不牵涉到另外一个东西，从这里不能得出两个东西之间的实在分别；只有把两个东西的任何一个不牵涉到另外一个、完全地或如同一个完整的东西那样来领会，才能得出两个东西之间的实在分别。

因为，我不认为像阿尔诺先生所说的那样，[①] 需要一种全部的、完满的认识；不过，有这样的一种分别，即：一个认识，要是全部、完满的话，就必须本身包含所认识的东西里面的一切和每个特性，因此只有上帝自己才知道他有对一切东西的全部的、完满的认识。

可是，即使一个被创造的理智[②] 对于许多事物也许真的有全部地、完满的认识，不过，假如上帝本身不特别启示他，他就永远不能知道他有这些认识。因为，为了使他对于什么东西有一种全部的、完满的认识，只要求在他里边的认识能力等于这个东西，这是容易做到的；不过，要使他知道他有这样的一种认识，或者上帝在这个东西里边没有放进比他认识的更多的东西，那就必须是，由于他的认识能力，他等于上帝的无限能力，这是完全不可能的。

不过，为了认识两个东西之间的实在分别，用不着我们关于这两个东西的认识非得是全部的、完满的不可，除非我们同时已经知道我们关于这两个东西的认识是全部的、完满的。可是，就像我刚才证明过的那样，我们永远不能知道我们的认识是不是全部的、完满的，因此这样的要求是不必要的。

---

① 法文第二版在“那样”，之后还有“为了在两个东西之间建立一个实在的分别”。

② 指人的理智而言。

就是为了这个缘故，在我说用一种把事物领会得很不完满的精神抽象作用来领会一个东西而不牵涉到另外一个东西，这是不够的时候，我并没有想到从这里得出这样的结论，即为了建立一个实在的分别，就需要这样的一种全部的、完满的认识，而仅仅是说需要这样的一种认识，即我们通过我们的精神的抽象作用和限制作用不把它弄成不完满和有缺陷。

因为，在以下两种认识之间有很大的不同，一种是完全的、完满的认识，这种认识任何人都不确实知道，如果上帝本身不向他启示的话；另一种是完满到这种程度的认识，这种认识我们知道它没有被我们精神的任何一种抽象作用弄得不完满。

这样，当我们必须完全地领会一个东西时，我并没有想说我们的领会应该是全部的、完满的，我不过是想说我们应该足够认识这个东西以便知道它是完全的。

这一点我认为是很明显的，一方面由于我以前说的那些事，一方面由于在那以后紧接着的一些事，因为稍微以前我曾经把不完全的东西和完全的东西加以分别，我并且说：每一个这样有实在分别的东西有必要被领会为一个由自己而存在并且同其他一切东西有别的东西。

稍后一点，我以同样的意思说，我完全领会肉体是什么；我又在那个地方接着说，我也领会精神是一个完全的东西。完全领会和领会这是一个完全的东西这两种说法是一个意思。

但是在这里有理由可以问：一个完全的东西指的是什

么？我怎么证明只要把两个东西领会为两个完全的东西而这一个可以不牵涉到另外一个，那么两个东西就是有实在分别？

对于第一个问题，我的回答是：一个完全的东西，我仅仅指的是一个带有各种形式或属性的实体，这些形式或属性足以使我认识它是一个实体。

因为，我已经在别的地方指出过，我们不能直接由实体本身来认识实体，而是从我们对某些形式或属性的知觉上领会实体，这些形式或属性应该依附于什么东西而存在，我们就把它们所依附的这个东西叫做实体。

不过，如果以后我们想要把这个实体从使我们认识它的所有这些属性摆脱出来，我们就把我们关于它的全部认识都破坏了，这样一来，不错，我们关于实体虽然可以说一点东西，可是我们所说的一切都只是口头上的话，从这些话上我们不能清楚、分明地领会它的意义。

我当然知道有一些通俗称之为不完全的实体；可是，假如这样称呼它们是因为它们本身如果没有别的支持就不能单独存在，我认为在这一点上，把它们称之为实体是有矛盾的，就是说，一些东西是由于它们自己而存在的，同时又是不完全的，即一些东西不能由于它们自己而存在。不错，在另外一种意义上，我们可以把它们称之为不完全的实体，这不是由于它们作为实体来说有什么不完全的东西，而是由于在它们和另一个什么实体的关系上，它们和那个实体组合成一个完整的东西，这个完整的东西由于自己而存在，与其他任何东西有别。这样一来，一只手是一个不完全的实体，假如你把它关系到全身来看的话，它是全身的一部分；可是如果你单独地来看它，它就是一个完全的实体。同样，精神和肉体如果把它们关系到由它们组成的人来看，它们是不完全的实体；但是，如果把它们分别来看，它们是完全的实体。

因为，有广延的、可分的、有形状的等等，都是一些形式或属性，通过它们，我认识了人们称之为肉体（物体）的这个实体；同样，有智慧的、愿意的、怀疑的等等，都是一些形式，通过它们，我认识了人们称之为精神的这个实体。我理解在思维的实体是一个完全的东西，并不比我理解有广延的实体是一个完全的东西差。

阿尔诺先生所加进去的话：也许肉体关系到精神就如同“属”关系到“种”一样，在任何情况下都不能这么说，因为虽然属可以不用这种特别的区分，或不用种就可以被我们领会，可是种在任何情况下都不能离开属而被我们领会。

这样，举例来说，我们很容易领会形状而用不着想到图形（虽然这个概念如果不被关系到什么特别的形状，它就不是很清楚的；而且，如果它不包含物体的性质，它也不是一个完全的东西）；可是我们不能领会任何图形的一个特别的分别而不同时想到形状。

但是，我们可以清楚、完全地，也就是说，作为一个完全的东西所需要的条件都具备地来领会精神，用不着在认识物体是一种实体时所通过的什么形式，就像我认为在第二个沉思里已经充分指出的那样；我们也把肉体清楚地领会为一个完全的东西，用不着任何一种属于精神的东西。

虽然如此，阿尔诺先生在这里更进一步说：虽然我可以对我自己不用物体的概念而取得什么概念，可是不能由此得出结论说这个概念是完全的、全部的，从而我可以确知当我从我的本质排除物体时，我没有弄错。

他用内接于半圆的三角形的例子来说明我们能够很清楚、分明地领会这是正角三角形，虽然我们不知道或者甚至否认在它的斜边上的正方形等于两个直角边上的正方形。虽然如此，我们不能由之而得出我们能够做出一个正角三角形而其斜边上的正方形不等于两个直角边上的正方形之和。

不过，就这个例子来说，它在许多方面跟所提出的东西不同；因为，第一点，虽然也许对于一个三角形，我们可以把它理解为一个实体，这个实体的形状是三角的，可是有着斜边上的正方形等于两个直角边上的正方形之和这个特点肯定不是一个实体，从而这两个东西的任何一个都不能被理解为完全的东西。精神和肉体也是这样。甚至这个特点也不能称之为东西，按照我说过这足以使我能够领会一个东西（指一个完全的东西）而用不着另外一个东西等等的意思，那么下面的话是非常容易理解的：再说，我在里边找到一些功能，等等。因为，我并没有说这些功能是东西，不过我特别想在东西（也就是说实体）与这些东西的方式（也就是说这些实体的功能）之间做出分别。

第二点，虽然我们能够清楚、明白地领会内接于半圆的三角形是正角三角形，用不着知觉到它的斜边上的正方形等于两个直角边上的正方形之和，可是我们不能这样清楚地领会一个三角形的斜边上的正方形等于两个直角边上的正方形之和，用不着同时领会这个三角形是正角的；不过我们用不着肉体就清楚、分明地领会精神，反过来也一样，我们用不着精神就清楚、分明地领会肉体。

第三点，虽然内接于半圆的三角形的概念或观念可以不包含斜边上的正方形等于两个直角边上的正方形之和，可是这个概念或观念不能是这样的，即我们不能领会能够在斜边上的正方形和两个直角边上的正方形之间，没有一个比例关系是属于这个三角形的。从而，当我们不知道这个比例关系是什么的时候，除了我们清楚地领会的那个比例关系不属于它以外，我们不能否认任何一个别的比例关系。不过，在它们两个之间的相等的比例关系上来理解这一点，这是绝对办不到的。

但是，在肉体的概念里边不包含任何属于精神的东西；反过来，在精神的概念里边也不包含任何属于肉体的东西。

因此，虽然我说过只要我用不着一个别的东西就能够清楚、分明领会一个东西就足够了，等等，不能因此就做出这个小前提：可是我清楚、分明地领会到这个三角形是直角三角形，虽然我怀疑或者我否认它的斜边上的正方形等于两直角边上的正方形之和，等等。

第一，因为在斜边上的正方形和两直角边上的正方形之间的相等的比例关系并不是一个完全的东西；

第二，因为这个相等的比例关系只有在一个直角三角形中我们才能清清楚楚地理解到。

第三，因为，如果我们否认在一个三角形的斜边上的正方形和它的两直角边上的正方形之间的比例关系，我们就不能清清楚楚地领会这个三角形。

但是，现在必须谈第二个问题，并且指出单独由于我用不着另外一个实体就清楚、分明地领会一个实体，就确知它们彼此是互相排斥的[1]这话为什么是对的，我是这样指出的：

实体的概念是这样的，即我们把它领会为一个能够由于自己（也就是说，不用任何一个别的实体的帮助）而存在的东西；从来没有任何人用两个不同的概念去领会两个实体而不怀疑它们是实际上有分别的。

因此，假如说我没有寻求比普通的可靠性更大的可靠性的话，我却满足于已经在第二个沉思里指出的：精神被领会为一个持续存在的东西，虽然不加给它任何属于肉体（物体）的东西；同样，肉体（物体）被领会为一个持续存在的东西，虽然不加给它任何属于精神的东西。既然我们通常断定为一切东西事实上都像它们表现给我们的思想那样，那么我就用不着多说什么来证明精神实际上是有别于肉体的了。

不过，由于我在我的第一个沉思里提出来的那些夸张的怀疑里，有一个是这样的：什么时候只要我假定我不认识我的来源的作者（上帝），什么时候我就不能确知这些东西事实上就是像我们所领会的那样。我在第三个、第四

① 法文第二版下面还有："并且实际上是有分别的"。

个和第五个沉思里所说的关于上帝和真理的话，都对精神和肉体是有实在分别的这个结论有用，这个结论事实上我在第六个沉思里才终于结束。

阿尔诺先生说，关于内接于半圆中的三角形的性质，我领会得很清楚，用不着我知道它的斜边上的正方形等于两个直角边上正方形之和。对此我回答说：不错，我们可以领会这个三角形，用不着想到它的斜边上的正方形和它的两直角边上的正方形的比例关系，不过我们不能领会这个比例关系应该被否定掉，也就是说，这个比例关系不属于三角形的性质。然而精神就不是这样；因为，不仅我们用不着肉体就领会它存在，而且我们可以否定任何属于肉体的东西属于精神；因为，这就是实体与实体之间彼此互相排斥的本性。

阿尔诺先生接着说的话一点也没有反对我，他说，当我从我思维得出我存在这一结论时，如果我从这一点上做成我自己的观念，仅仅给我表现为一个在思维着的东西，这并不奇怪。因为，同样，当我检查肉体的性质的时候，我在里边找不出任何东西带有思维的气味；并且，关于两个东西之间的分别的问题，在把两个东西分别加以考虑之后，我们在一个东西里找不出任何一个东西不是同在另外一个东西里完全不同的，除此而外，找不出更有力的论据。

我也看不出为什么这个论据似乎证明得太多了；因为我认为，为了指出一个东西实际上和另外一个东西有分别，除了由于上帝的全能，这一个东西才能同另外一个分别开以外，不能说得再少了；我认为我已经足够仔细地使任何人都不能因此而想到人不过是一个使用肉体的精神。

因为，就是在第六个沉思里（在那里我谈到精神和肉体的分别），我也指出了精神在实质上是同肉体结合在一起的；为了证明这一点，我使用了我不记得曾在别的地方看过比这些更强、更有说服力的理由了。

就如同说一个人的胳臂是一个与身体的其余部分实际上有分别的实体的这个人并不因此就否认它属于全部的人的本质；而说这只胳臂属于全部的人的本质的这个人并不因此就给人以机会相信它不能由它自己而持续存在，同样，我并不认为在指出精神可以不用肉体而存在上面证明得太多，也没有在说到它和肉体是实质上结合在一起的上面说得太少；因为这种实质的结合并不妨碍我们能够对于单独的精神有一个清楚、分明的观念或概念，认为它是一个完全的东西；因此精神的概念跟面积和线的概念非常不同，面积和线的概念不能这样地被理解为完全的东西，如果在长和宽之外不给它们加上高的话。

最后，从思维的功能在小孩子身上是处于不清醒状态，而在疯子身上它事实上并非熄灭，而是混乱了这个事实，不应该认为思维功能结合肉体的器官到如此程度，以致它不能没有肉体的器官。因为从我们经常看见它被这些器官所阻碍这一事实绝对得不出它是被这些器官所产生的这一结论；因为这连一点道理都没有。

虽然如此，我并不否认我们每天所体验的精神和肉体这种紧密的联系是使我们如果不经过深入的沉思就不容易发现它们彼此之间的实际分别的原因。

可是，我认为，那些在心里经常思考我在第二个沉思里所写的东西的人，将会很容易地相信精神之与肉体的分别不是单纯由于一种虚构或者由于理智的抽象作用，而是由于它被认识为一种与肉体有别的东西，因为事实上它是这样的。

我不想回答阿尔诺先生在这里关于灵魂不死所说的话，因为他的话和我说的话是一致的；可是，关于动物的灵魂，虽然这里不是考虑这个问题的地方，而且如果没有全部物理学上的解释，除了我已经在我的《谈方法》一书的第五部分说过的那些，我不能再多说什么；不过，在这里我还要说，我认为，非常值得注意的是：无论是在动物的身体里，或者甚至在我们的身体里，如果身体里没有能使运动可以由之做出来，就和由一架机器做出来一样的全部器官和工具，那么任何运动都是不可能的。因此，即使在我们人里边，直接使动外部肢体的并不是精神（或灵魂），而仅仅是它（精神）能够规定我们称之为动物精神的非常稀薄的这种液体的流动，这种液体不断地从心脏流经大脑而达到肌肉里，它是我们的肢体的一切运动的原因，并且经常能够同样容易地引起许多不同的运动，它甚至并不总是规定动物精神，因为在我们人类里所做的运动中有许多是绝不取决于精神的，如心脏的跳动，食物的消化，营养，人睡着了时的呼吸，以及甚至在醒着、在精神不去想的时候的走路、唱歌，以及其他类似的动作。至于从高处掉下来的人首先用手保护住头，这也并非是他们的理性告诉他去做这个动作的，这种动作并不取决于他们的精神，而仅仅是取决于他们的感官的，这些感官感觉到当前的危险，在大脑上引起一种什么运动，这种运动规定动物精神从那里过渡到神经，就用在一架机器里所要求的同样的办法来产生这个运动，用不着精神去干涉。

既然我们在我们自身里体验到这样情况，那么如果从一只狼的身上反映到一只羊的眼睛里的光有同样的力量引起羊逃跑的动作，我们为什么要那么奇怪呢？

在指出这一点以后，如果我们想要做一点推理，看看动物的某些运动是否与在我们人类里用精神完成的运动或者与仅仅取决于动物精神和器官支配的运动差不多，那就必须考虑彼此之间存在的差别，这些差别，我在《谈方法》一书的第五部分解释过了，因为我认为不可能找出其他的说法了，因此我们将很容易看到动物的一切行动都和我们没有我们的精神参与的行动差不多。

因此，我们将不得不得出这样的结论，即我们在动物里事实上不认识任何别的运动原则，只认识器官的支配和动物精气的不断流入。这种动物精气是心脏的热产生的。心脏的热减缓和稀化血液。同时，我们将认识到，在这以前没有什么东西给我们机会赋给它们一个另外的东西，除非是由于分别不开运动的这两个原则，并且看到一个（它仅仅取决于动物精气和感官）是既在动物里，也在我们人里，我们就糊里糊涂地相信了另外的一个（它取决于精神和思维）也是在动物里边的。

当然，当我们自从我们年轻时就相信了什么事物，并且随年代的增长我们的成见越发坚定以后，不管人们用什么理由使我们看到它的错误，或者不如说，尽管我们注意到在它身上的什么错误，如果我们不在精神里经常想到这两个原则，不去习惯于逐渐挖掉不是由于理性，而是由于习惯深深刻印在我们精神之中的东西，那么仍然是很不容易从我们的信任中完全去掉这种成见的。

再让我们来谈谈关于上帝。

一直到这里我都是试求解决阿尔诺先生给我提出的论据并且招架他的一切攻击；不过此后，效法那些对付一个太强有力的对手的人，我将宁愿试求躲避他的锋芒，而不是直接迎着这个锋芒而上。

在这一部分里他仅仅谈到了三件事，这三件事按照他所理解的那样是能够同意他的。不过，在我写这三件事的时候，我是采取另外的一个意义的，那个意义，我看也是可以被认为真实的而接受下来的。

第一件事是：有一些观念在质料上是错误的，也就是说，按照我的意思，它们是这样的，即它们给予判断以错误的材料或机会；但是判断，在考虑作为用在形式上的观念时，认为在观念里面没有错误。

第二件事是：上帝是正面地就像由一个原因那样由他自己而存在，在那个地方我仅仅是想说上帝为了存在不需要任何动力因的理由是基于一个正面的东西，即基于在上帝的广大无垠性本身，它是能够存在的最正面的东西；可是他（阿尔诺）不是这样，他证明上帝不是由自己而产生的，也不是由动力因的一个正面行动保存的。关于这一点我也同意。

最后，第三件事是：不管什么东西，如果关于这个东西我们没有认识，就不能存在于我们的心里，这话我是指作用说的，而他（阿尔诺）是从潜能方面否定的。

不过我要把这些再多解释一下。第一，在他说冷仅仅是一种缺乏，不能有给我表象一个正面的东西的观念的地方，他显然是指在形式上的观念说的。

因为，由于观念本身不过是一些形式，而且它们不是由物质组成的，每次当它们被考虑作为表象什么东西的时候，它们不是在质料上，而是在形式上被使用，如果不是把它们作为表象这一个东西或者那一个东西来考虑，而仅仅是作为理智的作用来考虑，那么当然可以说它们被作为在质料上使用了；不过那样一来，它们就既与事物的“对”绝对无关，也与事物的“错”绝对无关了。

就是为了这个缘故，我不认为它们能够被说成在质料上是错误的，不同于我已经解释过的意义，即：不管冷是一个正面的东西，或者是一种缺乏，我并不因此而对它有不同的观念，而是这个观念在我心里是和我一直有的观念是同一的观念；如果冷真的是一种缺乏，并且没有和热同样多的实在性，那么这个观念就给我错误的质料或机会，因为在分别考虑到我从感官接受过来的这一个观念和那一个观念时，我认不出来由这一个观念所表象的实在性比由那一个观念所表象的实在性更多。

当然，我并没有把判断和观念混为一谈；因为，我说过在观念里有一种质料上的错误；但是在判断里，除了形式上的错误，不可能有别的。当他说冷的观念是冷本身，就其是客观地存在于理智之中而言时，我认为必须给以区别，因为在模糊不清的观念里（冷的观念和热的观念应该放在这些观念里边），经常发生这样的事，即它们是关于别的东西的，而不是关于它所真正表象的那些东西的。

这样一来，如果冷仅仅是一种缺乏，那么冷的观念，就冷是客观地存在于理智之中而言，并不是冷本身，而是什么别的东西，那种东西被错误地当作这种缺乏，即某一种感觉，这种感觉在理智之外绝不存在。

上帝的观念并不是这样的，至少清楚、分明的观念不是这样的，因为，不能说它是关于某种对它并不合适的东西的。

至于由偶像崇拜者所捏造的那些神的模糊观念，就其给他们以错误的判断而言，我看不出来为什么它们不能也叫做在质料上是错误的。

真正说来，那些没有给（姑且这样说）判断以任何错误或非常轻微的错误的机会的观念，不应该和那些给以非常大的错误的机会的观念相提并论，说它们也是在质料上是错误的。再说，很容易用许多例子来说明，有些观念就比另一些观念给人以更大的错误机会。

因为，在由我们的精神本身捏造的那些模糊的观念（就像那些假神的观念那样）里，错误的机会并不像在由感官给我们模模糊糊提供的那些观念里那样大，就像冷的观念和热的观念那样，如果真的像我所说的那样，它们并不表象任何实在的东西。

可是，在一切错误的机会里，最大的是在产生饥渴之感的那些观念。举例来说，一个水肿病人的渴的观念，当这个观念使他相信喝水对他会有好处而实际上是有害处的时候，对他来说，这个观念实际上难道不是错误的机会吗？

但是阿尔诺先生问这个冷的观念给我表象了什么，我说这个观念在质料上是错误的，因为，他说，如果它表象了一种缺乏，那么它就是对的；如果它表象一个正面的东西，那么它就不是冷的观念。这一点，我同意。可是，我之所以叫它为错误的，仅仅是因为，既然它是模糊不清的，我分辨不清它给我表象的东西在我的感觉之外究竟是不是正面的；这就是为什么我有机会把虽然也许仅仅是一种缺乏判断为正面的东西的缘故。

从而不应该问，按照我的意思，使这个观念在质料上是错误的那个正面的、客观的东西的原因是什么；因为我并没有说它在质料上是错误的是由于什么正面的东西，而只是说这仅仅是由于模糊不清，而这种模糊不清的主体和基础是一个正面的东西，即感觉本身。

不错，这个正面的东西是在我心里，因为我是一个真实的东西；可是模糊不清，只有它给我机会判断这个感觉的观念表象着在我之外的、人们叫做冷的什么东西，它没有实在的原因，它仅仅是来自我的本性之不是完全完满的。

而这绝对推翻不了我的根据。不过，我最担心的是，由于我在读哲学家们的书时向来不很留心，当我说给判断以错误的质料或机会的那些观念在质料上是错误的时候，我也许没有足够准确地按照他们的说法说，幸亏碰巧我看到苏阿莱兹的《争论》一书第九章第二节第四里提到在质料上这一词和我用的是一个意思。

阿尔诺先生最不满意的、同时也是我认为他最不该反对的东西是：我说我们很容易想到上帝关于他自己在某种意义上，和动力因对它的结果是一样的。

因为，就在这上面，我反对他认为是粗暴的、不真实的，即上帝是他本身的动力因，因为，在我说他在某种意义上是一样的时候，我指出我不相信这是完全一样的；同时，在把我们很容易想到这几个字放在这句话的前头，我指出我之所以如此解释这些事情只是因为人类精神的不完满。

何况，在我的书的其余部分里，我一直做了同样的区别。因为自一开始，在我说没有任何东西是不能追究其动力因的地方，我加上一句：或者，如果它没有动力因，可以问问为什么它没有；这句话就足以证明我认为有什么东西存在不需要动力因。

然而，除了上帝以外，什么东西是这样的呢？甚至在稍后一点，我说在上帝里边有一个如此巨大、如此用之不竭的能力，以致他不需要任何帮助而存在，不需要任何帮助而被保存，因此他在某种方式上是自因的。

在那个地方，自因这两个字怎么也不能被理解为动力因，而只能被理解为在上帝里边的这个用之不竭的能力就是原因，或者是他不需要原因的理由。

由于这个用之不竭的能力，或者这个本质的广大无垠，是非常正面的，因此我说上帝之所以不需要原因，其原因或理由是正面的。这对任何有限的东西说来无论如何都是不可能的，尽管这种东西在它那一类里是非常完满的。

因为，如果说这样一个东西[①]是自因的，这只能用反面的方式来理解，因为从这个东西的正面的性质里找不出来任何理由我们可以由之而应该领会它不需要动力因的。

同样，在其余的一切地方我都把上帝的存在和被保存都不需要原因的这个从上帝本质中提出的原因或理由，来同有限的东西缺少它就不能存在的动力因做比较，这样，从我的专门术语来看，无论什么地方都可以很容易地认识出它和动力因完全是两回事。

在任何地方都找不到我曾说过上帝是由一种正面的作用来保存自己的，和造物都是由他保存的一样；我只是说他的能力或他的本质的广大无垠性（这种广大无垠性是他之所以不需要保存者的缘故）是一件正面的东西。

这样一来，我就能够很容易同意凡是阿尔诺先生为了证明上帝不是他自己的动力因、不是由任何一种正面的作用或者由一种他自己的不断再产生而自我保存所提出来的东西，而这些东西是人们从他的理由中所能推论出来的全部东西。

但是，我希望他也不会否认上帝不需要原因而存在的这种广大无垠的能力，在上帝里是一件正面的东西，而在其他一切东西里，人们不能领会到任何类似的正面的，因而不需要动力因就能存在的东西；当我说任何东西都只能

① “这样一个东西”，法文第二版是：“一个有限的东西”。

反面地被领会为由自己而存在，只有上帝除外，我的意思要说的就是这个。为了答复阿尔诺先生所提出的诘难，我用不着再说别的了。

但是，由于阿尔诺先生在这里严重地警告我说，神学家们很少不是反对下面的命题的：即上帝就如同由一个原因那样正面地由自己而存在，我在这里将要说出为什么我以为这种说法在这个问题上不仅非常有用，而且是必要的，以及没有人能有理由认为这种说法不好[1]的道理。

我知道我们的神学家们在谈论神圣的事物时，当问题在于列举三位一体的三位的行列、并且在希腊人不加区别地用 αἴτιον 和 ἀρχήν 时，他们使用本原这唯一的词，采取这一词的最普通的意义，怕的是在这上面给人以机会认为圣子比圣父小。

但是，在没有像这样一种错误的机会上，当问题不在于三位一体的三位，而仅仅在于上帝的单一本质时，我看不出为什么应该那么躲避原因这一词，主要当人们来到这一点，即似乎是使用这一词非常有用而且在某种意义上是非常必要的时候。

然而，使用这一词没有比证明上帝的存在更有用的了，而且没有比使用它更必要的了。如果不使用它，就不能把上帝的存在性说明得那么清楚。

对动力因的考虑是我们用来证明上帝的存在性所具有的如果不说是唯一的方法的话，那么至少是第一的、主要

① “以及……不好”，法文第二版：“而且与凡是能够给机会来反对它的东西离开得非常远”。

的方法，我想这是人人皆知的。

如果我们不放任我们的精神去追寻世界上一切事物的动力因，就连上帝也不例外，那么我们就不能使用它；因为在我们证明上帝存在之前，我们有什么理由不去追寻上帝存在的动力因呢？

因此，我们可以问每一个东西，它是由自己而存在的呢，还是由别的东西而存在的？不错，用这种办法我们可以得出上帝存在的结论，虽然我们不用形式的、严谨的词句解释我们应该怎么理解由自己而存在的这几个字。

因为，凡是只遵照自然的光明领导而行事的人，都立刻在他们的心中在这里形成某一种概念，这种概念既有动力因，也有形式因，它对二者是共同的，也就是说，由别的东西而存在的就是像由一个动力因那样由别的东西而存在的，而由自己而存在的就是像由一个形式因那样，也就是说，它具有一种不需要动力因的那种性质而存在的。这就是为什么我没有在我的沉思里解释这一点，以及我把它当作一个自明的东西而省略去，不需要作任何说明的缘故。

但是，当那些由于长期习惯而有这种意见，即断定任何东西都不能是它自己的动力因，而且认真把这种原因同形式区分开来的人，看到人们问什么东西不是由自己而存在的，很容易是这样的，即在他们的心里只想到纯粹的动力因，他们想不到由自己这几个字应该被理解为就像由一个原因那样，而只想到其反面，即没有原因；因此他们认为有一个什么东西存在，我们不应该问它为什么存在。

由自己这几个字的这样解释法，如果它被接受的话，它会使我们抛弃能够证明上帝由于结果而存在的办法，就如同由第一组反驳的作者所已经证明的那样：这就是为什么我们绝对不能同意的缘故。

可是，为了恰当地回答他的反驳，我认为有必要证明在真正的动力因和没有原因之间有一个什么中间的东西，即一个东西的正面本质，动力因的观念或概念可以如同我们在几何学里习惯地用同样的方式那样延伸到它。在几何学里我们把要多大有多大的一条弧线的概念延伸到一条直线上去，或者一个具有无穷的边的多边形的概念延伸到圆的概念上去。

我认为没有比我以前做过的更好的解释了，那时我曾说过：在这个问题上我们不应该把动力因的意义限制到那样的一些原因上，那些原因与它们的结果不同，或者在时间上在其结果之先。因为一方面那会是没有意义的，而且毫无用处，因为没有人不知道一个同一的东西不能与其本身不同，也不能在时间上在它本身之先；另一方面也因为这两个条件中的一个可以从它的概念中被取消，而并不妨碍动力因的概念保持完整。

因为没有必要让它在时间上在它的结果之先，这是非常明显的，因为只有当它像我们所说过的那样产生它的结果时，它才有动力因的名称和性质。

但是从另外一个条件之不能被取消，我们只应得出这样的结论，即这并不是一个真正的动力因，这我承认；不过这并不能说它绝不是一个正面的原因，这个原因可以认为和动力因相类似，而这正是在所提出的问题上所要求的。

因为就是由于自然的光明，我领会到，如果我把存在给了我，我就会把凡是在我心里有其观念的完满性都给我，同时我也领会到，没有什么东西能够按照人们习惯于用限制真正的动力因的意义的办法来把存在给予自己，即同一的东西，由于它给了自己存在，它就不同于它自己，因为它接受了存在；在这二者之间有矛盾：是它本身，又不是它本身或不同于它本身。

因此，当我们问道是否有什么东西能把存在给予它自己的时候，这只能这样去理解，即某一个东西的本性或本质是否是这样的，即这个东西不需要动力因就能存在。

当我们接着说：如果什么东西是这样的，即如果它真的是还不具备它有其观念的一切完满性的话，它就会把这些完满性都给它自己。这就是说，它现实不可能不具备它有其观念的一切完满性；因为自然的光明使我们认识到，一个东西，它的本质是如此的广大无垠以致它不需要动力因就能存在，那么它也不需要动力因就能具备它有其观念的一切完满性，而且它自己的本质卓越地把凡是我们能够想象到可以由动力因给予其他东西的完满性都给它自己。

如果它还没有这些完满性，它就会把这些完满性给它自己。这句话仅仅作为解释之用；因为由于同一的自然光明，我们懂得，在我说话的时候这个东西不可能有把什么新的东西给它自己的这种能力和意志；而是，它的本质是这样的，即凡是我们现在想得出（假如它还没有）它会给它自己的东西，它都已经永远地具备了。

虽然如此，所有这些与动力因有关和相类似的说法，对于引导自然的光明，使我们清楚分明地领会这些东西，是非常必要的；和这一样，阿几米德关于由曲线组成的球形和其他形状，拿这些形状同由直线组成的形状相比较，证明了许多东西。如果不这样，就很难使人理解。

由于这样的证明没有遭到反对，虽然球形在那里被看作是一个具有很多边的形状，同样我不认为能够在这里重新用我使用过的同动力因的类比来解释属于形式因的东西，也就是说，属于上帝的本质本身。

在这上面用不着害怕有任何产生错误的机会，因为凡是单独属于动力因的特性，以及不能被延伸到形式因上去的东西，本身都含有一种明显的矛盾，从而，绝不能被任何人相信，例如，任何东西和它本身不同，或者是同一的东西同时又不是同一的东西。

必须注意：我把原因这个高贵的头衔归之于上帝，可是不能由此得出结论说我把结果这个不完满性也归之于上帝；因为，就像神学家们吧，当他们说圣父是圣子的本原时，他们并不因此就认为圣子是由本原而生的，同样，虽然我说上帝从某种方式上可以被说成是他自己的原因，可是在任何地方都找不出来我说过是他自己的结果；这是因为我们习惯于主要地把结果联系在动力因上，并且把它断定为不如原因高贵，虽然它经常比它的其他的原因更高贵。

不过，当我把事物的全部本质当作形式因时，我在这上面是追随亚里士多德的足迹；因为在他的《分析后篇》卷二，第十六章里在取消了质料因之后，他举出的第一个原因就是他叫做 αιτίμ τὸ τι΄ ἦν εἶναι，或者翻译出来，就是形式因，他把这种形式因延伸到一切事物的一切本质上去，因为他在那个地方还没有谈到物理组成的东西的原因（我在这里也没有谈到它），而是一般地谈到人们可以由之而得出什么认识的原因。

然而，为了表示在所提出的问题里不把原因这一名称归之于上帝是很不容易办到的起见，从阿尔诺先生已经试求用另外一个办法得出和我同样的结论然而却没有成功这件事，就是最好的证明，至少我认为是这样。

因为，在大量指出上帝不是他自己的动力因（因为，动力因不同于它结果，这是动力因的本性）的同时，也指出上帝不是正面地（正面地这一词指原因的一种正面作用而言）由自己而存在，并且认真说来，他自己不保存他自己（保存这一词指事物的一种不断再产生而言）——所有这些，我都同意——在所有这些以后，他想再证明上帝不应该被说成是他自己的动力因；他说：因为问一个东西的动力因，这只是从它的存在性上来问的，绝不是从它的本质上来问的。然而，一个无限的存在体之存在的本质并不少于一个三角形之有它的三角之和等于二直角的本质；所以当人们问上帝为什么存在时，不应该用动力因来回答，这和当人们问三角形的三个角之和为什么等于两直角时不应该用动力因来回答是一样的。

这个三段论式可以很容易按照这个样子倒转过来反对它的作者本身：虽然我们不能从本质上来问动力因，可是我们可以从存在性上来问动力因；不过在上帝身上本质和存在是没有区别的，所以我们可以问上帝的动力因。

但是，为了把这二者谐调起来，我们应该说，对于问上帝为什么存在的人，不应该用真正的动力因来回答，只能用事物的本质本身，或者用形式因来回答。本质或形式因，由于在上帝身上存在和本质是没有区别的，和动力因有非常大的联系，从而可以被称为“准动力因”。

最后他接着说：对于问上帝的动力因的人，必须回答说他不需要动力因；对于再问他为什么不需要动力因的人，必须回答说：因为他是一个无限的存在体，他的存在性就是他的本质；因为只有这样的一些东西才需要动力因，在这些东西里，允许把现实的存在性同本质分别开。

由此他得出结论说，我以前说的话完全被推翻了：即如果我想任何东西以某种方式对它自己的关系就是动力因对它的结果的关系，在追寻事物的原因上，我永远达不到第一个。可是我认为绝对没有被推翻，甚至一点都没有被削弱或被动摇；因为，肯定的是：不仅是我的论证的主要力量，就连人们提供用结果来证明上帝的存在性的一切论证的力量都完全取决于此。然而，差不多所有的神学家都主张如果不根据结果就提供不出来任何一个论证来。

因此，当他不允许人们把上帝对于他自己的动力因的类似关系归于上帝时，他远没有给上帝的存在性的证明和论证提供什么阐明，相反，他把读者们弄糊涂了，阻碍读者们能够弄懂这个证明，特别是在结尾时，他结论说：如果他想必须追求每一个东西的动力因或者准动力因，他就会追求一个与这个东西不同的原因。

因为那些还不认识上帝的人，如果不认为人们可以追求每一个东西的动力因，他们怎么会追求别的东西的动力因以便用这个办法来达到对上帝的认识呢？

最后，如果他们认为每一个东西的动力因都必须被追求出来同这个东西不同，他们怎么会像停止在第一因上那样停止在上帝身上，并且在上帝身上终止他们的追求呢？

阿几米德在谈到他在用和内切于圆形本身里的一些直线形状的类比关系证明圆形的东西时也许会说：如果我认为圆形不能被当作一个具有无穷的边的直线形或准直线形，那么我就不会给这个证明以任何力量，因为，真正说来，这个证明不把圆形看作是一个曲线图形，而仅仅是把它看作是一个具有无穷数目的边的图形。不错，阿尔诺先生所做的和阿几米德一样。

如果阿尔诺先生认为这样称呼圆形不好，却去希望保留阿几米德的证明，说：如果我认为在这里得出来的结论必须是指一个具有无穷数目的边的图形说的，那么我就绝不相信这是一个圆形，因为我确实知道圆形并不是一个直线形。用这些话，他无疑不会和阿几米德做的一样，而恰恰相反，他给他自己一个障碍，并且阻碍别人去很好地理解他的证明。

我在这里讲得太多了，好像事物本身不值得讲得这么多，这是为了指出我十分小心，怕是在我的书里出现一点点使神学家们有理由挑出毛病的地方。

最后，我已经在我对第二组反驳的答辩的第三点和第四点里足够清楚地指出，当我说我们确知我们非常清楚、非常明白地领会的东西之所以都是真的是因为上帝存在，而我们确知上帝存在是因为我们对上帝存在领会得非常清楚、非常分明。我这样说并没有陷入循环论证中，我是把我们事实上领会得非常清楚的东西同我们记得以前曾领会得非常清楚的东西区别开来。

因为，首先，我们确知上帝存在，因为我们注意那些证明上帝存在的理由；不过在这以后，还需要我们记得曾经把一个东西领会得清清楚楚以便确知它是真的，如果我们不知道上帝存在，不知道他不可能是骗子，这就不行。

关于是否任何东西都不能存在于我们的精神里（就精神之是一个在思维的东西而言），假如精神本身对那个东西没有实现认识的话，这个问题，我认为非常容易解决，因为当我们这样认为它的时候，我们看得很清楚，除了思维或者完全取决于思维的东西之外，没有什么东西存在于它里边，否则就不属于精神，就精神之是一个在思维着的东西而言；而在我们心中不可能有任何思维（在它存在于我们心中的同时）是我们对之没有一种现实认识的。

因此我不怀疑精神一渗入到一个小孩子的身体里就开始思维，从这时起他就知道他思维，虽然他以后不记得他思维什么，因为他所思维的东西没有刻印在他的记忆里。

不过必须注意，我们对于我们的精神的行为或活动有一种现实的认识而不总是对于它的功能才有现实的认识，除非是潜在的。因此，当我们打算使用什么功能的时候，如果这个功能是在我们的精神里，我们立刻就得到关于它的现实认识。就是因为这个缘故，如果我们不能得到关于它的这种现实认识，我们就可以确实无疑地否认它在那里。

13. 答辩之五：

关于全部六个沉思

先生：

你用一篇那么漂亮、那么讲究的讲话攻击了我的《沉思集》，而且我认为这篇讲话对于进一步阐明我的《沉思集》的真理是那么有用，因而对于你不厌其烦地从事这项工作，我不胜感激之至，同时对于尊敬的麦尔赛纳神父邀请你这样做，我也同样对他表示万分感谢。麦尔赛纳神父对于追求真理一向是非常热心的，特别是当这种真理能够有助于增加上帝的荣耀时更是如此。他认为，要判断我的论证是否正确，没有比使用以下这种办法更合适的了，即把我的论证交给公认为才学超众的某些人去检查，以便看看他们给我提出的各种问题，我是否都能妥善地一一予以回答。他的这种看法是很正确的。为此目的，他邀请了许多人，得到其中好几个人的响应。我很高兴你也接受了他的邀请。因为，虽然你在反驳我的意见上所使用的不是哲学家的道理，而是演说家的口才，用以回避那些道理，不过，这无碍于使我感到非常愉快；而更让我高兴的是，由此我敢说，要在你所读过的以前那些反驳里所包含的那些道理之外，再向我提出什么新的道理，那是不容易的。因为，假如有什么新的道理，你当然是不会放过的。我猜想你在这方面的全部意图，不过是要告诉我那些人为了回避我的道理所能采取的是些什么办法，同时使我有可能对那些手段加以预防。那些人，他们的精神陷入感官里边如此之深，以致除了用想象而外，什么也体会不了，从而不适于做形而上学思考。因此，不要以为我在这里对你做的答辩是向一个十全十美、精明强干的哲学家（我知道你就是这样的一个哲学家）的答辩，而是把你算在那些行尸走肉的行列里，因为你就是借用了他们的面貌的；我对你做的答辩不过是我想要对他们做的答辩。

关于第一个沉思

你说你对我把精神从旧的成见中摆脱出来的这种办法表示赞成。实际上这种办法是没有人能够反对的。可是你要我直截了当用很少几句话，这就是说，简言之，马马虎虎地、用不着那么小心谨慎地去做就行了，好像清楚我们自从幼年时期以来所积累的全部错误、我们能够把我们毫不犹豫地认为必须做的事情都做得非常正确，是那么容易似的。可是，不错，我看得出你本来是想要告诉我，有很多人嘴上虽然说必须小心从事以避免成见，可是他们从来不去避免成见，因为他们并不真想避免成见，而且认为不应该把他们一旦当作真实的而接受过来的东西看作是成见。当然，你在这里把他们的角色扮演得惟妙惟肖，并且把他们有可能反驳我的那些东西一个也不漏掉。不过，你所说的那些话连一点哲学家的味道都没有。因为，你说用不着去假想一个骗人的上帝，或者去假想我是在睡梦中。一个哲学家会认为有必要说出为什么不能加以怀疑的理由；如果他没有什么理由（因为实际上并没有什么理由），他就不会说出这种话。他也不会说什么只要在这个地方把我们不信任的理由归之于人类精神的不明智或者我们本性的弱点就行了。因为，为了改正我们的错误，用不着说我们之所以犯错误就是由于我们的精神不很明智，或者由于我们的本性残缺不全；因为这和我们说我们之所以犯错误是因为我们本来就好犯错误是一样的。当然，由于害怕对于凡是我们有可能在上面犯错误的东西过于轻信起见，于是我们对那些东西都一律加以警惕，就像我所做的那样，我们不能否认那会是更有好处的。一个哲学家也不会说把一切东西都假定是错误的，这就是我不惜从我的旧成见中解脱出来而去采取一个另外的、完全新的成见。他也不会首先试图指出像这样的一种假定有可能使我们得出来错误的结论。可是恰恰相反，你不久以后说我不可能勉强我自己对我假定为错误的那些东西的真实性和可靠性加以怀疑；也就是说，我不可能采取你提出要我提防的那种成见。一个哲学家对于这种假定，和他看到有人要弄直一根弯了的棍子就要把这根棍子向另外一个方向弯时一样，并不感到有什么奇怪，因为他知道人们就是经常把假的东西当作真的，以便更进一步阐明真理，比如天文学家们就想象出天上有一个天球赤道、一个黄道带和其他的圆圈，几何学家们就在既定的图形上加上几条新的线。哲学家们也经常这样做。而那个把这叫做装腔作势、弄虚作假，追求拐弯抹角、稀奇古怪的东西，说这不适合一个哲学家的坦率精神和追求真理的热诚态度的人，充分表露了他自己既不愿意使用哲学的坦率精神，也不愿意讲什么道理，只不过是玩弄词藻、花言巧语一番罢了。

关于第二个沉思

（一）你在这里不是向我讲道理，而是进一步用花言巧语来和我们开玩笑；因为当我正正经经地讲话时，你却认为我是在开玩笑，而当我只是用疑问的形式、按照一般人的见解来提出的东西时，你却把它当作认真地、确有把握地这样说的。因为，在我说凡是由感官接受过来的印证，都必须认为是不可靠的，甚至是假的时，我是真心这样说的；这对于更好地理解我的沉思来说是如此必要，以致不能或者不愿意承认这件事的人是不可能说得出什么值得答辩的相反的话来。虽然如此，必须注意生活上的行动和追求真理二者之间的区别。追求真理，这是我反复说过多次的；因为，至于说到生活上的行动，不联系到感官，那是非常荒唐的。因此人们经常嘲笑那些怀疑论者，他们把世界上的一切事物忽视到如此地步，以致必须由他们的朋友们看守住他们，以便防止他们自己陷入深渊。就是为了这个缘故，我在另一个地方说：一个有良知的人不能真正对这些事物有所怀疑。可是，当问题在于追求真理，在于知道人类精神能够靠得住地认识到什么东西时，不愿意认真地把这些东西当作不可靠的、甚至当作假的来抛弃掉，以便指出那些用这样的办法抛弃不掉的因而是更确实的、更能被我们认识的、更可靠的东西，这无疑是完全违反理性的。

至于我说我还不充分认识什么是一个在思维的东西，这并不像你说的那样是我认真这么说的，因为我已经在那个地方给它做了解释；我说我绝不怀疑物体的本性在于什么，以及我并没有给它加上什么本身自动的性能，我也不是认真这么说的；我说我把灵魂想象为一阵风或一个火焰，以及我仅仅是在这个地方按照一般人的见解所讲的、为了以后指出都是错误的其他类似的东西，都不是认真这么说的。可是你说我把走路、感觉、吃饭等等功能归之于灵魂，以便你接着就加上这样的话：这些我都同意你，只要我们保持住你在精神和物体之间所划的区别就行，你说的是老实话吗？因为我在这个地方明明白白地说吃饭只应归之于肉体；至于感觉和走路，我也绝大部分归之于肉体；关于那些东西，我归之于灵魂的仅仅是一个思维。

（二）还有，你有什么理由说用不着费那么大的事来证明我的存在？不错，既然我还没有能够使你理解我的思想，那么我认为我有充分的理由从你的话本身猜测到我费的事还不够大；因为，当你说我从我的任何一个行动中都本来可以毫无差异地得出同一的结论时，你完全弄错了，因为这些行动中没有一个是我完全清楚的，我是指这种形而上的可靠性说的，除了思维以外，在这里问题只在于这种形而上的可靠性。因为，举例来说，我散步，所以我存在，这个结论是不正确的，除非我具有的、作为内部认识的是一个思维，只有关于思维，这个结论才是可靠的，关于身体的运动就不行，它有时是假的，就像在我们的梦中出现的那样，虽然那时我们好像是在散步，这样从我想我是在散步这件事我就很可以推论出我的精神（是它有这种思想）的存在，而不能推论出我的身体（是它在散步）的存在。其他一切也都是这样。

然后你用一种相当风趣的口吻绘声绘色地（人们称之为活灵活现地）开始问我，不再把我看成是一个整个的人，而是把看成是一个跟身体分开的灵魂；在这上面你好像想要告诉我这些反驳不是出自一个精明的哲学家的头脑，而是出自一个依附于感觉和肉的人的头脑。肉啊！或者不管你是什么吧，不管你愿意人们把你叫做什么吧，请你告诉我，你真是那么跟精神无缘，以致你竟没有能够看出我已经改正了一般人的那种想象吗？用一般人的那种想象，人们误以为在思维的东西就是跟风或者这一类的别的物体一样的。因为，当我指出，人们可以假定世界上没有风，没有火，没有其他任何东西，可是，无论如何，用不着改变这个假定，我用来认识到我是一个在思维的东西的所有那些事物却一成不变地在那里时，我已经改正了一般人的那种想象。因此，你接着向我提出的所有问题，比如说，我为什么不能是一阵风？为什么不能充实一个空间？为什么不能以许多方式被推动起来？以及其他类似的问题，都是无的放矢，毫无意义的，因而用不着回答了。

（三）你接着说的那些话也没有更多的说服力，比如，如果我是一个精细的、稀薄的物体，我为什么不能是被营养的呢？等等。因为我坚决反对我是一个物体。由于你反驳我的差不多都是一回事，而且你攻击我的不是我的理由，而是把我的理由歪曲成为就好像它们一点价值也没有，或者把它们说成是不完满、残缺不全的之后，你从那里找到借口，对我发出了许多反驳，这些反驳使不内行于哲学的人常常反对我的结论，或者反对其他类似的东西，或者甚至反对跟我的结论丝毫无关的东西，这些东西有的和主题毫不相干，有的我已经驳斥过、解决过了，因此，为了一劳永逸地结束这些反驳起见，我用不着对你的提问一一进行答辩，否则我就必须对于我上面说的那些话再说一百次。不过，我对于我认为有可能让那些有一点内行的人感到困难的一些问题想稍微再说几句。至于那些不大讲道理而只愿意说废话的人，对于他们的同意与否，我是不大在乎的，我不愿意浪费时间去做无谓的论证来争取他们的同意。

首先我要指出，你没有任何证明就硬说精神跟身体一起生长、一起衰弱，这话我不相信。因为，由于精神在一个孩子的身体里并不如在一个成人的身体里行动得那么完满，由于精神的行动时常能够被酒或者其他的物体性的东西所阻碍，这不过是说明在它和身体结合在一起时，它是把身体当作一个工具来使用，让它去做它一般所从事的这一类的活动，而并不是身体让精神比它自存时更完满或者不如它自存时完满。而你从那里得出来的结论并不比你从下面这件事得出来的结论更好，即一个工匠每次使用一个不好使的工具就工作不好时，你就得出结论说，他是从他的工具的好使中得到他的技巧和他的技术上的学问的。

也应该指出，肉啊！好像你一点也不知道什么是使用理性，因为，为了证明我的各感官的联系和我对各感官的信赖不应怀疑起见，你说虽然我有时不用眼睛好像也感觉到非用眼睛不能感觉的东西，可是我并没有一直犯同样的错误，就好像虽然有一次看出错误也没有充分的理由来怀疑一件东西似的，就好像我们每次弄错都可以发现错误似的；因为，相反，错误仅仅在于它并不像它所表现的那样。最后，因为在你自己一点理由都没有的时候，你时常向我要理由，而其实是你自己应该有理由，所以我不得不告诉你，为了很好地进行哲学思考，并不需要把那些我们不知道其真实性因而并没有当作真实的东西接受下来的都证明是假的，而是必须仔细注意不要把我们不能证明为真实的东西都当作真实的接受下来。这样，当我觉得我是一个在思维的实体并且关于这个实体我做成一个清楚明白概念，在这个概念里一点也不含有属于物体性实体的概念的东西时，这就完全足以使我确信，就我对我自己所认识的来说，我仅仅是一个在思维的东西，这是我在第二个沉思里所确信的全部东西，我们现在所谈的就是第二个沉思。我不应该承认这个在思维的实体是一个精细的、纯粹的、稀薄的……物体，因为在第二个沉思里我没有任何理由使我这样地相信；如果你有什么理由，那么应该告诉我的是你，而不应该要求我，让我来证明什么东西是假的，理由仅仅在于我不知道它，所以才不承认它。因为你这样做跟以下的说法没有什么区别：比如我现在是在荷兰，你说如果我不先证明我不是在中国，同时也不是在世界上其他任何地方，我说我在荷兰就不应该让人相信，因为也许有可能，由于上帝的全能，同一的物体可以同时在几个地方。当你接着说我也应该证明动物的灵魂并不是物体性的、身体丝毫无助于思维时，这显出你不仅不懂得证明一个东西的责任究竟在谁，而且也不知道每一个人应该证明的是什么；因为，对我来说，我既不相信动物的灵魂不是物体性的，也不相信身体丝毫无助于思维；我只是说这里不是检查这些东西的地方。

（四）在这里你感到暧昧不清的原因是由于对灵魂这一词的理解不同；不过对于这一词我已经说明了那么多遍，因而我耻于在这里再重复了。我要说的仅仅是，名字一般是由无知的人起的，这就使这些名字不总是跟它们所意味着的东西那么恰当。虽然如此，自它们一旦被人接受了之后，我们就不能随便加以改变，而只能在我们看到它们的意义没有被很好地理解的时候改正它们的意义。这样，因为最初起那些名字的人也许没有在我们心里把我们由之而吃饭、生长以及不用思维而做的、跟动物做的同样的其他一切活动的这个本原，同我们由之而思维的本原区分开来，他们把二者都叫做灵魂，而当他们以后看到思维是不同于吃饭时，他们就把在我们心中具有思维功能的那个东西叫做精神，并且认为这是灵魂的主要部分。而我，注意到我们由之而吃饭的这个本原跟我们由之而思维的本原完全不同，我就说灵魂这个名字，当它同时既指这个又指那个的时候，是有歧义的，而为了使这个本原被确切地当作第一行动或人的主要形式时，它应该仅仅是指我们由之而思维的这个本原说的，我绝大部分时间都是把它叫做精神以便避免这种歧义和暧昧。因为我并不把精神看作是在思维的这个整个灵魂。

可是你说，你很难知道是不是灵魂一直在思维。不过，既然灵魂是一个在思维的实体，它为什么不一直在思维？如果我们不记得在我们母亲肚子里或者在昏睡时我们思维了些什么，这也没有什么奇怪，因为我们连当我们成年、健康、清醒的时候甚至对于我们明明知道曾经思维的事都想不起来；这是因为，要把精神在它同身体结合的时候曾经思维过的事想起来，必须是这样才行，即把某些思维的痕迹印在大脑里，精神向着这些痕迹转动并且把它的思维结合到这些痕迹上去，它才能想起来。而如果一个孩子或者一个昏睡的人的大脑不适于接受像这样的一些印象，这有什么奇怪呢？

最后，当我说也许有可能是，我还不认识的东西（即我的身体）跟我已经认识了的我（即我的精神）没有什么不同，这我一点也不知道，我也不去争辩，等等时，你反驳我说：如果你一点也不知道，如果你不去争辩，那么为什么你说你绝不是那些东西？在这个地方说我承认了我不知道的东西，这是不对的；因为，正好相反，由于那时我还不知道身体跟精神是一回事还是不是一回事，我并没有想承认什么，我考虑的仅仅是精神。一直到最后，在第六个沉思里，我才不仅承认，并且非常清楚地证明了精神实际上是同身体有区别的。可是你自己在这上面却犯了很大的错误，因为你没有拿出一点点理由来说明精神跟身体没有区别，不经过任何证明就对它加以肯定。

（五）我关于想象所说的话，如果仔细加以注意，是相当清楚的，可是对于那些从来不深思熟虑、对于所想的事情不做任何思考的人，如果好像不清楚，那也没有什么奇怪。不过，我要提请他们注意，我确信绝不属于我对我自己的这种认识的东西，跟我以前说过的、我不知道那些东西是不是属于我的本质，并没有什么矛盾，因为属于我的本质跟属于我对我自己的认识完全是两回事。

（六）非常好的肉啊！你在这里所说的一切，我觉得并不算什么反驳，而只不过是一些无味的叨唠罢了，因此用不着加以反击。

（七）你在这里仍然继续你的无味叨唠，我没有必要像对待其他那些叨唠那样来加以驳辩，因为这里不是考虑这些问题的地方，因为精神在自我深思和反思它自己是什么的时候，很可以体验到它是在思维，而体验不到兽类有没有思维，只有在考虑它们的活动时才可以从结果上追溯其原因时发现它们有没有思维。我也不纠缠在你用我的口气说出粗野的话的地方来驳斥你，因为我只需告诉你一声就够了：读者们说你引证别人的话时不忠实。不过我经常指出我们能够用以认识精神是与身体不同的那种真实的标志，这标志就是：精神的全部本质或全部本性就在于思维，而身体的全部本性就在于身体是有一种广延性的东西，而思维与广延，二者毫无共同之处。我也经常十分清楚地指出，精神可以不倚靠大脑而行动因为，毫无疑问，当问题在于做成一种纯智力活动时，大脑一点用处也没有，只有在感觉或者想象什么东西的时候，它才有用处。当感觉或者想象被强烈地振奋起来，比如大脑万一受了刺激，那时精神虽然不能很容易地领会别的东西，可是我们却体验到，在我们的想象不是那么强烈的时候，我们还是能够经常领会到跟我们想象的完全不同的什么东西的，就如同我们在睡梦中觉察到我们是在做梦的那样；因为，不错，我们梦着的是我们想象的一个结果，不过，使我们觉察到我们的梦的却只能单独是理智的工作。

（八）你在这里同经常在别处一样，不过是说明对于你试图加以指责的东西你并不理解罢了；因为我并没有从蜡的属性的概念中抽象出蜡的概念，我不过是想指出蜡的实体如何由属性表现出来，对它的知觉，当它是清楚的、分明的，并且在对它加以恰当的深思之后给我们表现得明显的时候，是和平凡、模糊的知觉多么不同而已。肉啊！我看不出你根据什么论据就那么肯定地确认一只狗用同我们一样的方式来分辨和判断，除非是因为你看到它也是由肉组成的，你就信以为在你身上的东西也同样在它身上出现。对于不承认在狗的身上有什么精神的我来说，我认为在它身上一点也没有跟属于精神的东西相同的东西。

（九）我很奇怪你会认为我在蜡上所观察的一切东西都足以证明我清楚地认识到我存在，而并不证明我是什么或者我的本性是什么，因为一个如果缺少另一个就不能得到证明。同时关于这一点，除了人们对你说人类精神是什么气味，什么滋味，或者是由什么盐，什么硫，什么汞组成的而外，我看不出你能希望更多的东西；因为你想要用一种化学实验那样，我们按照酒的样子把它用蒸馏器来蒸，以便知道有什么东西进到它的本质的组成里边去。肉啊！这对你来说，以及对所有把什么都领会得糊里糊涂、不知道对每一件东西该研究什么的人来说，一定是合适的。可是，至于我，我从来没有想到过，为了把一个实体弄明白，不是需要去发现它的各种不同的属性，而是需要其他东西。我们越是认识某个实体的属性，我们也就越是圆满地认识实体的本性；这样，我们就能够在蜡里分辨出来几种不同的属性：一个是它是白的，一个是它是硬的，一个是它是由硬变成液体的，等等。同样，在精神里也有那么多的属性：一个是它有认识蜡的"白"的性能，一个是它有认识软硬的性能，一个是它能认识这个软硬的变化或液化，等等。因为有人能认识软硬而不能认识白，一个天生的瞎子就是那样，其余的也一样。因此人们清楚地看到，除了我们的精神，没有什么东西我们能够认识它的那么多的属性，因为人们在其他东西里认识多少属性，在精神里就数得出多少它所认识的东西的属性，从而它的本性比任何别的东西更容易认识。

最后，你在这里捎带着指责我，说我既然在我里边仅仅承认了精神，可是我却谈到我看见和摸到的蜡，而这是不用眼睛和手就做不到的。可是你本来应该注意到我特别警告说在这里问题不在于看和摸，因为看和摸是要通过物体性器官的媒介才能做的事，而是仅仅在于看和摸的思维，这是用不着那些器官的，就像我们每夜在梦里所体验的那样；你肯定是注意到了，你不过是想让人看一看那些不去下工夫来很好地理解一件事物而专门去吹毛求疵的人是能够创造出多少荒唐无稽和强词夺理的事情来的。

关于第三个沉思

（一）好极了！你终于在这里拿出来一点反对我的道理，这是我直到现在还没有看到你这样做的。因为，为了证明这不是一个确定无疑的准则，以及我们领会得非常清楚、非常分明的东西并不都是真的，你说有那么多伟大的人物，他们虽然似乎本来已经非常清楚、非常分明地认识了许多事物，却认为真理是隐藏在上帝本身的心里或者是隐藏在无底的深渊里。在这一点上我承认这是以别人的威信做的非常高明的论证。不过，肉啊！你应该记得，你现在是跟这样的一个精神讲话，这个精神已经完全摆脱了物质性的东西到如此程度，以致他甚至连在他以前是否有人都不知道，从而对于那些人的威信也无动于衷。你接着关于怀疑论者的那些话也说得头头是道，可是什么也证明不了；你所说的有些人拼死命来维护他们的错误见解也同样证明不了什么，因为人们对他们那么顽强地确认的东西是他们领会得清楚、分明的这一点，无法证明。最后，你接着说，用不着费那么大的力气去证实这个准则的真实性，而是要指出一种有效的办法以便认识当我们以为清楚、分明地领会了什么事物时，我们到底是弄错了还是没有弄错就行了，这是非常正确的。不过，我也必须说明，我在适当的地方也正好这样做了，首先把成见去掉，接着解释全部的主要观念，最后把清楚、分明的观念同模糊不清的观念分别开来。

（二）你想要证明我们的一切观念都是外来的，来自外界的，没有一个是由我们做成的，你说，因为精神不仅具有领会外来观念的能力，而且具有用若干方式加以集合、分割、放大、缩小、组合等等的能力，从而你得出结论说，由精神用组合、分割等方式做出来的关于怪物的观念并不是由精神做成的，而是来自外部的，或者是外来的，你的这种推论，当然是我很赞赏的。不过，你也可以用同样办法证明普腊克西特[①]什么雕像也没有雕刻过，因为从他本身，他并不具有他用以雕刻的大理石；也可以说，你也并没有做过这些反驳，因为你是用一些话把这些反驳组合起来的，而这些话并不是你发明的，而是你从别人那里借用来的。不过，当然，一个怪物的形式并不包含一只山羊或者一个狮子的组成部分里，你的这些反驳的形式也并不包含在你所使用的每句话里，而仅仅是包含在这些东西的组合和安排里。我也很赞赏你说的，假如一个动物的观念，一个植物的观念，一块石头的观念，以及一切普通观念都不在精神里，那么人们称之为一个东西的观念也不会存在于精神里。这就好像说，为了认识我是一个在思维东西，我必须认识动物和植物，因为我必须认识人们称之为一个东西的东西，或者认识一般说来一个东西是什么。你关于真理所说的一切也同样不对。最后，由于你所攻击的都是我没有肯定下来的东西，因而都是无的放矢。

（三）为了反驳我认为人们可以怀疑物质的东西的存在性所根据的那些理由，你在这里问我为什么我在地上走，等等。在这上面显然你又陷入了第一个困难中去了；因为

① Praxitèle，古希腊著名雕刻家，曾雕刻过爱神维纳斯的雕像，约生于公元前 390 年。

你把有争议的、需要证明的东西当作根据了，比如说我在地上走是千真万确的，是丝毫无可怀疑之处的。

在我反驳我自己并且我已经提出了解决的办法的地方，你又加上了这样的一个反驳，即为什么在天生的瞎子的心里没有颜色的观念，或者在天生的聋子的心里没有声音的观念？这恰好让人看出你白费力气，达不到任何结果；因为，既然有时我们体验到，我们眼睛虽然闭着，在我们心里也照样能刺激起来颜色和光的感觉，那么你怎么知道在天生的瞎子的心里没有颜色的观念呢？而且，即便可以同意你所说的那些话，否认物质的东西的存在性的人仍然可以说天生的瞎子没有颜色的观念是因为他的精神缺少形成颜色的观念的能力，这跟你说的他没有颜色的观念是因为他缺少视觉，不是同样有道理吗？

你接着关于太阳的两个观念所说的话什么都证明不了；不过，你把这两个观念当作一个，因为它们都是涉及同一的太阳的观念，这就如同你说真和假，当它们说的是一个东西的时候，是毫无区别的一样；而当你否认人们应该把我们从天文学的道理推论出来的那个观念称之为观念时，你把观念这一名称局限于仅仅是任意勾画出来的影像，这和我特别建立的意义正好相反。

（四）同样情况，你否认人能够具有实体的真正观念，你说因为实体不能由想象而只能单独由理智看出来。可是，肉啊！我已经不止一次地申明说我不愿意和那些只使用想象而不使用理智的人打交道。

可是你说实体的观念里的实在性没有不是从属性的观

念中搬过来的，实体就是从属性或者说按照属性的方式被领会的，你在这个地方很明显表现出你对实体的观念一点都不清楚，因为实体绝不能按照属性的方式被领会，它的实在性也绝不能从属性中搬过来；恰好相反，属性被哲学家一般领会成为实体的，是在他们把属性领会成为实实在在的东西的时候；因为归之于属性的任何实在性，也就是说比形式更多的本质性的东西，都只能是从实体的观念中搬过来的。

最后，你说我们之所以做成上帝的观念，不过是从别人那里学来的、听说的，我们看到别人把那些完满性归之于他，我们也按照他们的样子把同样的完满性归之于他。在这个地方我也想请你加以说明：我们由之而学到和听到这些事情的那些最初的人，他们是怎么具有上帝这一观念的。因为，如果他们是自己具有这个观念的，那么我们为什么自己不能具有这个观念呢？如果说上帝把他的观念启示给他们了，那么其结果是上帝存在。

当你接着说谁要说一个无限的东西，谁就是给一个他所不懂得的东西加上一个连他自己也不理解的名称的时候，你是把符合于我们精神所能达到的智力活动（比如每人足以认识到在他自己心里具有一些无限）同对于事物的完全的、完满的构思（也就是说，这种构思可以懂得事物本身里的全部可理解的东西，以致任何人不仅能构思无限，而且甚至也许能构思世界上不拘多么细小的其他任何东西）二者之间不作任何区别。而且，说我们是从有限的否定来领会无限，这话也不对；因为，相反，在一切限制的本身里都包含着对无限的否定。

说给我们表象我们所归之于上帝的一切完满性的那个观念所具有的客观实在性并不比有限的东西所具有的客观实在性多，这话也不对。因为你自己供认所有这些完满性都是由我们的精神扩大出来以便使它们能够被归之于上帝的；那么你认为经过这样扩大的东西不比没有经过扩大的东西更大吗？把一切被创造的完满性扩大了的这种能力，也就是说，把不是那么大、那么完满的什么东西领会为那么大、那么完满的这种能力，如果不是只能来自我们所具有的在我们心里更大的一个东西的观念，即上帝本身的观念，那么它能来自什么地方呢？最后，说如果上帝并不比我们所领会的更大，那么他就没有什么了不起，这话也不对；因为我们领会他是无限的，而没有什么东西是比无限再大的。不过你把智力活动和想象混为一谈了，你硬说我们把上帝想象成为什么强大的巨人，就好像没有看见过大象的人把大象想象成就像一个粗大得不得了的小蛆那样，我和你一起承认这是十分粗鲁的。

（五）为了硬反对我，你在这里说了很多东西，其实你说的没有一件是反对得着我的，因为你得出的结论和我的结论一样。虽然如此，你随处掺杂了许多我不同意的东西，比如，在一个结果里的东西没有不是首先在它的原因里的这个定理里，你说什么这个原因应该是指质料因，不应该是指动力因说的，因为形式的完满性事先存在于质料因里，这是无法理解的。它应该事先只存在于动力因里。还有，一个观念的形式的实在性是一个实体，以及其他许多诸如此类的东西，也都是我不能同意的。

（六）假如你有什么理由证明物质性的东西的存在性，你无疑会已经在这里提到了。可是，既然你仅仅问是不是真的我不清楚除了我以外世界上还有什么别的东西存在，并且硬说用不着去寻求一件如此明显的事情的理由，以及这样一来你就仅仅听从你的一些旧成见的支配，那么这比你什么都不说还更使人看出你没有任何理由来证明你所肯定的东西。至于你关于观念所说的话，这用不着答辩，因为你把观念这一名称仅仅局限于任意勾画出来的影像；而我是把它扩展到我们用思维所领会的一切上去的。

不过我顺便问问你：你用什么论据来证明什么都不能作用于自己本身？因为使用论据并且证明你说的话，这并不是你的习惯。你用手指和眼睛的例子来做证明，说手指不能打它自己，眼睛除非在镜子里就不能看它自己。对于这个，我很容易回答：能看到自己的既不是眼睛，也不是镜子，而是精神，只有精神既能认识镜子，又能认识眼睛，又能认识它自己。在物体性的东西里也可以举出一个东西作用于它自己本身的行动的例子，比如当一个陀螺旋转的时候，这种旋转难道不是作用于自己本身的行动吗？

最后，必须注意，你硬说我说过物质性的东西的观念是来自精神的，我并没有这样说过；因为我在以后曾特意指出观念经常出自物体，指出人们证明物体性的东西的存在就是由于这个缘故。而我在那个地方只是由于在结果里的东西没有不是形式地或者卓越地存在于它的原因里的这个定理才说在观念里边有那么多的实在性，人们本来应该由此得出观念不能仅仅是来自精神这样的结论的；因此你这是无的放矢。

（七）你在这里说的没有不是你以前说过而被我全部驳斥过了的。我在这里仅仅就无限的观念警告你：你说，如果我不懂得无限，这个观念就不可能是真的，而我所认识的只多是无限的一个部分，甚至是非常小的一个部分，它跟一根头发的画像之不能表象一个整个的人一样，不能表象无限。我说，我将警告你：说我懂得什么东西，而我懂得的就是无限，这是毫无道理的；因为，既然不可理解性本身就包含在无限的形式理由内，那么为了具有一个无限的真实观念，它绝对用不着被懂得。尽管如此，非常明显的是：我们关于无限所具有的观念不仅仅表象无限的一个部分，而且，按照被一个人类的观念所应该表象的那样，表象无限的全部。虽然无疑上帝或者其他什么灵性可以具有一个比人所具有的观念完满得多，也就是说正确得多、明显得多的观念，就如同我们说，在几何学里不内行的人，当他把三角形领会为一个由三条线构成的形状时，也能具有全部三角形的观念一样，虽然几何学家们比那个不内行的人能够认识三角形的许多别的特性，能够注意到三角形的观念中的很多东西。因为，为了具有全部三角形的观念，只要领会三角形是一个由三条线构成的形状就够了，同样，为了具有全部无限的一个真实的、完整的观念，只要领会出一个不包含任何限制的东西就够了。

（八）在你否认我们能够具有上帝的一个真实的观念时，你在这里犯了同样的错误；因为，尽管我们不认识上帝里的全部东西，可是我们在上帝里所认识的一切东西都是真实的，至于你所说的面包并不比希求面包的人更完满，并且，从我领会什么东西是现实存在于一个观念里这件事，不能说这个东西在观念里所表象的东西里边是现实存在的，那样我就给我所不知道的东西下了判断，以及诸如此类的其他东西，我说，所有这些不过是向我们表明你对许多东西都是糊里糊涂地想要反对，可是你并不理解它们的意义；因为，从有人希求面包这件事，推论不出来面包比那个人更完满，只能推出需要面包的那个人不如他不需要面包时完满。并且，从什么东西包含在一个观念里这件事，我并没有得出结论说这个东西是现实存在的，除非是，除了观念所表象为现实存在的那个东西以外，不指这个观念的任何别的原因。我所论证的不能说是许多世界，也不能说是任何别的什么东西，而只能说是关于上帝的。而且，我也不是对我所不知道的东西下判断，因为我所下的判断，我都举出了判断的理由，而对这些理由，你直到现在一点也没有反驳。

（九）在你否认我们为了被保存起见需要第一原因的不断帮助和影响时，你否认了一切形而上学家们认为非常明显的一件事，可是对于这件事，没有什么学问的人是不曾想到的，因为他们只想到在学院里人们称之为 Secundum fieri（根据开始存在）的那些原因，即结果赖以产生的那些原因，而没有想到人们称之为 Secundum esse（根据存在）的那些原因，即结果在存在里赖以继续的那些原因。同样，单就产生来说，工程师是房子的原因，父亲是他的儿子的原因；这就是为什么工作一旦完成，它就能够不用这个原因而继续存在下去。可是太阳是光的原因，光是从太阳产生的，而上帝是一切造物的原因，不仅是在它们的产生所赖以存在上，而且就连在它们的存在的持续保存上也是如此。这就是为什么他应该永远以同样方式作用于他的结果以便保存他所给予的最初的存在。这一点，由于我关于时间各个部分的独立性时已经解释过了，因而是十分清楚的了，而在这一点上，你用提出当作在抽象里的时间的各个部分之间的连续的必要性徒劳地试图回避了，关于这种必要性，在这里不是问题的所在，问题仅仅在于关于时间或者东西本身的延续，关于这一点，你不能否认一切时刻不能同紧跟着它们的时刻分割开，也就是说，东西本身不能在它延续的每个时刻上停止存在。

在你说在我们里边有足够的能力在万一有什么毁灭原因突然到来的情况下得以继续存在下去的时候，你没有注意到，说造物不依赖别人而独立继续存在时，你是把造物主的完满性加给了造物，同时，你把造物的不完满性加给了造物主；因为，按你的意思，如果万一他想要让我们停止存在时，他必须用“无”来结束一个正面的活动。

你在这以后关于无穷地往上追究所说的话，即像这样的一种追究没有什么不合理，你以后又粗暴地反对了；因为你自己承认在这样的一些原因里不可能无穷地往上追究：这些原因彼此如此紧密地互相联结和从属，以致低级的东西没有高级的推动就不能行动。可是，这里涉及的正是这样的一些原因，即把存在给予和保存它们的结果的那些原因，而不是其结果仅仅赖以产生的那些原因，比如父母；从而亚里士多德的权威跟我并不相矛盾。

你关于潘多拉的话也说得不对，因为你自己也承认我能够把在人里认识到的一切完满性扩大、增加到如此程度，以致我将很容易认出它们对我来说是这样的，即它们跟人的本性是不能相容的，这就使我完全足够证明上帝存在；因为，坚持认为这种能力，即把人的完满性增加和扩大到如此程度，以致它们不再是人的完满性，而是无限超出人的情况和条件，这种能力我们不可能有，假如不是我们具有一个上帝作为我们存在的作者的话。不过，说实在的，对于你认为我没有论证得足够清楚，这我并不奇怪；因为直到现在我还没有看到你很好地理解我的任何一个理由呢。

（十）在你提到我说人们不能在上帝的观念上面加减任何东西的话时，你好像没有注意到哲学家一致说的话：事物的本质是不可分割的；因为观念表象事物的本质，如果人们在它上面加减不管什么东西，它立刻变成另外一个事物的观念。从前人们就是这样地做成一个潘多拉的观念的；没有正确理解真实上帝的观念的那些人就是这样地制造了各种假上帝的各式各样的观念。不过，自从人们一旦领会了真实上帝的观念以后，虽然人们可以在他身上发现了以前尚未发现的一些新的完满性，它的观念并不因此而有所增长或者增加，它不过仅仅是更清楚、更明显罢了，因为，既然把这个观念设定为真实的，那么这些完满性本来都应该早已包含在人们已有的这个观念里了。同样，当人们在三角形的观念里看出以前不知道的几种特性时，三角形的观念并没有增加。因为，不要以为我们所具有的上帝的观念是由造物的不断增加的完满性做成的；它是全部地、一次地由我们的精神所领会为无限的、不可能有任何增加的存在体。

你问我怎么证明上帝的观念在我们心里就如同工匠的标记刻印在他的作品上一样？是用什么方式刻印的？这个标记是什么形式的？这就如同说，在认出了某一幅技巧十分精练的画，这个作品我判断为除了阿派拉[1]不可能出自别人之手，我说这种不可模拟的精练技巧就像是阿派拉刻印在他所有的作品上以别于其他作品一样，而你问我这个标记是什么形式的，或者是用什么方式刻的。当然，你好像是更值得惹人嘲笑而不值得对你进行答辩。你接着说：如果这个标记和作品没有什么不同，那么你自己就是一个观念，你不过是一个思维方式，你既是刻印的标记，同时又是刻印的主体，这跟如果我说阿派拉的画由之而有别于其他画的那种精练技巧跟这些画的本身并没有什么不同，而你反对说这些画只不过是一种精练技巧，它们并不是由任何一种方式组合成的，它们只是一种画的方式，等等，不是同样的狡赖吗？

为了否认我们是按照上帝的形象和相似性做成的，你说因而上帝具有一个人的形象，接着你又提出人的本性之所以不同于上帝的本性的一切东西，你在这上面比你为了否认阿派拉的某些画是按照亚历山大的形象画成的，你说

① Apelles，是以画亚历山大大帝画像而著名的古希腊画家。

亚历山大像一幅画，而画是由木板和颜色组成的，并不是像亚历山大那样由肉组成的，难道不是更狡赖吗？因为，一幅画完完全全和它所表象的东西相似，这并不是那幅的本质，问题是只要它在某一点上像那个东西就行了。非常明显的是：我们领会在上帝里边的那种可赞美的、非常完满的思维能力被我们心里的虽然是很不完满的思维能力来表象了。而当你更喜欢把上帝的创造跟一个建筑师的活动来比较，而不喜欢跟一个父亲的生育来比较时，你这样做一点道理都没有；因为，虽然这三种行动方式完全不同，不过从自然的生产到上帝的生产，同人工的生产到上帝的生产，差距并不很大。不过，你不但找不出来我曾说过什么上帝同我们的关系和父亲同他的孩子们的关系一样大，而且工匠同他的作品，就如同一个画家画了一幅和他相像的画，二者之间从来没有什么关系，这也并不是真的。

可是在你硬说我曾说过我领会我和上帝的这个相似性是由于我认识我是一个不完全的、依存于别人的东西时，你引证我的话是多么不忠实；因为相反，我说这话仅仅是为了指出上帝和我们之间的不同，怕的是人们会以为我想把人和上帝、造物和造物主混同起来！因为，就在那个地方，我说我不仅领会到我在这一点上比上帝低得多却希求我所没有的一些更伟大的东西，而且也领会到我所希求的那些更伟大的东西是现实地、无限地存在在上帝里面，虽然如此，我却在我里面看到某种相似的东西，因为在某种程度上我敢于希求它们。

最后，在你说奇怪的是为什么其余的人对于上帝的想法和你对于上帝的想法不一样，既然上帝把他的观念也和刻印在你心里一样地刻印在他们的心里时，这就跟你感到奇怪为什么大家都有三角形的观念，而每个人并没有同样地注意到那么多特性，甚至也许有些人把许多错误的东西也加给三角形是一样的。

关于第四个沉思

（一）我已经充分解释过了我们所具有的无的观念是什么，我们怎么分享无，把这个观念叫做反面观念，并且说这除了说我们不是至上存在体外不说明任何问题，说我们缺少许多东西；可是你却到处在毫无问题的地方去吹毛求疵。

当你说在上帝的作品之中有些并没有完全做好时，你编造了一件我在什么地方都没有说过也从来没有想过的事。我仅仅说过，假如某些不是当作全宇宙的一部分，而是当作完全脱离全宇宙的单独的东西看待时，它们才可能好像是不完满的。

你接着关于目的因所提到一切话都应该是关于动力因的；这样，从在植物、动物等等的每一部分的这种值得赞美的用途上来看，对做成它们的上帝之手加以赞美，对通过工匠的作品来认识和歌颂这个工匠，这是完全正确的，而不应该去猜测他为了什么目的而创造每件东西。尽管在道德方面经常可以允许运用猜测的办法，去考虑我们能够猜测上帝给宇宙管理上制定的目的是什么，这有时是一件虔诚的事，可是在物理方面，每一件事都必须依靠坚实的理由，运用猜测当然是不合适的。不要硬说有一些目的比另外一些目的更容易被发现；因为所有这些目的都同样是隐藏在他的智慧的琢磨不透的深渊里的。你也不应该硬说没有人能够懂得其他原因；因为没有一个原因不是远比上帝所制定的目的的原因更容易为人所认识的；甚至你所列举的那些原因——它们是用来说明困难之所在的例子的——也并不难到那样的程度，以致我竟不知道有哪一个人自信能懂得它们。最后，既然你那么老老实实地问我：从你的精神被渗透到你的肉体里去的那时起一直到现在闭住眼睛，堵住耳朵，没有使用任何感官，你认为你的精神对上帝和精神本身会有些什么观念？我也老老实实、诚诚恳恳地回答你（只要我们假定对于去思维和沉思，身体既不阻挠它，也不帮助它）：我毫不怀疑它会有它现在所具有的那样的一些观念，假如不是更清楚得多，更纯粹得多的话；因为感官在很多方面阻挠它，一点都不帮助它去领会那些观念。事实上，要不是因为所有的人一般地都被物体性的东西占据得太多，那么就没有什么东西阻挠他们去同样地认出他们在他们心里的这些观念。

（二）你在这里到处不恰当地把好犯错误当成正面的不完满性，而这不过是（主要是有关上帝的）对存在于造物之中的更大的完满性的否定。把一个国家的公民们拿来同宇宙的各部分来比较也套不上；因为一些公民们的不好，对于国家来说，是一件肯定的事；可是人是好犯错误的，也就是说，人并不具有一切种类的完满性，这跟宇宙是好的，不能同日而语。不过，拿下面这样两种人来做比较更好一些：有人希望人的身体满都是眼睛以便他表现得更美一些（由于对他来说没有比眼睛更美的部分），另一个人认为在世界上不应该有不犯错误的造物，也就是说，不应该有完满无缺的造物。

再说，你接着假定的东西也完全不对，即上帝把我们注定为不好的作品，他赋予我们一些不完满性以及其他类似的东西。同样，下面的说法也不对：上帝给人的判断能力是犹疑不决、模糊不清的，对他交给人去判断的那一点点事物来说也是不够用的。

（三）你想要让我用很少的几句话跟你说意志越过理智的界限能够达到什么上去吗？这就是，一句话，达到我们在那里能够犯错误的一切事物上去。这样，当你判断精神是一个稀薄的物体时，不错，你很可以领会到它是一个精神，也就是说，一个在思维的东西，同时也领会到一个稀薄的物体是一个有广延的东西；可是，在思维的东西和有广延的东西是同一的东西，你肯定领会不到，而只是你愿意相信是这样，因为你以前已经这样相信过，同时你也不容易摆脱掉你的见解，并且不情愿破除你的成见。这样一来，当你判断一个碰巧有毒的苹果将是你的好食物时，不错，你真领会到了它的气味、它的颜色、甚至它的味道都是好的，可是你并不因此就领会出这个苹果如果你把它当作食物时应该对你是有好处的；而是你愿意它是这样，所以你把它这样判断了。因此，我虽然承认对于我们以某种方式领会不到什么东西的任何事物我们都不愿意，可是我否认我们的理解和我们的愿意有相同的范围；因为肯定的是：我们能够从同一的东西上愿意许多东西，可是我们对于这个东西认识得很少；而当我们判断得不恰当时，我们并不因此就是愿意得错了，而是或许我们愿意了什么坏东西。而且尽管人们可以说我们没有错误地领会任何东西，而仅仅是当我们判断我们领会得比事实上领会的更多的什么东西时，我们被说成是领会错了。

虽然你接着否认关于意志的无所谓本身所说的话是非常明白的，可是我不想让你去证明它，因为这是人人都应该自己感觉到和体验到而用不着用道理说服的。如果在你所扮演的角色里，由于肉体和精神之间天然的不调和，你似乎没有留心精神在它本身内用什么方式来行动，这当然没有什么了不起。那么，如果你愿意的话，还是不要去自由吧；至于我，我将享受我的自由，因为不仅我在自己的心里感受到它，而且我也看到由于你是有计划地去攻击它，而不是用有效的、站得住的理由去反驳它，因此你就干脆否认了它。也许我将在别的人们的心里找到更多的信任来确认我所体验的东西，在他们中间每个人也能在自己的心里做出证明，而不是你，因为你否认它不是由于别的原因，而只是由于也许你从来没有体验过这件事。虽然如此，不难用你自己的话来判断你自己有时也曾经感受过：因为你否认我们能够阻止我们自己陷于错误，因为你不愿意让意志达到任何一件没有被理智规定的东西上去，在那个地方你同意我们能阻止并告诉我们不要去坚持，这就说明，如果没有这种自由就绝对做不成，这个自由是意志所具有的不用等待理智去规定而趋向于这里或那里的，而这种理智的规定却是你不愿意承认的。因为，假如理智一旦规定了意志去做一个错误的判断，我问你，当意志开始第一次注意不要坚持错误时，是谁规定它这样做的？如果是它自己，那么它就能够趋向于什么东西而用不着理智去规定它，不过这是你不久以前所否认的，而现在仍然是我们争论的焦点；如果它是由理智规定的，那么要加以注意的不是它。不过有时会发生这样的情况：由于它从前趋向于错误，是理智向它这样提出的，同样，碰巧它现在趋向于正确，因为是理智向它提出的。可是我还要进一步知道你所领会为错误的性质是什么，你怎么以为错误是理智的对象。因为，对于把错误理解为仅仅是缺少正确的我来说，我认为有一个很讨厌的事，即理智在正确的形式或外表之下采取了错误，不过这倒是必要的，如果万一它规定意志去采纳错误的话。

（四）关于这些沉思的成果，我在序言里好像已经说明得差不多了，这个序言，我想你已经看过。对于那些不肯费力去理解我的各种理由的次序和联系而只想到处找茬争论的人来说，这个成果是不大的。至于告诉我们能够把我们事实上领会得清清楚楚的东西同我们仅仅以为领会得清楚明白的东西分辨出来的那种方法，我已经说过，尽管我认为已经足够严格地指出了，可是对那些不愿意费事去摆脱成见而却抱怨我指出破除成见的办法太冗长、太严格了的人，我不敢希望他们能够很容易理解。

关于第五个沉思

（一）你在这里引了我的几句话之后接着就说这就是我关于所提的问题说的话的全部。因此我认为有必要告诉读者，你并没有足够注意到我所写的东西的上下文的联系；因为我认为这个联系是这样的，即为了证明每一问题，在这个问题之前的一切东西以及这一问题之后的东西的一大部分都是有帮助的。所以，假如你不是同时引我关于其他东西所写的全部，你无论引我关于什么问题所说的话都不能是忠实的。

至于你说除了上帝以外，我似乎很难看到建立什么不变的、永恒的东西了，如果问题在于一个存在的东西，或者仅仅在于假如我建立的什么东西是如此的不变，以致它的不变性本身不取决于上帝，那么你就有道理了。可是诗人们说命运虽然是朱庇特[1]制定和安排的，不过自从命运一经他建立之后，他自己也不能改变它。同样道理，我虽然认为事物的本质以及人们所能认识的这些数学真理都是取决于上帝的，不过我也认为，由于上帝愿意这样而且他是这样安排了的，它们就是不变的、永恒的。因此，不管你认为难也罢、容易也罢，这都没有什么关系；对我来说，只要不错就行。你接着反对辨证论者们[2]的那些共相一点也牵涉不到我，因为我把那些共相领会得同他们完全不一样。不过，对于我们认识得清楚明白的那些本质，比如三角形或其他几何学形状的本质，我将使你很容易承认，在

① Jupiter，是罗马神话中最高的神，相当于希腊神话中的宙斯。
② 指经院哲学家们。

我们心中的那些本质的观念并不是从个别事物的观念中抽出来的；因为，在这里促使你说它们是假的，只是因为它们和你对于事物的性质所领会的看法不相符合。甚至以后不久你说纯粹数学的对象，例如点、线、面，以及由点、线、面组成的不可分割的东西不能在理智外有任何存在性，从这里必然得出这样的结论，即世界上从来不曾有过什么三角形，也不曾有过我们所领会到的属于三角形的性质或者属于其他什么几何学形状的性质的任何东西，从而事物的本质并不是从任何存在的东西中抽出来的。可是你说它们是假的。不错，按照你的意思，因为你认为事物的本性就是这样的，即事物和它们的本性是不相符合的。可是，如果你也并不认为全部几何学都是假的，那么你就不能否认人们从它里面证明出许多真理，这些真理既然从来不改变，永远是那样，那么人们把它们叫做不变的、永恒的，就并非没有道理。

不过事物的本质也许不符合于你对于事物的本性的看法，甚至也不符合于德谟克利特和伊壁鸠鲁由原子所建立和构成的看法，由此看来，这对于他们来说不过是一种外部的称呼罢了，这种称呼对事物的本性来说引起不了任何改变。虽然如此，人们不能怀疑这些看法符合真实上帝做成的、构造的这种真正的事物的本性：不是由于在世界上有这样的一些实体，即它们有长而无宽，或者有宽而无厚；而是由于几何学的形状不能被看作是实体，而只看作是一些称号，在这些称号之下包含着实体。不过，我不同意人们一般认为的那样，说这些形状的观念一直是落于感官的；

因为，虽然毫无疑问在世界上有几何学家们所认为的那样的形状，可是我却否认在我们周围有任何这样的形状，除非它们是那么渺小以致我们的感官对它们毫无印象，因为它们一般是由直线组成的，而我不认为我们感官接触到的线的任何一个部分真正是直的。同时，当我们通过放大镜看对我们来说好像是最直的线，我们看见它们的各部分都好像是波纹一样完全是不规则的、弯曲的。从而当我们在我们幼时第一次发现在纸上画的一个三角形状时，这个形状并不能告诉我们像应该领会几何学的三角形那样，因为这个形状表象得并不比用一只坏铅笔所表象的一张完满的画更好些。不过，既然三角形的真正观念已经在我们心中，并且我们的精神能够领会它比领会一个画的三角形的比较简单的或者比较复杂的形状更容易，从而，看到了这个复杂的形状之后，我们并没有领会这个形状本身，而是领会到了真正的三角形。这和我们看一张画着一些线条来表象一个人的面孔的纸片一样，它在我们心里刺激起线条的观念不如它刺激起的一个人的观念那么强。假如一个人的面孔是我们在别处认识的，假如我们习惯于想到这个面孔而不是习惯于想到它的线条，那么情况就不会是这样，而且经常是当我们离开这些线条远一点的时候，我们甚至分辨不出来线条与线条之间的间隔来。同样，我们当然绝不可能用我们看到画在纸上的三角形的办法来认识三角形，除非我们的精神从别处得到了三角形的观念。

（二）我在这里看不出来你到底想要让存在性属于哪一类东西，也看不出来它为什么不能像“全能”那样也可以被说成是一种特性，如果用特性一词，按照它在这里实际上应该被采用的意义，指各种各样的属性或者指能够归属于一个事物的任何东西来说的话。何况必然的存在性在上帝那里真正是一种最狭窄意义上的特性，因为它仅仅适合于上帝自己，只有在上帝身上它才成为本质的一部分。这就是三角形的存在性之所以不应该和上帝的存在性相提并论的缘故，因为在上帝身上显然有着在三角形上所没有的另外一种本质关系；我在把存在性放在属于上帝的本质的那些东西之间上，和我在把三角形三角之和等于二直角放在三角形的那些特性之间上一样，并没有犯逻辑家称之为一种“窃取论点”[1]的错误。说本质和存在，无论是在上帝身上或者是在三角形里，都能分开来单独领会，这话也不对，因为上帝是他的存在，而三角形并不是它自己的存在。不过，我并不否认可能的存在性在三角形的观念里是一种完满性，就像必然的存在性在上帝的观念里是一种完满性一样，因为这使得这个观念比我们假定能够产生出来的所有怪物的观念更完满些。从而你一点都没减弱我的论据的力量，而你却一直滥用这种诡辩术，说已经非常容易地解决了。至于你接着说的话，我已经充分解答了；当你说证明上帝的存在性同证明一切直角三角形三角之和等于二直角不一样的时候，你大大地错了；因为在两种情况下，道理都是一样的，不同的只是在证明上帝的存在性的论证上要比证明直角三角形三角之和等于二直角的论证简单得多，也明显得多。对于其余的东西，我就不说什么了，因

① 一种逻辑错误，即把未经证明的判断作为证明论题的根据。

为，当你说我对于许多东西没有进一步加以解释，说我的证明也没有说服力时，我想如果这么说你和你的证明，反倒会更恰当些。

（三）关于你在这里谈到迪亚果腊、太奥多腊、毕达格拉斯，以及其他许多人的事，我拿怀疑论者们来对付你。怀疑论者们甚至连几何学的论证都怀疑，而我认为如果他们真正认识了上帝，他们就不会那样做；即使一件事对于更多的人来说都是真的，这也并不证明这件事比另外一件事更明显，而那些对于这件事和另外一件事都有充分认识的人，他们才能看出这件事比另外一件事首先被认出，并且比另外一件事更明显、更可靠。

关于第六个沉思

（一）在这以前我已经反驳过你所否认物质的东西，就其被视为纯粹数学的对象来说，能够存在。至于对一个千边形的理解，说它是模糊不清的，这绝不是真的，因为人们可以非常清楚、非常分明地从中指出许多东西，可是假如只是模模糊糊地认识它，或者像你说的，假如只认识它的名称，那就绝不可能是这样。不过，肯定的是：虽然我们不能很清楚地想象它，可是我们能非常清楚地、全部地、一下子地领会它。所以明显的是，理解的功能和想象的功能之不同不仅在于多一点或少一点，而且更在于两种作用的方式完全不一样。因为，在理解里，精神只使用它自己，而在想象里，它需要考虑某种物体性的形式；而且虽然几何学的图形完全是物体性的，可是不要以为我们用以领会这些图形的观念在它们不落于想象的时候也是这样。最后，上帝、天使、人的灵魂等的观念都是物体性的或者差不多是物体性的，它们都是从人的形象和其他一些非常简单、非常轻微以及非常不容易知觉的东西的形象抽出来的，肉啊！这话也只有你才佩想得出来。因为，谁要是把上帝或者甚至人的精神这样地来表象，谁就是企图想象一个绝不可想象的东西，就是仅仅想象出一个物体性的观念而错误地把上帝的名称或精神的名称加给了它；因为在精神的观念里，除了单独的思维和它的一切属性以外，没有别的内容，而在这些属性里，没有一个是物体性的。

（二）你在这里清清楚楚地令人看到你只依靠成见，从未摆脱成见，因为你不愿意怀疑我们从来一点也没有加以注意的东西有一点点虚假的可能；因此你说当我们在近处观看并且差不多用手摸得到一座塔的时候，如果它给我表现是方的，那么我们就肯定它是方的；当我们事实上是醒着的时候，我们就不能怀疑我们是醒着还是在做梦，以及其他类似的东西；因为你没有丝毫理由相信你一直是相当仔细地检查和观察了有可能使你弄错的一切东西；而且指出你在这样认为真实的、可靠的一些东西上有时弄错，这也许不算是不合适。可是，当你说至少我们不能怀疑这一点，即事物是什么样子就给我们表现为什么样子的时候，你又回到我说过的话上来了；因为这和我的第二个沉思里断然说的话相同。不过，在这里问题在于在我们以外的东西的真实性，在这上面我看不出你说出了一丝一毫真实的东西。

（三）关于你那么多次攻击了而在这个地方仍然徒劳地叨唠的一些东西，我在这里都不加以理睬，比如你说，有很多东西是我提出来而未加证明的，这些东西我都坚持认为已经是非常明显证明了的；还有，当我把物体从我的本质里排除出去的时候，说我仅仅是想要谈粗浊的、显著的物体，尽管我的计划是排除一切物体，不管它可能是多么精细、稀薄，以及其类似的东西；因为对于没有合理根据而说的和提出的话，除非是干脆予以否认，有什么可以答辩的呢？不过我仍然要顺便说一下，我很想知道你根据什么说我宁愿谈粗浊的物体而不愿谈细小的物体。你说，这是因为我曾说过我有一个肉体，我和它是结合在一起的，也说过我，也就是我的精神，肯定是同我的肉体有分别的，在那里我承认我看不出这些话为什么不能既指精细的、不可知觉的物体，又指粗浊的、显著的物体说的；我不相信除了你以外的别人也这么想。再说，甚至在我们知道在世界上是不是有风、火、蒸汽、空气以及任何别的物体，不管它们可能是多么稀薄以前，我就已经在第二个沉思里清楚地指出，精神能够被当作一种存在的实体来领会；可是它事实上是否同物体是有区别的，我在那个地方曾说过，在那里不是讨论这个问题的地方。这个问题既然留给第六个沉思，因此在第六个沉思里我大量讨论了，并且在那里我用非常强有力的、真正的论证来把这个问题决定了下来。可是相反，你把关于精神如何可能被领会的问题和关于它事实上的情况混为一谈了，这就只能表明你关于所有这些事情一件也没有懂得清楚。

（四）你在这里问：我怎么认为物体（它是有广延的）的形象或观念能够被接受到我（我是没有广延的）里边去呢？我的回答是：任何一种物体性的形象都不能接受到精神里边去，而对于事物的领会或纯理解，无论这些事物是物体的或者是精神的，都不是用任何物体性的形象做成的；至于想象，它只能是物体性的。不错，为了做成一个想象，就需要一个真正的物体的形象，精神就结合到这个形象上去，而不是形象被接受到精神里边去。你所说的关于太阳的观念，一个天生的瞎子是单独用他对于热的认识做成的，这是不难反驳的；因为这个瞎子对太阳虽然没有像一个明亮的、发光的东西那样的观念，可是他总还有一个发热的东西的清楚、明白的观念吧。你把我拿来同这个瞎子相比，这是毫无道理的。首先因为对一个在思维的东西的认识比对一个发热的东西的认识要延伸到远得多的范围，它甚至比我们对于任何别的东西所有的认识更广阔，就像我在别处已经指出过的那样；其次也因为没有人能证明这个瞎子对太阳所做成的观念并不包含人们对太阳所能认识的一切东西，只不过是那个有视觉器官的人除此而外还认识它的形状和它的光。可是对你来说，关于精神，你不但不比我认识得更多，而且你并没有看到我在那里所看到的全部东西；因此不如说是你，是你像一个瞎子，而从你那方面来说，我最多只能被称为近视眼或者目光短浅的人，和其他的人一样。再说，我并没有接着说精神不是有广延性的以便用来解释它是什么并且使人认识它的本性，而仅仅是用来告诉那些以为它是有广延的人弄错了。尽管是这样，假如有那么一些人愿意说布塞法勒是一个音乐[1],那么别的人们加以否认也不是徒劳的、没有道理的。说实话，在你在这里为了证明精神有广延而说的话里，你说，这是由于它使用肉体，而肉体是有广延的。我认为，你的推理不见得比假如你说布塞法勒嘶鸣，这样它就发出一些声音，这些声音可以与音乐有关，你就得出这样的结论，说因此布塞法勒是一个音乐这样的推理更好。因为，虽然精神结合全部肉体，这并不等于说它伸展到全部肉体上去，因为广延并不是精神的特性；它的特性仅仅是思维。它并不用它里边的广延形象来领会广延，虽然它把它自己结合到有广延的物体性的形象上来想象广延，就像我以前说过的那样。因此，虽然精神有推动肉体的力量和性能，但它并不必然是属于物体一类的，它不是物体性质的东西。

（五）你在这里关于精神和肉体的结合所说的话和前面的那些反驳是类似的。你一点都没有反对到我讲的理由，而仅仅提出了好像是你怀疑我的那些结论，虽然这些怀疑事实之所以来到你心里只是因为你想要把在性质上不能受想象裁判的一些东西让它们去受想象的检查。这样一来，当你想要在这里把肉体和精神做成的混合同两个物体渗混到一起的混合相比时，我只要这样回答就够了，即把这些东西做任何比较都不应该，因为它们是完全不同的两类东西，不要想象精神可以分为部分，虽然它在肉体里领会各

① 伽森狄在他的《反驳》里说："谁要是仅仅知道布塞法勒不是一个苍蝇，他对于布塞法勒就算有一个清楚明白的观念吗？"苍蝇，拉丁文是 musca ；笛卡尔大概是错把 musea 看成是 musica（音乐）了。

个部分，因为，谁告诉说凡是精神所领会的东西一定实实在在地在精神里边？如果是那样的话，当它领会宇宙的大小的时候，它在它里边也一定有这种大小了，并且这样一来它就不仅是有广延性的，而且比世界还要大了。

（六）你在这里所说的，一点也没有同我相反的东西，关于这些东西没有什么可以多说的。从这里读者们可以看到，你的话尽管多么冗长，却不能从中断定你的道理有什么力量。

精神跟肉体一直辩论到现在，而且由于在很多事情上都是合情合理的，精神没有跟着它的感觉跑。可是现在，把面具一揭开，我认出了我原来是跟伽森狄先生说话，这个人物无论是从他品德的完美和他心地的坦率上，或者是从他学术的渊博和精深上都是十分可敬的，而且我同他的友谊将永远是宝贵的；同时我保证，他自己也可以知道，我将尽可能永远寻找机会去得到这种友谊。所以，如果我在对他的反驳的答辩上用了对哲学家们来说是一般的自由态度，我请求他不要认为这是不好的，就像在我这方面一样，我确信我没有看到有什么不是使我感到非常愉快的；而尤其使我非常高兴的是，一个才能非凡的人，在他的一个长篇大论又经过那么仔细推敲的讲话里，竟没有能够拿得出来任何一个论据足以摧毁和推翻我的那些道理，而且对于我的那些结论，他一点也没有加以反驳，否则要对它进行答辩，那对我来说可不是一件轻而易举的事。

14. 答辩之六：

关于思维与存在的性质

（一）谁要是不首先知道思维的性质和存在的性质是什么，谁就不能肯定他是否在思维，是否存在，这是千真万确的。不是由于这一点而需要一个深思熟虑的或由论证得到的知识，更不是需要对这个知识的知识，使他由之而认识他知道，知道他知道，以至无穷，因为对任何事物绝不可能有这样的知识；而是，只要他用这种内部的、永远在获得的认识之先的认识，并且这种认识对一切人来说在有关思维和存在性的问题上是如此的自然，以致，虽然也许因为由于一些什么成见蒙蔽了眼睛，不注意说话的真正意义而注意说话的声音，我们能够假装我们没有它，然而事实上我们却不可能没有它。因此，这样一来，当什么人发现他在思维，因此显然随之而来的就是他存在，虽然他也许以前从来没有费心知道过什么是思维和什么是存在，但是不能因此他就不足够认识思维和存在以便因此得到完全满足。

（二）那个一方面知道他在思维，一方面又认识被运动所推动是什么意思的人，能够相信他弄错了，而事实上他并没有思维，而仅仅是被推动，这也是绝对不可能的。因为，有一个与思维的观念完全不同的物体性的运动的观念或概念，就应该有必要领会这一个与那一个不一样，虽然，为了太习惯于把几个不同的特性归之于同一的主体，而在这些特性之间没有任何关系，有可能是这样的，即他怀疑或者肯定思维和被推动在他身上是一回事。然而，必须注意，我们有其不同观念的一些东西，可以用两种方式把它们视为一个东西，即：或者在性质的统一性和同一性上，或者仅仅在组成的统一性上。这样，比如，不错，形状的观念和运动的观念并不是同一的观念；我用以理解的行动和我用以愿意的行动不是用一个观念来领会的；肉和骨头有着不同的观念；思维的观念和广延的观念完全不同。虽然如此，我们领会得非常清楚：同一的实体，既合适于形状，也能够运动；因而形和动在性质的统一性上是一个东西，就像愿意和理解在性质的统一性是一个东西一样。但是我们在骨头的形式下所考虑的实体和我们在肉的形式下所考虑的实体可不是这样，这就使我们不能把它们视为在性质的统一性上是一个东西，而只能视为在组成的统一性上是一个东西，因为同一的动物有肉又有骨头。现在的问题是要知道我们领会有思维的东西和有广延的东西是否在性质的统一性上是同一的东西；因此我们看到在思维与广延之间有着和我们在运动和形状之间、理智的行动和意志的行动之间看到的同样的关系；或者毋宁说，是否它们不是在组成的统一性上被叫做一个的而言，因为它们两个都在一个人里，就像骨头和肉之在同一的动物身上一样。而对于我来说这就是我的感觉，因为我在一个有广延的东西和一个有思维的东西之间所看到的分别或不同，我认为并不比在骨头和肉之间的分别或不同小。

但是，人们在这个地方使用了权威来打击我。为了阻止权威给真理带来损害起见，我不得不对人们反驳我的东西（即：任何人都还没有懂得我的论证）给予回答说：虽然有很少的人曾经仔细地检查过这个论证，可是还有几个人相信理解它，并且完全信服。而且，我们宁可相信唯一的一个证人，这个证人到过美洲以后向我们说他看见过对蹠点，而不相信其他一千人，他们否认有对蹠点，唯一的理由是他们不知道。同样，那些认真地掂量了理由的价值的人应该更重视唯一的一个人的权威，这个人说他很好地理解了一个论证，而不重视其他一千个人的权威，这一千个人毫无理由地说这个论证还没有被任何人所理解。因为，尽管他们没有理解这个论证，这并不等于别的人们对它也不能理解，而由于从他们的推论上表现出不够准确，所以他们的权威也似乎不足以受到重视。

最后，人们在这里向我提出这样的问题，即：如果我用我的分析法把我的精细的物质的运动分割到足以使我确知并且能够使一些非常仔细的、自以为都是相当明智的人们认识到他们的思维被分布在这些物体的运动之中是有矛盾的，也就是说（我认为是这个意思），我们的思维不过是物体性的运动。对于这个问题，我回答说，对于我个人来说，我是非常肯定的，不过我不能保证可以劝说别人相信，不管他们是多么仔细，自以为多么明智。至少我不能保证那样的一些人们相信，那些人们不是把他们的精神用在纯理智的东西上，而是仅仅用在想象的东西上，就像很容易看到那些人所做的那样，他们想象用分解某种精细物质的办法就可以理解思维和运动之间的一切分别和不同。因为这种不同只能从一个有思维的东西的观念和一个有广延或运动的东西的观念完全不同和互不依赖，以及从我们清楚、分明地领会为不同和互不依赖的一些东西除非是由于上帝的全能就不能分开的想法是矛盾的这两件事上去理解；因此，不管我们碰到它们有多少次在同一的主体里在一起，就像思维和物体性的运动在一个人里一样，我们不应该因此就认为它们在性质的统一性上是一个东西，而只有在组成的统一性上才是同一的东西。

（三）这里提到的柏拉图主义者及其追随者们今天已被全体天主教会以及所有的哲学家们一致反对，因此用不着谈他们了。再说，不错，拉特兰公会议规定可以画天使，但是并不因此就说他们是物体性的。而且即便人们相信他们是那样的，也没有理由认为他们的精神与肉体比人的精神与肉体更不可分；并且当人们也愿意想象人的灵魂是从父亲到儿子传下来的，也不能由此就得出结论说它是物体性的，而仅仅是如同我们的肉体是从我们的父母的肉体生的一样，我们的灵魂是从它们的父母的灵魂生的。至于狗和猴子，当我把思维归之于它们的时候，这并不等于说人的灵魂和肉体没有分别，而毋宁说，在其他动物里，精神和肉体也是有分别的；这就是那些同一的柏拉图主义者们（有人现在还向我们吹嘘他们的权威）和毕达哥拉斯一起所主张的东西，就像他们的脱生说那样为人所共知。但是，至于我，我不仅说过在兽类里没有思维（人们想硬要使我相信有思维），而且尤有甚者，我用道理证明过它，这些道理是非常有力的，一直到现在还没有人怎么反对过它。而恰恰是这些人，他们认为狗在醒着时候知道它们在跑，甚至在睡着的时候知道他们在叫，他们说这话就像和它们串通一气，并且看见在他们心里发生过一切事情似的，这些人对他们所说的话什么都没有证明。因为，虽然他们接着说他们不能相信兽类的活动能够用机械的办法来充分地加以解释而不把这些活动归之于感官、灵魂、生命（也就是说，按照我的解释，没有思维，因为我从来没有反对过人们通常叫做生命、物体性的灵魂和器官的东西），相反，他们把人们能够做的任何反对意见都置之度外，坚决认为这是完全不可能的，甚至是非常荒唐的事情。可是这并不能算是一种证明，因为没有什么意见正确到使人们不能用同样的办法说不能相信它，而且甚至当我们缺少证明时就来起誓发愿，这也不合习惯[1]。同时，由于以前看见一些大人物用差不多同样的方式嘲笑那些认为有对蹠点的人，因此我的意思是不要轻易把对某些人好像是荒唐的东西都当成是错误的。

最后，接着加上的几句话：如果猴子、狗、象在它们的一切活动上真是像机器一样，那么有些人将会说人的一切行动也和机器的行动一样，他们将不再愿意承认在人里有感官和理智。这也不是一个理由，它什么都证明不了，除非是也许有一些人，他们把事物领会得如此的模糊，对

① 哈尔丹和罗斯根据拉丁文的英译本译为："同样的话也可以对于任何意见都这么说，不管这个意见多么正确；不仅如此，人们也不习惯于起誓发愿，除非是在他们的证明没有道理的地方。"

他们最初的、从来没有经过很好检查的见解如此的固执，以致他们不但不肯改变这些见解，反而宁愿否认他们体验到在他们心里的东西，因为认真说来，我们在我们心里不可能随时体验到我们是在思维，从而，虽然有人告诉我们说禽兽如果没有思维就不能做任何活动，可是却没有人能由此合理地推论出来他不思维，除非是有谁总是假定兽类和我们一样地思维，而且由于在这个问题上相信他的行动和兽类的行动一样，因此他宁愿固执人和兽类用同样方式活动这一见解到如此地步，竟至当人们来给他指出兽类不能思维时，他宁肯不要他自己的、他不能不在他内心里由一种继续不断的并且是靠得住的经验所认识的思维，而不愿改变他用和禽兽一样的方式来行动这样的一种见解。然而我不相信有很多这样的人；不过，如果人们同意思维和物体性的运动没有什么不同，我肯定会有更多的人主张（当然更有道理）兽类也和人类一样地有思维，因为他们将在兽类里边看到和在我们里边同样的运动；而且，在这上面又加上多一点或者少一点的差别，改变不了事物的性质这句话，尽管他们也许并不让禽兽像人那样有理性，可是他们将有机会相信在禽兽里有和我们的种类相似的精神。

（四）至于一个无神论者的知识，很容易指出它并不是准确、可靠的；因为，就像我从前说过的那样，无神论者认为是他的存在的创造者的那个人越无能，他就越有机会怀疑他的本性是不是不那么完满以致甚至在他认为非常明显的一些事物上弄错；而且，如果不是首先认识到他是被一个作为全部真理的原则的真正的[①]上帝所创造，同时这个上帝又不可能是骗子，那么他就永远不能摆脱这个怀疑。

（五）只要人们愿意考虑欺骗的形式或本质是一个非存在，一个至上的存在体绝不会倾向于非存在，那么我们就可以清楚地看到，上帝不可能是骗子。一切神学家也同意这个真理，我们可以说这是基督教的基础。我们的信仰的全部可靠性就取决于这一点。因为，如果我们认为有几次上帝骗过我们，我们怎么能相信他向我启示的东西呢？而且，虽然神学家们一致的意见是入地狱的人受地狱之火折磨，可是他们的感觉并不是被上帝给他们刻印在心里的一种烧他们的火这样一个假观念所骗，而是他们真正地被火所折磨。因为，就像一个活人的精神那样，虽然它不是物体性的，可是它被关在肉体里，同样，上帝用他的全能，很容易让他在死后被物体性的火烧而受到痛苦，等等（参见《宣判之主》，第四卷，第44）。至于《圣经》里的一些地方，如果意见不是特别反对我的，我就认为没有必要去回答；因为这些地方不是攻击我一个人，而是提出来反对一切基督教徒的。举例来说，就像这些意见吧；我们能够知道什么事物，人的灵魂不像动物的灵魂。我害怕，如果我不是满足于别人已经做过的回答而是宁愿去找新的回答，那么我会被人认为是狂妄了。由于我从来也没有从事过神学研究，我只是在对我自己的研究有必要的时候才采用一点，同时由于我觉得我自己的心里没有神圣的灵感使

① "真正的"，法文第2版缺。

我认为我有能力来从事于神学事业，因此我在这里声明今后我对于像这样的反驳不再予以回答。

虽然如此，我这一次还不得不回答，怕的是我的沉默不语会给有些人以机会去信以为我之不回答是因为对你们所提出的《圣经》的那些地方我没有能力给以合适的解释。因此我说，首先，圣保罗在《哥林多前书》第 8 章第 2 节里那一段只应该理解为不与爱心联结在一起的知识，也就是说，无神论者们的知识；因为，谁要是真正认识上帝，就不能不对他有爱，不能不有爱心。这句以由前面的几句话来证明：知识是叫人自高自大，唯有爱心能造就人。稍后一点：若有人爱他（即上帝），这人乃是上帝所知道的。因为，这样，门徒[1]不说人们不能有任何知识，因为他承认那些爱上帝的人认识他，也就是说，他们对他有一些知识；但是他仅仅说那些没有爱心的人，因而也就是对上帝没有足够的认识的人，虽然也许他们自认为在别的事情上是有知识的，不过他们也还不认识他们所应该知道的，也不认识他们怎么应该知道[2]，正是因为必须从认识上帝开始，然后把我们对于其他事物所具有的全部知识都使之取决于这个认识，这就是我在我的沉思里已经解释过的。这样，在反对我而写的这同一段文章里关于这方面如此公开地肯定了我的意见，以致我认为那些持相反意见的人对这段文章不能很好地加以解释。因为，如果人们认为我给若

① 指保罗。

② 在《哥林多前书》第 8 章第 2 节里是："若有人以为自己知道什么，按他所当知道的，他仍是不知道。"

有人爱他（即上帝），这人乃是上帝所知道的这句话的解释的意思不是《圣经》上的意思，而“他”不是指上帝说的，而是指被他认识和证明的人说的，那么门徒圣约翰在《约翰一书》，第二章，第二节①里：我们若遵守他的诫命，就晓得是认识他。在第四章，第七节里：凡有爱心的，都是由上帝而生，并且认识上帝。这完全是我解释的意思。

在《传道书》中所讲的那些地方也并不反对我；因为也必须注意到所罗门在该书里并没有谈到异教徒的为人，而是谈他自己的为人，因为他以前是罪人，是上帝的敌人，这时他悔恨这些错误，并且承认只要他想用人的智慧的光明来指导他的行动，而不联系到上帝的智慧的光明，也不把光明看作是上帝手上的一种恩赐，他就永远不能找到完全满意的东西，或者他看到的都是充满虚荣的东西。这就是为什么在好几个地方他要求人们皈依上帝并且做补赎的缘故，特别是在第十一章，第九节中他用这样的话说：要知道，为这一切的事，上帝必审问你，②一直继续到书末。第八章，第十七节说：我就看明上帝一切的作为。知道人查不出日光之下所做的事。任凭他费多少力寻查，都查不出来，等等，不应该指一切种类的人说的，而是仅仅指他描写了前一节的那个人说的：有昼夜不睡觉，不合眼的。就像先知想要在这个地方告诉我们：太大的工作，过于勤奋的学习，阻碍人们达到对真理的认识；这就是我不相信那些单独认识我的人认为能够安到我身上的。不过必须注

① 在《新约全书》里是第3节。

② 本书法文版原文是：“要知道，上帝将使你认识到你的一切行动。”

意这句话：在太阳底下做的，因为这句话在全部书里经常重复出现，并且总是指自然的东西说的，不包括这些东西对于上帝的附属性在内，因为上帝既然在一切东西之上，不能说他被包括在只能在太阳底下的东西里边；因此，这段话的真正意思是，人什么时候不认识上帝，他什么时候就不能对于自然的东西有完满的认识，在这上面我的看法是和先知的看法一致的。最后，在第三章，第十九节里，他说这个（人）怎样死，那个（兽）也怎样死。以及人不能强于兽。显然这仅仅是指肉体说的；因为在这个地方他仅仅说到属于肉体的东西。紧接着他又分开谈到灵魂，说：谁知道人的灵是往上升，兽的魂是下入地呢[①]。也就是说，谁能用人的理性的力量，至少是坚持要借助于上帝向我们启示的东西，知道人的灵魂是否将享受永恒的天福？实在说来，我曾试图用自然的道理证明人的灵魂不是物体性的；但是至于说到它是否将上升，也就是说，它是否将享受上帝的光荣，我承认只有信仰能够告诉我们。

（六）至于自由意志的自由，毫无疑问，上帝的自由同人的自由大不相同；因为如果说上帝的意志对已有的或者将要有的一切东西亘古以来就不是无所谓的，这是说不通的，因为我们想象不出有任何代表善的或真的观念，什么应该相信的观念，或者什么应该做或者不应该做的观念在上帝的意志规定他自己这样做之前就存在于他的理智之中。而且我在这里并不是谈一种时间上的在先，而更重要

① 本书法文版原文是：“谁知道亚当的孩子们的精神是否上升、动物的精神是否下降呢？”

的，我是说这样的一种观念不可能由于一种次序的在先或者性质的在先，或者像经院哲学中所说的那样，经过推理的道理（raison raisonnée）的在先，而在上帝的意志规定之先存在，以便善的观念迫使上帝不得不选择这一个而不选择另外一个。举例来说，上帝愿意把世界创造在时间里，并不是因为他看到世界被创造在时间里比创造在永恒里好，他愿意让一个三角形的三角之和等于二直角也并不是因为他认识到这只能是这样，等等。而是，相反，就是因为他愿意把世界创造在时间里，所以它比创造在永恒里好；同样，就是因为他愿意一个三角形的三角之和必然等于二直角，所以它现在就是这样，并且不可能不是这样；其他一切事情也都是如此。而且这并不妨碍人们说圣人们的功绩是他们得到永恒的天福的原因，因为圣人们的功绩并不是他们规定上帝愿意做什么的原因，它们不过是上帝永恒地愿意它们成为一个结果的原因。这样，在上帝那里的一种完全无所谓是他的全能的一个非常大的证明。然而在人这里可不是这样，由于人已经找到了上帝所建立的和规定的善意和真理的性质，而且人的意志只能自然地趋向于好的东西，那么显然，人越是明显地认识好和真，就越能自由地接受好和真，只有在人不知道什么是更好的或者更真的，或者至少当他看得不够清楚，不能不怀疑的时候，他才抱无所谓的态度；这样一来，合适于人的自由的无所谓就跟合适于上帝的自由的无所谓完全不一样。而且说事物的本质是不可分的，这也毫无用处，因为首先，没有什么本质同样地既合适于上帝又合适于造物；最后，无所谓并不属于人的自由的本质，因为，不仅仅是当我们对于善和真的无知使我们抱无所谓的态度时我们是自由的，而且主要也是当我们对一件事物的清楚、分明的认识推动和迫使我们去追求时我们是自由的。

（七）我认识我们的感官是通过面而被触动的。我对于面的领会和数学家们或者哲学家们对于面的领会没有什么两样。他们平常把面领会为或者至少应该领会为与物体是有区别的，他们假定它没有高。可是面这一名称被数学家们用两种方式来使用，即：或者是对于一个物体只考虑它的长和宽而不考虑它的高，虽然不反对它有高，或者是只从物体的一种样态来考虑，这时就否定了它的高。因此，为了避免一切种类的歧义起见，我说我所谈的这种面，它只是一种样态，它不可能是物体的部分。因为物体是一种实体，它的样态不可能是部分。但是，我从来不否认它是物体的终止处，相反，我认为它能够非常正确地被叫做表面，无论是被包含的物体的表面，或者是物体所包含的表面，按照人们所说的，两个相接的物体就是这两个物体的表面连在一起的。因为，老实说，当两个物体互相接触时，它们之在一起仅仅是同一的表面，它并不是这一个或那一个的部分，而是两个物体的同一样态，而且虽然这两个物体被挪开，只要在它们位置上换上大小和形状恰好相同的东西，它就永远是同一的样态。即使是在这个地方（它被逍遥派称之为物体的外包），它只能被领会为这样的一个面，即它不是一个实体，而是一个样态。因为我们不说一个塔的地方改变了，虽然包围它的空气改变了，或我们在塔的位置上用一个别的物体代替它；从而面，在这里是当作地方用的，它并不是塔的部分，也不是包围它的空气。不过，为了全面驳斥那些承认实在的属性的人的意见，我认为我所提出的那些理由就够了，用不着再提别的理由。因为，首先，没有接触就没有感觉，除了物体的面就没有什么能被感觉。然而，假如有实在的属性，那么这些属性一定是和这个仅仅作为一个样态的面不是一回事；因此，假如有实在的属性，这些属性也不能被我们感觉。但是，谁曾相信过它们之存在仅在于他认为它们被他感觉到？其次，如果说实在的属性是存在的，因为凡是实在的东西都能同任何别的主体分开存在，那是一件说不通的事，完全没有可能。能够分开存在的是实体，而不是属性。光说实在的属性不能由自然的力量而只能由上帝的全能同它们的主体分开，这是毫无用处的；因为由自然的力量做成和由上帝平常的能力做成完全是一回事，而上帝的平常的能力和上帝的特别的能力没有什么不同，这种能力，由于不在事物里面加上任何东西，因此不改变事物的性质，所以，如果凡是可以由自然的力量没有主体而存在是一个实体的话，那么凡是由于上帝的能力（无论它有多么特别）没有主体而存在的东西，也必须用实体这个名称来称呼。老实说，我承认一个实体可以是另外一个实体的属性；不过在发生这样的事的时候，采取一个属性的形式的并不是实体，而是样态或方式。举例来说，当一件衣服穿到一个人身上的时候，成为属性的不是衣服，而是被穿。对于促使哲学家们建立一些实在的属性的主要理由是，他们认为没有实在的属性，我们就不能解释我们的感官的知觉是怎么做成的，因此我答应在写《物理学》的时候细致地解释我们的每一个感官被它的对象所触动的方式。这并不是我想要在这上面或者在任何别的东西上面让人们相信我的话，而是因为我相信我在我的《折光学》里所解释的视觉能够用做对于其余感官的足够证明。

（八）当人们认真考虑上帝的广大无垠性时，人们看得很清楚，没有什么东西是不取决于他的，不仅凡是存在的东西，就连秩序、规律、好和真的理由，都无不取决于他，否则（就像以前不久说过的那样），创造他所创造的东西不会是完全无所谓的。因为，如果好的理由或现象是先在于他事先安排的，那么他一定规定他去做更好的。但是，恰恰相反，因为他规定他自己去做出世界上的东西是因为这个理由，就像在《创世记》里所说的那样，它们是非常好的，也就是说，它们的好，其理由取决于他愿意把它们做成这样。而且用不着问这个好以及其他一切真理，无论是数学的或形而上学的，在什么种类的原因上取决于上帝；因为，原因的种类既然是由那些也许不想到因果关系这个理由的人建立的，因而当他们没有给它起什么名称时，就没有什么可奇怪的了。虽然如此，他们还是给它起了一个名称，因为他可以被叫做动力因；和君主的意志可以说成是法律的动力因一样，虽然法律本身并不是一个自然的存在体，而仅仅是（就像他们在经院里说的那样）一个精神上的存在体。问上帝怎么能一直使二乘四等于八，等等，也同样没有用，因为我承认我们无法知道；不过另一方面，我知道得很清楚，不取决于上帝，什么都不能存在，不管是哪一种存在体，以及把某些东西安排得使人们不可能知道它们可以是另外一个样子而不是现在这个样子，这对他来说是非常容易的，如果由于我们不知道并且我们看不出我们应该知道的什么别的东西，而却怀疑我们知道得很清楚的一些东西，这是完全违反理性的。因此，不要以为永恒的真理取决于人的理智或者取决于事物的存在，而是仅仅取决于上帝的意志；上帝，作为一个至上的立法者，永恒地安排了并且建立了这些真理。

（九）要明白感官的可靠性是什么，就要把感官分为三个阶段。在第一个阶段里应该考虑的只是外在对象直接在物体性的感官之内所引起的东西；这只能是这个官能的分子的运动以及由这个运动产生的形状和地位的改变。第二个阶段包含直接在精神上产生的一切东西，这是由于精神与物体性的官能结合所产生的，而物体性的官能是受它的对象所推动和感染的，就像疼痛、痒、饿、渴、颜色、声音、滋味、气味、热、冷以及其他类似的感觉，就像我们在第六个沉思里所说的那样，它们来自精神和肉体的结合，或者（姑且这样说）混合。最后，第三个阶段包含我们的全部判断，这些判断是我们从年轻时代起关于我们周围的事物在我们的感官里产生的印象或运动的机会上所习惯于做出的。举例来说，当我们看见一根棍子时，不要想象是从棍子上飞到空中的一些飞舞的、人们普通称为“有意外貌”（espèces intentionnelles）的细小的图像进到我的眼睛里；这不过是从这根棍子反射出来的光线刺激出来视神经里的什么运动，通过它达到了大脑，就像我已经大量地在《折光学》里讲到的那样；我们和兽类共同的是大脑的这种运动，这种运动是感觉的第一阶段做成的。由第一阶段接着就进入第二个阶段，它只达到被这根棍子所反射的颜色和光的知觉。并且它是这样产生的：精神跟大脑连接得十分紧密，以致它甚至感觉到并且好像被在它里边的运动所触动似的；这就是必须归之于感官的全部东西，如果我们想要把感官准确地同理智分开的话。因为，虽然从我感到其印象的这种颜色的感觉上我判断在我之外的这根棍子是有颜色的，而从这个颜色的广延、从它的终止点以及从它的地位与我的大脑的各部分的关系上，我决定有关这个棍子的大小、形状和距离的什么东西，尽管人们习惯于把它归之于感官，而在这方面我把它归之于感觉的第三个阶段，可是显然它是只取决于理智的；我甚至在《折光学》里指出：大小、距离和形状只有经过推理才能知觉，推理把它们彼此分开。但是在这里只有这一个不同，即对于出现在我们的感官的一切东西所做的新的、不是习惯做出的一些判断，我们把它们归之于理智，同时，对于我们从幼年起关于可感觉的东西，在这些东西在我们的感官上所产生的印象的机会上习惯于做出的那些判断，我们把它们归之于感官；其理由是：习惯使我们推理和把那些东西判断得非常仓促（或者不如说使我们记起我们以前做过的一些判断），我们分别不出这种方式的判断和我们感官的单纯的感知或知觉来。由此，显然是，当我们说理智的可靠性比感官的可靠性大时，我们的话只意味着由于我们所做的一些新的观察，我们的年纪越大，我们做的判断就比自从我们幼年以来没有经过反复思考而做的判断越可靠；这是丝毫不能怀疑的，因为，确实是，这里不是第一阶段的感觉，也不是第二阶段的感觉，因为在这两个阶段里不可能有错误，因此，当人们说，一根棍子插在水里，由于折光作用而表现为折断了时，这就跟人们说这跟一个小孩子判断它是折断了同样方式显现给我们；这也和按照自从我们幼年以来所习惯的成见一样，我们也这样判断。但是，我不能同意他们下面接着说的话，即：这个错误不是由理智来改正，而是由触觉来改正；因为，虽然触觉使我判断为一根棍子是直的，而且自从我们幼年以来就习惯于这样判断，因此这也可以叫做感觉，可是这并不足以改正视觉的错误，而是除此而外，需要有什么理由来告诉我们在这个地方相信我们在摸了它以后做的判断，而不相信视觉似乎给我带来的判断，这个理由不是我们自从幼年以来就有的，因而不能归之于感官，只能单独归之于理智。从而，就是在这个例子里，改正感官的错误的只有理智，没有可能提出任何一个例子来说明错误是来自相信精神的活动而不相信感官知觉的。

（十）由于剩下要去检查的疑难是当作怀疑而不是当作反驳给我提出来的，我不敢过高估价我自己来贸然答应把我看到的今天仍然为那么多的学者所怀疑的东西都解释得相当清楚。虽然如此，为了尽我之所能并且为了我所从事的事业的利益起见，我将坦率地说一说我自己是用什么方式完全从这些怀疑中解脱出来的。因为，在这样做的时候，如果万一可以对有些人有用，我就有理由感到满足了；而如果对任何人都没有用，至少我将得到这样的满足，即人们不能指控我妄自尊大或鲁莽冒失。

随着我的沉思里所包含的理由之后，当我第一次得出结论说人的精神是实在有别于肉体的，它甚至比肉体更容易认识，以及在那里论述的其他许多东西的时候，我实在感觉到不得不对这些东西表示同意，因为我在这些东西里没有看到任何东西不是按照逻辑规则从非常明显的原则得出来的。虽然如此，我承认我并不因此完全相信，并且我遇到和天文学家们遇到过的同样事情，那些天文学家们，由于一些强有力的理由相信了太阳比整个地球还大许多倍之后，却不能不断定在看它的时候它比地球小得多。但是，在我根据我对物理或自然的东西的同样原则做进一步的考虑时，首先检查在我心里的每件东西的概念或观念，然后把这些概念或观念仔细地彼此分开，在这之后我就认识到没有什么东西是属于物体的性质或本质的，除非它是一个有长、宽、高的广延的实体，它能够有许多形状和不同的运动，而它的这些形状和运动不过是一些样态，这些样态是从来不能没有物体的；可是颜色、气味、滋味，以及其他类似的东西，不过是一些感觉，它们在我的思维之外没有任何存在性，它们之不同于物体是与疼痛之不同于引起疼痛的箭的形状或运动是一样的，最后，重量、硬度、可热力、引力、净化力，以及我们在物体里看到的其他一切性质，都仅仅包括在运动或静止之中，包含在诸部分的外形和安排之中。

所有这些见解都和我从前关于这些东西的意见大不相同，因此，在这以后我开始考虑我为什么从前有那些不同的见解，我找到主要原因是自从我的幼年以来，我关于自然的东西做过许多判断，比如对于有助于保存我幼小的生命的东西的那些判断，我一直保存了我从前关于这些东西有过的那些见解。由于我的精神在年轻时代不能很好地使用肉体的感官，而且由于精神过于和肉体结合在一起，不能离开感官去进行思维，因此精神只能很模糊地知觉各种东西。虽然它对它的本性有认识，在它本身里有的关于思维的观念并不比关于广延的观念少，可是，由于它领会任何纯粹理智的东西同时也总是想象物质性的东西，因此它把二者当成一个东西，把它对于理智的东西的一切概念都归之于物体。而且由于我从此以后一直没有从这些成见中解脱出来，我对什么都认识得不够清楚，把什么都假定为物体性的，虽然我时常把这些东西本身做成的这样一些观念都假定为物体性的，而实际上它们与其说是代表物体的概念不如说是代表精神的概念。

举例来说，当我过去把重量领会为一种实在的、结合到大块物体之上的性质时，虽然我把它叫做性质，因为我把它联系到它所在的物体上，可是，由于我加上实在的这一词，我认为事实上这是一个实体，就像一件衣服一样，从它本身上看，它是一个实体，虽然把它联系到一个穿衣服的人时，它可以说是一个性质；同样，虽然精神是一个实体，可是就其结合到一个肉体上来说，它可以说是一个性质。而且，虽然我领会重量是布满全部有重量的物体上，可是我不把构成物体的性质的同样种类的广延归之于它，因为，这个广延排除各部分的任何互相贯串的性质；而且我认为，在一块一尺长的金子或其他什么金属里的重量有和一块十尺长的木头里一样多的重量；甚至我认为这个重量可以包含在一个数学的点里。不仅如此，当这个重量平均铺开到整个物体上时，我看到它可以把它的全部力量使用到它的每一个部分上，因为，不管用什么方式把这个物体悬挂在一根绳子上，物体用它的全部重量牵引着绳子，就好像全部重量都包含在接触绳子的那一部分里似的。当然我今天还没有领会到精神不是这样在肉体里铺开，即我把它领会为整个地在整体里，整个地在每一个部分里。但是，更好地显示出这个重量的观念是部分地从我所具有的我的精神的观念抽引出来的，是我认为重量把物体引向地心，就像它本身有对地心的什么认识似的。因为，肯定的是，它这样做似乎不可能没有认识，而什么地方有认识，什么地方就一定有精神。虽然如此，我还把别的一些东西归之于重量，这些东西不能同样被理解为精神。举例来说，重量是可分的，可量的，等等。

可是，在我把所有这些东西加以考虑，仔细地把人的精神的观念同物体和物体性的运动的观念加以分别时，并且我发现我从前具有的其他一切观念，无论是实在的性质也好、实体性的形式也好，都是由我的精神做成的之后，我没用很大的力气就从在这里所提出的一切怀疑中摆脱了出来。因为，首先，我不再怀疑我对我自己的精神有一个清楚的观念，对这个精神我不能否认我有认识，因为它对我是这样亲切，同我这样紧密地结合在一起。我也不再怀疑这个观念是完全不同于其他一切东西的观念的，它本身一点都没有属于物体的东西。因为，在仔细追求了其他东西的真正观念，并且甚至认为一般地把它们全部都认识了之后，我在它们之中没有找到任何东西不是完全与我的精神的观念不同的。而且我看到在这些东西（它们虽然是一起在我的思维之中的，可是给我表现得彼此不同，精神和物体就是这样）之间的分别要比那些东西之间的分别大得多，对那些东西我们可以分别思维，想这个而不想那个，我们从来看不见它们在我们的精神里在一起过，虽然它们不能分开存在。举例来说，就像上帝的广大无垠性可以为我们所领会而用不着想到上帝的正义那样。但是在我们的精神里两个不能同时出现，而且不能相信上帝是广大无垠的而不是正义的。同样，人们也可以很好地认识上帝的存在而一点也不知道非常神圣的三位一体的三位，而这是如果没有信仰之光的光照，任何人都不能很好理解的；但是，三位一体的三位一旦被很好地理解，我否认人们在他们之间能够领会在神圣本质上有任何实在的分别，虽然可以在关系上有分别。

最后，我看到有些物体不思维，或者不如说我非常清楚地领会到某些物体可以没有思维时，我更愿意说思维不属于物体的本性，而不愿意做出这样的结论，说思维是物体的一个样态，因为我看见一些别的物体（即人的肉体）能思维，这时我不再害怕一心从事我的分析工作居然会误入歧途，因为，实在说来，我从来没有看见过，也没有了解过人的肉体能思维，而是看到并且了解到同一的人们，他们既有思维，同时也有肉体。而且我认识到这是由于思维的实体和物体性的实体组合到一起而造成的，因为，单独考虑思维的实体时，我一点都没有看到它能够属于物体，而在物体的本性里，当我单独考虑它时，我一点没有找到什么东西是能够属于思维的。但是，相反，把各种样态都拿来检查一下，不管是物体的还是精神的，我看不出有一个样态，它的概念不是完全依附于事物的概念本身，而这个概念就是事物的样态的。同样，从我们经常看见两个东西结合在一起这件事，我们不能因此就推论说它们是一个东西；但是，从我们有时看见两个东西之一而没有另一个东西的时候，我们就很可以结论说两个东西是不同的。不要让上帝的能力阻止我们得出这个结论；因为，认为我们清楚、分明地领会为两个东西的一些东西是由一个在本质上同一的东西做成的而绝不是组成的，这比认为可以把一点分别都没有的东西分开，同样是说不通的。从而，如果说上帝把思维的功能放到某些物体里（就像他事实上把它放在人的肉体里那样），他什么时候愿意，什么时候就可以把它们分开，这样一来，思维实际上不能不是与这些物体有分别的。

而我从前甚至在摆脱我的感官的成见之前就很懂得二加三等于五，等量的东西减去等量的东西，剩余的东西也相等，以及诸如此类的许多东西，我对此一点也不奇怪，虽然那时我不认为人的灵魂和它的身体有分别的，因为，我看得很清楚，在我幼年时在这些一般为大家都接受的命题上我没有判断错，这是因为那时我对这些命题不习惯，因为小孩子们不学二与三加到一起，因为他们不能够判断它们是否是五的数目，等等；恰恰相反，自从我最幼年时期起，我把精神和肉体（我模糊地看到我是由它们组合成的）领会为一个东西；而把许多东西合成一个，把它们当成一个东西，这是一切不完满的认识的差不多一般的毛病：这就是为什么必须在以后要不厌其烦地把它们分开，并且通过更准确的检查，把它们互相区别开来的缘故。

不过我非常奇怪，一些很有学问的并且三十年来习惯于做形而上学思考的人们，读了我的沉思七遍以上之后，却相信如果我用我检查它们看看它们是否是一个敌对的人物提出来的同样的精神去把它们重读一遍我就不会那么重视，不会对于它们所含的道理有一个如此有利的意见，以致相信每人都应该向这些道理的真理和联系的力量和分量屈服。因为他们自己在我的推理中指不出任何一个错误。当然，如果他们认为我使用这样一个分析法使我得以用这种方法来推翻正确的论证，或者给错误的论证涂脂抹粉，使任何人都发现不了错误的话，那么他们归之于我的东西大大超过了我应该接受的程度，而且也超过了应该归之于任何人的程度；因为相反，我大声疾呼，我从来没有追求别的东西，除非是这样的一种方法，用这种方法人们可以肯定真正理由的可靠性，发现错误的和似是而非的理由。因此我看到有些非常有学问的人还不同意我的结论我并不那么感到奇怪，反而我很高兴看到：在如此认真地反复读过我的理由之后，他们并没有谴责我提出什么不合适的东西，或者得出什么不是合乎规格的东西。因为他们在接受我的结论上的困难很可以被归之于他们根深蒂固的判断习惯，他们判断的不是这些结论里所包含的东西，就像天文学家们所看到的那样，他们不能想象太阳比地球还大，虽然他们有足够的理由证明这是千真万确的。但是，除非是因为这些推论是完全正确和无可置疑的而外，我看不出可能有什么别的理由说明为什么无论是这些先生们或者是我知道的任何人，直到现在都没有在我的推论里挑什么毛病；因为主要的是，这些推论所依据的原则并不是模糊不清的，也不是大家不知道的，而是从一些最可靠、最明显的概念里得出来的，这些概念是人的精神从对一切事物的普遍怀疑起，然后从一切种类的成见中解脱出来以后得到的；因此必然不能有就连理智较差的人都能够很容易看得出来的错误。这样，我认为我不无理由做出这样的结论，即：我所写的那些东西并没有被那些有学问的人们（他们在认真读了多次之后还没有被那些东西说服）的权威所削弱，反而被他们的权威本身所加强，因为，在那么仔细认真的检查之后，他们却没有在我的论证里指出任何错误和谬论来。

四、我思故我在（附录一）

1. 我思与自明律

笛卡尔的怀疑是普遍的吗？对于“明显”是否也怀疑？笛卡尔在形上默想中假定了一个恶神：“既具有能，又喜骗人。”连在极明显的事实上也在骗他。所以在笛氏的心目中，他的怀疑似乎是普遍的、彻底的。关于这一点，阿诺德责备他说，如果一个人做了这种彻底的假设，则他永远是留在怀疑中，无法自拔。因为我们之所以认为“我思”是真，只是为了它是一种明显的事实而已。如果对于自明之所以为自明还有所疑，为何便不能怀疑“我思”呢？笛氏在答辩中，矫正了自己的立场，声明自己从来不曾怀疑当前的自明，只是对过去自明的回忆，有所怀疑。在这种情形下，则怀疑是怀疑记忆或推理，就不需要有“恶神”的假设了。此外，一位名叫蒲曼（burman）的少年，在他的日记中，记载自己和笛卡尔的一段会话，他责难笛氏：恶神的假设根本是矛盾的，因为如果你肯定恶神是大自然的创造者，则他是全能的，全能者亦必然是无限的至善者，笛卡尔回答他说，他要在原文上加上：“如果可以这么说的话。”显然，这是一种收回他怀疑自明的说法。所以对一件具体的自明，是不能怀疑的。

谈到怀疑，使我们联想起圣奥斯丁，他说过："如果我错了，则我存在。"他用这句名言，来攻击怀疑派。学者对于这两种怀疑的区别，有许多不同的看法。欧若蒂[①]以为笛卡尔的怀疑是属于现象的，而奥斯丁的怀疑是属于形上的。谢各明[②]认为奥斯丁的怀疑是心理的，笛卡尔的怀疑是认识论的。奥斯丁的怀疑是事实的，笛卡尔的怀疑是理论的。奥斯丁的怀疑是一个偶然的例子，而笛卡尔的怀疑是必然的假定。是一切真知识的胚胎。

笛卡尔以为可以在这"我思故我在"的自明真理上，证明他的自明规则。他说："……我普遍地检查一命题之所以为真的缘故，以便确定它的条件。由于我已找到了一个命题，且知道它是真实而确定的，我想我亦应当知道它的真确性是在于什么。我注意到，在'我思故我在'中，没有什么保证我说了真理，只不过是我明显地看见，思想必须有（思想）存在。我遂认为我可以以此为总则，凡我们很明显地、很清晰地有观念之物，皆真实无误。"

"我思"就是自明，即思想的主体，对其自身存在的意识。换句话说，人的心灵对于自身存在的透露。这自明是来自内在于我的"思"，与"我"的一种关系。由于这种关系，"我思"与"我在"有了直接的沟通，即等同关系。这种关系之建立，是不依靠任何外来的原则。它的原则和它的保证，皆来自这等同自身。

---

① Francesco，Olgiati，意大利新士林哲学代表，米兰圣心大学创办人一，著有《笛卡尔哲学》等。

② Vittorio，Giacomin．意大利现实观念主义学者，著有《笛卡尔哲学思想》。

如果我想更进一步分析自明律，“自明”与“自我”的关系，应当说“我思”即“我看”，我看见我在思想。“我思”是第一存在真理，第一个由观念立刻走入实在的领导者。有了它，然后才允许我们演绎其他的存在。这样，由数学中提出的自明规则，在此找寻到最彻底的说明。证明其为普遍的，适合于一切知识的原则。不过，最后的、真确的根基还是阙如，除非推出一至善的、不变的上帝，我们还不能有任何绝对的、真理的凭据。

2. “我思”的性质

“我在”到底是什么？“我思故我在”这句话，已说出“我思”与“我在”之间的关系。并且多少也道出“我在”的性质。显然“我在”绝不是指身体的存在，因为在我思的当时，根本还没有考虑到身体存在的问题。所以对身体之存在没有肯定。因此，“我在”应当是“思想”的存在。即“怀疑”的存在。这“我在”之存在，和我的“思想”及思想的动态有关连。也就是说和“怀疑”、“了解”、“感觉”以及我的一切内在意识生活有关系。我所想的与我所感觉的事物，可以属子虚乌有，可是我的“想”、“觉”、“了解”、“愿意”等等，却是不可否认的事实。所以“我思”说明“我在”是一思想的存在。即指精神体、智能、或理智的存在，是无可置疑的了。尽管“我”所看见的这张纸可能不存在，但是看见这张纸的“我”，是不能不存在的。因此，只能说：“我思故我在”，不能说：“我在故我思”。按此理“我吃故我在”便不能成立。因为实际上“我吃”、“我在”等，可能只不过是幻象而已。可是绝不能说“我思”而实际没有“我思”，否则一切皆不能肯定，所以，“我思”可以说是处于一种非常超越的情形。如果肯定“我思”，而实际上没有“思想”存在，很明显地是荒谬的说法。可见“我在”是指一个直接为意识所把握到的思想。使“思想”与“意识”成为一体，而且是同一回事。对笛卡尔来说，一个没有意识的思想是不存在的。他将思想定义为：“思想一词，指我们意识到在自己心中操作的一切，这就是何以不但了解、意愿、想象是思想，而感觉在此亦同样地是思想。”

3. 我思与灵魂

“我思”的主体，应当是“自我”存在的意识或自明。不应当是思想的心理现象而已，它是一“思想之物”，或称为“实体”（substance）。但所谓“实体”的全部本质或本性，只是思想而已，此外没有别的。可见“实体”这个名词，表面上是和传统的哲学名词相同，而实际上的指义却是有分别的。传统哲学的“实体”，是指实在。笛卡尔所谓的“实体”，是指思想的实在性，就是“的确有思想这回事”。他之以“我”一词来指思想的主体，并不是认为除了“思想”之行为以外，还有一个不可知的，隐在“思想”背后的主体——我——存在。他的“我”，说穿了，就是“思想”行为与它的“存在”或“实在”的自明关系，根本没有什么隐在基层的实物问题。所以，思想的主体——我，是一个“自知存在的思想”是已，此外没有别的了。

可见笛卡尔所肯定的“自我”，其本质与属性（attribute），只是思想而已①。他也称此“自我”为“心”或“灵魂”。“思想本身，因为是存在的原则，所以组成它的本性与属性也只是思想而已。”这样，灵魂非时时刻刻思想不可，而实际上笛卡尔认为，它的确常常在思想。“我肯定，人的灵魂，不管在何处，即使在海底，也时常在思想。我这样的肯定，是有道理的，因为我已经证明了它的本性或本质就是思想。就好像物体的本质是‘扩展’一般。人们是否希望获得比这些更确实、更明显的证明理由呢？没有东西是没有其本质的，所以我认为我不应相信有人能否认自己的灵魂在思想，因为他不记得自己在思想之故。就好像我不相信有人因为感觉不出来他自己肉身的扩展，而否认他自己肉身是扩展的一般。但是，这并不是说我因此就相信小孩子的精神，在母胎中时，就已做形而上的默想。反之，如果你允许我做一个无法证实的猜测，（我要说）既然我们经验到我们的精神，是如此密切地和我们的身体结合在一起，甚至于几乎依赖它，虽然一位成人和健康者的精神，其行动具有某种的自由，能想一

①“就我所知，在我之前，没有人说心灵只此一事而已，即思想的官能和内在的原则”，又“我是第一个认为思想为非物质实体的主要属性，扩展为物质实体的主要属性，但我没有说过这些属性是附在实体上，犹如附在主体上，而和他们有所分别者，在此我们要留心将属性一词当作不多不少的模式。”

些异于感官所提供的事物，但是这种自由，在病人与沉睡中的人，以及孩童身上，就无用武之地。在一般情形，年纪越幼小，这种自由就越渺小，所以最合理的说法，是肯定一刚刚和婴孩的身体结合的灵魂，仅有苦痛、痒、热、冷的模糊感觉，和其他一些与身体结合及掺杂而生的观念。这个时期，他内在的上帝，自我，以及自明的真理观念，并不少于一位不重视它们存在的成年人。因为这些观念，不是因为年岁的增长而获得。我不疑惑，一旦灵魂脱离肉身的纠缠，没有不立刻发现它们是在自己的身上[①]。”“我相信灵魂所以常常思想的理由，和我相信光之常常照耀相同，虽然没有人注意它；这和我相信热之常常温暖，虽然没有人靠它取暖相同，同时也和我相信物体或扩展之实体有体积一样。总之，当一物存在时，一切组成该物的本性因素，常常同它一起存在。因此，当有人说灵魂停止思想时，对我来说，我宁可说它停止存在。我很难了解，灵魂之继续存在而没有思想到底是怎么回事[②]。”“灵魂似乎必然地常常实在地在思想，因为构成它的本质乃是思想，正如构成物体本质是扩展一般。你不能想象思想是一个可有可无的属性[③]。”从这些话里，我们亦可以看出笛卡尔肯定人有天生的观念。

“灵魂恒在思想，但为何我有时不觉得它在思想呢？这是因为它受了身体的影响而分心的缘故。如果一旦它处

① 1641 年 8 月寄自 Endegeest 的信件。
② 1642 年 1 月 19 日致 Gibieuf 信。
③ 1648 年 6 月 4 日致亚诸特信。

于纯精神的状态，则它立刻清晰地、明显地抓住一切内存的观念，因为它们是它的构成元素。这些观念之所以如此模糊不清，是因为灵魂和身体结合之后，它的注意力从内在的观念，转移到它的模式，如病痛、冷热。”

笛卡尔将思想分为属性与模式（modus）二种情形。思想的属性情形，与实体等同；思想的模式情形，却是思想的各种形式。他说：“思想的模式，各个不同，例如‘肯定’是思想的模式之一，它和另一个思想的模式‘否定’不同。如此类推。但是思想本身，不应被视为一模式，因为它是内在的原则，这些模式皆由它而来，并且依赖它，它是构成实体的本质的属性。”凡属性皆能单独存在，而模式则不能脱离属性存在。“虽然我们不难明了一个没有模式的实体，但不能清晰地明了一模式，除非同时对模式的实体具有观念。”“一模式的性质，你绝不能了解它，除非在它的观念中，也涵蕴有这模式的事物观念。”属性是我们对实体的了解，是实体的替身。笛氏在此将它与实体视为等同。但是实体与属性还是有分别的。例如，一组合物，是以属性为根据。“一组合物是含有两个或两个以上的属性之物，对于它的任一属性，能有清晰的观念，无须借助其他属性，因为事实上，每个属性不需要另一属性的支持，即能被了解，而第一构成元素，不当视它为别的属性的模式，而应视它为一物，或一物的属性，虽然该物没有这属性，亦能存在。”因此，一单纯之物，属性只有一个，而一物的模式之多寡，并不影响它的单纯性。“一单纯之物，是一没有（上述的）这种属性之物，我们所了解的主体，如果只含有扩展，虽则还有扩展的各种模式，它显然仍然是一单纯之物。同样的，我们所认识的主体，如果只有思想，虽然具有思想的各种模式，也是一单纯之物。”

笛氏将属性与本质视为等同，可以说是本质现象化或是具体化，将形上学转变为认识论，这一点是近代哲学的特色。他又以模式（modes）来代替传统哲学的附体（accidents）。不过传统的附体是构成个体的依据，而模式却没有这种性质。

按传统及士林哲学的说法，精神体是明显的，容易了解；而物质体则是模糊的，不易透视与理解。从这观点看来，笛卡尔哲学以“思想”、“自我”为最先的自明，似乎是逗留在传统的思路上。但仔细反省，就知道这种相同点只是表面上而已。照传统哲学说，灵魂或理智，就其本质来说，有理解一切真理的能力，包括理解上帝。只是此生此世，它不能面对面地看见真理，因为它命定与肉身结合在一块。并且如果它不是为了和肉身结合，上帝是不会创造它的，它也就不会生存在世间。此外，它之所以是一个个体的存在，就是因为它有一个身体。所以它在世间的知识，不得不以感觉之物为直接的对象。而对于精神体，只能借用可解之物来认识。因此，传统哲学一方面把肉身描写成灵魂的障碍，不让灵魂依照它自己的本质和倾向去吸取真理。而另一方面，灵魂在世间，对精神体只有间接的认识，如果它离开感觉体，它的知识就会离谱，而沦于空虚不切实际。士林哲学有句成语：“凡不先存在于感觉者，则不存在于理智中。”灵魂如果想解救自己，摆脱身体的约束，面对面地正视真理，只有来生才可能，在另一个宇宙，在一种超乎现世的生活环境之下才能实现。

笛卡尔的理论则完全不同，照他的说法，灵魂有一本质，与其他一切皆有分别，不过此本质不是普遍性的状态，或者潜能状态，也不是一种有待成为事实的纯本质，而是一实在的，存在的本质。对它而言，你不能想象它先有本质，后有存在，正如我们平日对别的物体所想的一般。它的存在世间，不是为了同肉身结合，也不受肉身的限制，而是受自己所限。此灵魂的本质就是“思想”，思想自己的“思想”，由于思想自己，发现自己的限度与不完美，所以灵魂在自己身上，立刻悟出一切，认识一切，身体在这方面是无能为力的，不能增加它的知识能力。所以限定它的，是它自己的内在观念，由于它的本质是思想，所以它是一思想的本质，它的观念都是天生的一切。感官作用，对理智的知识应当是没有丝毫贡献的。而：“凡不先存在于感官中者，则不存在于理智中。”的说法遂为笛卡尔所扬弃。思想的对象是观念，它不需借助外物，只要在自己之内，观看自己就够了。而它所看到的，虽然由于灵魂本身的限度，它的观念不是完整的、完备的，但却是清晰而明显的。另一方面，它亦不受与身体结合的影响。因为身体并不能掩蔽理智，使它看不清楚，最多是一些相等于模糊观念的，感觉性的模式，吸引灵魂的注意，使它分心，迷迷糊糊，心不在焉，不能仔细观看自己。这种模式的产生，灵魂亦无法控制，但它能自由地将自己的注意力转回到自己身上，或转回到明显的观念上。如此，在人世间，我们已能完成一项救赎工作，正视真理，不需要等待死亡的来临，已能将我们由肉身中救出，也就是能直接认识真理。因此，照天主教说，人在世间不能面对面地正视真理，乃是天经地义，似乎是不可抗衡的一件事；而对笛卡尔而言，这不是一件不可能的事，只是有一点困扰罢了。单凭人的一己之力，即能克服过去，不需要麻烦一超自然的能力来援助。

4. 我思与身体

笛卡尔由“我思故我在”，定义“我”为一思想之物，或称“我”为实体，或灵魂；但是我之被称为实体，是因为它的存在，不需要身体的支持。因此，他肯定灵魂为思想的实体。意思即说：人灵存在或活动，皆不依赖身体。它自己就是存在和活动的充足理由，在这里，笛氏沿用亚里士多德的哲学名词，发表他的哲学，语意上是有些不恰当的。亚氏的灵魂是指一个有机体的生活原则。而笛氏由“我思”中所获得的灵魂，不是有机体的生命原则，而是独立的纯精神体。笛氏在形上默想中称之为“我”或“我的精神”。这样的称呼似乎比较恰当，因为精神与身体根本是两回事。当我在怀疑我身体是否存在时，“我的精神”之存在是无可怀疑的了。但这不是说灵魂是自存的，这只是说明灵魂是不依赖身体而存在的，没有身体，灵魂亦能自然地存在。事实上，笛卡尔认为当我们还不知道身体是否存在时，我们已确知我的精神存在。并且还拥有灵魂的观念呢！这不但说明灵魂与肉体是互相独立，而且彼此还是对立的。

笛卡尔说：“若我能明显清晰地悟到这一切，为上帝所创造，皆如同我所悟到的一般，则我可以明显清晰的单独悟到一物，而不受另一物的影响。这件事实使我确知两物之间的分别与不同，因为它们能够分别被排列出来，至少借上帝的全能可以达到，至于借哪一种能力，使之分别，并叫我们断定其为何不同，则无关紧要。如此，我确知我存在的事实，并同时领会到，除了‘我’是一思想之物外，根本没有别的任何事物是属于我的本性或本质。我有理由下这个结论：我的本质只在于此一事实。即‘我为思想之物’，虽然可能（或者干脆说一定，如以后我要说的）我有一个身体，它和我的联络非常密切，但是一方面我有一个明显而清晰的‘自我’观念，我只是思想之物而已，没有扩展或体积；而另一方面，我有清晰的观念，知道身体只是扩展之物而已，没有思想。我于是确知，‘我’与‘我的身体’实在是分开的、互相独立的，没有‘我的身体’，‘我’也能存在。”“我领悟到灵魂和肉体，有很大的分别。就身体的本性来说，它常是可以分割的，而心灵则绝对不能分割。的确，当我观察心灵或‘我’时，由于‘我’只是思想之物而已，我不能在‘我之内’有部分的分割，我悟到‘我’根本是单一的整体。虽然‘我’和肉体互相结合，但是我的肉身若被削去一足或一臂，或任何其他部分，我不知道我的心灵会因而有什么损失。而且也不能说：意愿、感觉、理解等能力，是心灵的部分，因为意愿、感觉、理解等乃是同一个心灵的作用而已。反之，没有任何一件我所能设想的有形物体，或扩展之物，不是很容易为思想分割成部分的，因此我确定它（有形物，肉身）的确是可分割的。如果我不曾由别处充分地理解，则这件事实，已足够证明心灵与身体是完全不相同的。”

灵魂的观念，不是笛卡尔首创的。在他之前早有许多人提及，并且称它为精神体，而与物质体对立的生命原则。不过在他之前，没有人将灵魂设想得这般孤零零，就像那被众人所遗弃的可怜虫。依笛卡尔的说法，灵魂是自身存在，并且借思想存在，其实灵魂就是思想。它之所以思想，不是受外界事物的刺激或影响，而是因为它的本质就是思想，非思想不可。如果我们说它思想外界的事物，是因为它和外界发生了关系，这显然是一种错误的想法。因为灵魂之思想事物，不是为了别的，只是为了自己内在有它们的观念，并且有思想它们的一切条件。所以，只要它反求诸己，就能知道自己和其他一切。它绝对不需要借助别的事物。而且别的事物也帮不上忙。所以“我”之认识自己和其他一切，是在一个自满自足的系统中进行的。这种说法已伏下了莱布尼兹的单子原则。因为单子内在的变化，和外界的变化原本就预定协和好了，相互呼应对称着。这种认识论对当时一般人的认识来说，是一百八十度的大转变。因为传统的哲学，认为灵魂是身体的形式，称它为人的形式元素，而认识行为是灵魂受到外界事物影响的缘故。

笛卡尔为了保留传统哲学中心物结合的说法，别出心裁地应用“混合”一词（mélange）来说明这种结合的性质。不过仔细研究笛卡尔的“身体”，不难知道它是一件勉强加给灵魂的东西，实在和灵魂格格不入，身体与灵魂连在一起，完全违反了它们的本性。因为按笛卡尔的说法，灵魂单独时已是一个完全的实体，如果这样，则身体对它而言，只是一个附体或偶有之物。然而按亚里士多德及多玛斯·阿奎纳的说法，身体之所以能成为一个实在的人，是因为它具有灵魂，而灵魂之所以成为这个人的灵魂，而不是别人的灵魂，是因为他有身体之故。这是说，灵魂使身体成为事实，而身体使灵魂成为确定的一个人。因此它是“我的”而不是“你的”，或任何其他人的。灵魂和身体皆不能分别存在，它们之所以成为实体和存在，是灵魂与肉体二者的共同结果。此为亚氏及多玛斯的看法。至于笛卡尔则认为，灵魂本身是一单独完备的实体，存在于自身，而且只为它自己而存在，是个别地为自己而创造，没有什么本质性的普遍灵魂存在。他的灵魂，开始就是一个个体，一个精神的个体，中古时代困扰士林，始终不得圆满解决的大问题——个体化问题，对笛卡尔而言，完全不存在。

此外，笛卡尔还设法保留一些其他的名词，如模式。但认为它并不属于纯粹灵魂，而是属于心物的混合物。实际上，他又说这些模式，只是灵魂的模式而已，和身体的模式对称，这可由他的二元认识论中获得证实。根据二元认识论，他不用身体的模式来思想，因为身体的模式乃是含糊的观念，应当撇下。为了认识，应当返回内心，在自己的内心寻找观念。传统哲学认为认识是心物合作的结果，而笛卡尔则认为是灵魂的工作而已，灵魂完全独立，不受外界的影响，当它完全脱离外界的时候，正是它真正认识的时候。

五、灵魂的激情（附录二）

一六四五至一六四六年笛卡尔用法文撰写一部专著，题为《论灵魂的激情》。一六四六年四月，笛卡尔把这本书的初稿献给流亡荷兰、且心情忧郁的波希米亚公主伊丽莎白（Elizabeth）。她对此书提出一些细微的修改意见。后来这本书经笛卡尔修改之后，送到瑞典女王克丽丝汀手中。一六四九年八月，克莱尔色列拿到书稿，于当年十一月末在瑞典由路易·埃尔齐沃（Louis Elzevir）出版，与此同时，亨利·格拉斯（Henry le Gras）也在巴黎出版该书。笛卡尔当时在瑞典，他在离开荷兰以前曾经修订过手稿。在他逝世之前，他收到了校样。这是笛卡尔生前出版的最后一本著作。其实，笛卡尔在书稿完成之际并不打算将其公之于众，而他的出版商对出版此书也不太热情，因为书的售价太低，不能赚多少钱。然而，他的朋友克莱尔色列、夏纽等，竭力怂恿他出版此书。最后经多方努力，书稿于一六四九年正式出版发行。

笛卡尔在《第一哲学沉思集》中明确地表示，与感官相关的一切都被看作是假的，必须从思维中把它们排除出去，只和“我”自己亲热起来，只有这样才能发现我是一个在思想的东西，从而证实我存在。与肉体相关的东西，一直是笛卡尔哲学避之不及的东西。既然如此，他为什么要讨论与肉体相关的激情问题呢？

笔者以为，前者属于笛卡尔哲学的形而上学范围，它研究脱离肉体的“我”、理性、实在、上帝等问题。后者属于笛卡尔哲学的物理学和伦理学范围，研究具体的人，即，与有血有肉、有感觉、有激情的个人相关的问题。在这一研究领域，笛卡尔依然坚持他的二元沦，可以说，灵魂的激情所解决的问题，就是人们通常所说的“身心问题”。

灵魂的激情分为三个部分。概括起来说，第一部分可以称之为激情的生理—心理学。它首先详细地阐述了作为个体的人的身体结构，即所谓身是什么；在此基础上，进一步阐明了灵魂的处所和地位，即，所谓心究竟是什么；尔后阐明灵魂与肉体的关系，灵魂与激情的关系，激情与灵魂和肉体的关系，以及意志与激情的关系等。可以看出，这一部分主要是从生理—心理的角度探讨身心关系问题。心理学界常常把笛卡尔视为生理—心理学的主要创始人之一，主要论据也是来自他对身心关系的探讨。第二部分详细阐明了激情的种类与运作顺序，尤其着重笔墨探讨了六种主要激情的内容和运作方式。我们可以把这一部分称之为激情心理学。第三部分主要探讨一些灵魂的激情如何成为人的美德抑或成为邪恶。亦可说这一部分讨论的问题与激情伦理学相关。

1. 激情生理学

笛卡尔认为，激情问题是一个极其平凡的问题，探讨它似乎并不是一件困难的事情。因为人人都有激情，只需要在自身中进行一番审视，就不难看到激情究竟意指什么。然而，古人留给我们的典籍却令我们大失所望，因为他们对于激情问题的探索竟然如此之贫乏，除了历数他们所进行的探讨之外，几乎很难从他们的阐释中得到什么有价值的东西，更不用说真理了。正因为如此，笛卡尔认为自己非就激情问题说些什么不可。

笛卡尔认为，“活动与激情永远是同一个东西”。确切地说，在灵魂中表现为激情的东西，在肉体中则表现为活动。因此，为了获得有关灵魂激情的知识，除了考察灵魂与肉体之间存在的差异以外，没有更有效的方法。这样的考察将会使我们看到，激情的出现究竟依赖肉体还是灵魂，抑或同时依赖二者。

笛卡尔指出，由于我们并未看到肉体可以进行任何形式的思想，因而我们有理由相信“我们之中存在的每一种思想都属于灵魂”；由于我们并不怀疑无生命物可以与我们相同，甚至拥有比我们更多的模式，因而“我们必须相信，人所产生的一切冲动或者运动都与肉体相关”，根本不依赖思想。也许有些人会这样说，死人为什么没有冲动和运动，因为引起这些冲动和运动的灵魂在他们之中停止了运作。然而笛卡尔认为，这是一种极其错误的说法。他指出，我们没有任何理由相信，人体本能的冲动和一切人体运动都依赖于灵魂。恰恰相反，人死亡时灵魂停止运作，是因为本能的冲动停止了，推动身体运动的器官崩解了。从人的死亡原因可以看出，死亡不是灵魂造成的，而是身体的某些部位发生了衰变，停止了运作所致。即，死亡是由纯肉体的因素造成。这如同钟表，如果表的部件形成一个整体，而且每个部件都完好无损，表就可以正常运作，而如果其中某个部件，特别是关键部件坏了，表的运动就停止了。既然冲动和运动都取决于肉体因素，那么对肉体进行一番详细地说明，也就是顺理成章的事。

①动物精神

笛卡尔在荷兰期间，曾经参观过人体解剖，并且对哈维的血液循环理论十分感兴趣。笛卡尔讨论激情生理—心理学时，充分运用了这些生理学方面的知识。笛卡尔指出，众所周知，每个人都有心脏、大脑、脏器、肌肉、神经、动脉、静脉等等。笛卡尔科学地说明五脏六腑如何运作，并且断定，“一切肌肉运动，以及一切感觉，都依赖于神经——类似于丝状物或者小管一类的东西，它们都发端于大脑，因此，像大脑一样，包含着某种精微的气息，即，所谓的动物精神（the animal spirits）”这里所说的“动物精神”其实就是我们现代科学所说的本能。本能与神经系统相关，是包含在神经系统中的一些“精微的气息”。由此人们必然会提出另外一个问题，动物精神如何产生？笛卡尔认为，血液是进入这个部分，还是进入那个部分，取决于脑本身的构造。因为大脑中有些通道十分狭窄，只有那些最精微的血液部分才有可能通过，血液中最有生命力、最精微的部分源源不断地进入大脑的腔中。而其余不够精微的部分，就进入其他部分。正是这些非常精微的血液，形成了动物精神。笛卡尔认为，“我这里所说的动物精神，它们的一个特性就是十分精细，它们的运动十分迅速，像从火炬中流出来的炽热小颗粒一样。因此，它们绝不会停留在任何一个点上，当它们之中的一些进入大脑的腔中时，另外一些沿着大脑中的小孔流动，小孔把它们传递到神经，又从神经传递到肌肉组织，凭借肌肉它们尽自己所能以各种方式启动身体的运动。”一切机体运动的唯一原因是肌肉收缩，而肌肉运动的唯一原因则是来自大脑的一定量的动物精神。来自大脑的动物精神，本身并不足以推动肌肉的运动，不过，它们可以确定在肌肉中的其他动物精神，通过它们推动肌肉的运动和收缩。

动物精神的行进，为什么并不总是以同样的方式从大脑流向肌肉，为什么会更频繁地流向某个地方，而不是另外一个地方？笛卡尔认为，这里面有两个原因。第一，感官受到外部客体刺激，被激起多种运动，由于各感受器与肌肉和神经的联结通道不同，故而引起的动物精神的运动也不同。第二，动物精神的兴奋程度不同，它们的各部分之间具有多样性。因为当其中的一些部分比其他部分更粗糙、更活跃时，它们一定会分别进入不同的地方。由于动物精神与感官和肉体运动有这样的联系。因此，动物精神的运动倘若发生变化，就会导致大脑的某些小孔张开，而不是另外一些小孔张开。相应地，如果感官活动促动神经活动，使某些小孔张开，也许它们可以比平时大或小，那么动物精神的运动就会促使某些部分发生变化，随着这些变化，动物精神以特殊的方式传递到肌肉，从而促动身体的运动。至此，笛卡尔所讨论的问题，均涉及与动物精神相关的肉体活动。其实，从现代人的观点来看，这些活动就是现代生理学上称之为本能的反射活动。笛卡尔根据当时的科学水平，最大限度地描述了所谓“身”为何物，从现在的科学水平来看，有些描述稍显原始，但是，在当时，已经是难能可贵了。

②灵魂、知觉、激情

灵魂就是所谓“心”。作为一个活生生的人，不仅有结构完善的身，而且有使人具有人的思想的灵魂。因此，说明了人的身体结构及其运作方式以后，笛卡尔很自然地开始探讨心的问题。笛卡尔指出，考察了与身体相关的功能以后，再考察灵魂问题就比较容易了。根据前面所述，我们可以看出，“灵魂只拥有思想，”除此之外别无它物。与肉体相关的思想分为两种，一种指灵魂的活动，另一种指灵魂的激情。笛卡尔所说的灵魂的活动，“是指我们的一切渴望，因为根据经验我们发现，渴望直接来自我们的灵魂，而且仿佛只依赖于灵魂；另一方面，我们通常用人的激情来称谓在我们之中发现的一切知觉或者知识形式”。如果说渴望直接来自我们的灵魂，那么激情则不是，按照笛卡尔的看法，人的灵魂并不能使激情“成为它所是的样子”，灵魂获得的激情，来自向它显现的外界事物。

说到渴望，即灵魂的活动，也可以分为两种，一种由灵魂的活动组成，灵魂自身就可以决定它们，主要指渴望热爱上帝，或者泛指用于思考一切非物质东西的灵魂的活动；另一种灵魂的活动在我们的肉体中决定，例如，我们渴望散步，腿就会运动，我们便开始行走。前者指纯精神的渴望，后者指形体的渴望。

与渴望相关形成两种知觉，一种以灵魂为原因，另一种以身体为原因。以灵魂为原因的知觉，是对我们内在的渴望、以渴望为基础的想象和思想的知觉。这种知觉是最重要的，因为如果我们不能发现我们在渴望，我们便不知道自己渴望什么东西。如果说渴望某物是一种灵魂的活动，那么也可以说，“发现灵魂渴望的东西，也是一种激情的活动”。笛卡尔认为，“这种知觉——意志，实际上是一个并且是同一个东西，……因此，我们在习惯上并不把它称之为激情，而只称之为活动。”如果灵魂进行纯粹的思想活动，如想象并不存在的某物，或者想象只可以理智地理解，而不可以想象的某物，例如，属性一类的东西，由此产生的知觉，基本上依赖诱使灵魂发现它们的意志活动。笛卡尔说，这足以说明，他为什么通常把知觉称之为活动，而不是称之为激情。

通过神经传递，由灵魂产生的各种知觉之间，存在着巨大的差异。一种与我们之外的客体相关，另一种与我们的灵魂相关。如果外界某些客体出现，刺激了外部感官的活动，同时也通过神经传递在大脑中激起了某些运动，从而诱发灵魂的活动使之发现这些客体。例如，看到烛光，听到铃声，光和声是两种不同的活动，它们在我们的神经系统中，继而在大脑中，激起两种完全不同的运动，从而给予灵魂两种不同的感觉。我们常常把感觉与某些主体联系起来，假定他们是感觉的原因，因此，我们认为我们看到了烛光，听到了铃声，然而，我们恰恰没有发现由它们产生的运动。第二种知觉与我们的身体，或者身体的某些部分相关。如饥饿、口渴等天然欲望。在这些天然欲望中，我们可以发现自身之中的痛苦、冲动以及其他感情。伴随着这些情感而来的是神经的传导。还有一些知觉与我们的灵魂相关。例如，欢乐、生气等，引起这些感受的原因多种多样，有自身的原因，有外在的原因，也有其他一些莫名其妙的原因。笛卡尔指出："我们的一切知觉——与我们之外的客体相关的知觉，与我们身体的不同情感相关的知觉，其实，只是与我们的灵魂相关的激情。"笛卡尔通常以"灵魂的激情"为名来解释这些知觉。也就是说，灵魂的激情，仅指人的各种知觉。

一经考察了灵魂的激情与其他一切思想的差异，便可以把灵魂的激情"一般地定义为灵魂的知觉、感受或者情感，它们都与灵魂有特定的关联，被动物精神的某种运动所引起、保持、加强。"按照笛卡尔的看法，灵魂激情的定义，有两方面的内容。一方面，为什么把灵魂的激情称之为知觉，另一方面，为什么说它们尤其与灵魂相关。笛卡尔分别对它们进行了解释。

笛卡尔指出，如果我们用知觉一词泛指一切思想（不是灵魂的活动），而不是指一切清楚明白的认识，就可以把灵魂的激情称之为知觉。在这个意义上，知觉体现了肉体和精神之间的密切联系。正因为如此，我们通常也可以把知觉称之为感受（feelings），因为灵魂接受它们的方式，与它接受外部感觉对象的方式相同，灵魂不能用其他方式认识它们。不过，把知觉称之为灵魂的感情（emotion）也许更确切些。这不仅因为用“感情”二字可以包含灵魂中出现的一切变化，即，一切不同的思想均可以由它始，而且因为它可以拥有一切思想，所以任何刺激和搅动，都不如这些感情那样来得猛烈、有力。因此，用感情一词更可以体现激情的特点。定义的第二个方面说明激情与灵魂相关；与外部客体引起的感受，如，气味、声音、色彩等相关；与身体的某些感受——如，饥饿、口渴、痛苦相关。它们都是由动物精神引起、保持和加强，也可以由灵魂自身引起。既然知觉或者激情与灵魂和动物精神有着不可分割的联系，即，知觉与“身”和“心”有不可分割的联系，那么，把它们联系起来的契机是什么？即是什么使物质的东西和非物质的东西发生联系？笛卡尔答曰：small gland，即，小腺体，也称松果腺。

③松果腺

笛卡尔指出，为了理解与灵魂和肉体相关的一切，我们必须认识到，灵魂确实与整个肉体结合在一起。灵魂是不可分割的，它没有广延、维度，不占据空间，不会因为身体的残缺而使灵魂变得小一些，因此无论在任何情况下，我们不可能得到半个或者三分之一个灵魂。但是，当身体崩解时，灵魂定然不存在。灵魂与身体生死与共，却又不具有相同的属性，究竟是什么把它们联系在一起呢？笛卡尔认为，并不是心脏把它们联系在一起（因为每每出现激情时，会出现剧烈的心跳，因此，有些人认为，灵魂的处所在心脏），也不是整个大脑，而是大脑的“最内部，即，位于脑中部的一个小腺体，它悬浮在输送管的上方，位于前腔的动物精神通过这些输送管与后腔的动物精神联络，小腺体发生最细微的运动，都会极大地改变动物精神的输导过程。同样，动物精神输导过程的最小变化，也会大大地改变这一腺体的运动。”因此，笛卡尔断定，这些小腺体就是灵魂的处所。但是，何以见得这一小腺体就是灵魂的处所？笛卡尔认为，大脑的其他部分都成双成对，如人有双眼、双手、双耳，人体的一切外部器官都是成对的。然而，我们通过感官形成的外部事物的肖像，却不是成双的，我们有双目，看到一个物体，只形成一个肖像。这是因为在外部物体被传入灵魂之前，有一个东西把它们进行合成，从而形成一个完整的肖像，笛卡尔认为，这个东西就是小腺体。充斥着大脑腔中的动物精神，时断时续地刺激小腺体，使之运作起来，把输入进来的物体肖像或者印象合成一个整体。笛卡尔由此断定，小腺体位于大脑的中部，是灵魂的处所。

在笛卡尔的激情生理—心理学中，松果体有着举足轻重的地位。它使身心形成相互联系，使与人有关的各种机能正常运作，说明了小腺体的运作，就可以说明身心关系。笛卡尔指出，位于脑中部的小腺体是灵魂的处所，它凭借动物精神，以及参与动物精神传递的神经系统、甚至血液循环系统，把自己的能量辐射到身体的各部分。它的运作过程大致是这样的：一个物体刺激身体，会以不同的方式引起神经系统的运动，于是便开启了通往脑腔的通路，动物精神随之运作。在动物精神运作的同时，另外一个过程也开始运作起来。小腺体悬浮在脑腔之上，当动物精神在脑腔中运作时，也以许多不同形式（大致与物体运动相应的运动形式）促动小腺体，使之运动起来，同时，位于小腺体的灵魂也以相应的形式，促动小腺体运动。笛卡尔举了这样一个例子，以说明这一过程。当一个野兽靠近我们时，从它身体反射出来的光，向我们描绘出它的“两个”形象，即一个眼睛一个，通过视神经，这两个形象传导到大脑内部的表层（大脑颇有点像一个屏幕）——它正好面对大脑的腔，腔中充满的动物精神，把这各种形象发射到被动物精神包围的小腺体。小腺体把投射来的形象加以合成，合成的形象立即作用于灵魂，使灵魂“看到”这一动物的形象。到此为止，激情尚未出场。因而，全过程依然属于生理过程。不过，假如这一形象十分奇怪甚至可怖，假如它与以前曾经伤害过身体的某物有着密切的关联，那么它就会在灵魂中引起恐惧的激情，然后，引起勇气的激情，当然也有可能引起畏惧的激情，究竟引起什么激情，取决于特殊的身体素质或者灵魂自身的力量。激情诱发我们采取防卫或者退却措施。当然有时也会出现这种情况，即使没有伤害的记忆，但是，当恐怖的形象出现时，心跳加速，同时即刻由动物精神启动小腺体的活动，使身体做出反响。这一状况很像我们现在所说的本能反射。

④意　志

灵魂中除了有激情以外，还有一种更重要的东西，这就是意志。恐怖的形象出现，会刺激并且调动灵魂的渴望，使之必须采取行动，以满足身体的需要。因此，恐惧感使灵魂渴望逃遁，或者渴望战斗。无论采取哪种方式，都是为了使身体得到某种安全感。渴望是意志的力量。按照笛卡尔的看法，“意志的性质是极其自由的，它绝不可能受到任何限制”。笛卡尔指出，他曾经区分过两种思想，一种是灵魂的活动，即渴望，另一种是激情，由一切知觉所构成。前者是意志的力量所在，肉体只能通过间接的方式使它们发生变化，后者完全依赖于支配它们的活动，即灵魂的活动，灵魂也只能通过间接的方式使它们发生变化，除非灵魂是它们的原因。灵魂的全部活动就在于，由于它们渴望某种东西，因而引发小腺体的活动，小腺体的活动一定要产生与这种渴望相关的结果，这一过程体现了意志的力量。

如果说灵魂和肉体是通过松果腺建立起联系，那么意志的活动又是通过什么发挥作用呢？这是一个更为复杂的问题。笛卡尔指出，当灵魂渴望收集某物，这种渴望会引起小腺体的运动，小腺体使动物精神指向大脑的某部分，在那里发现所需客体留下的踪迹，达到收集的目的。动物精神为了找到所需进入大脑的某部分，而不是另外一部分，是因为大脑之中有记忆，记忆使动物精神进入这一部分比进入其他部分更容易些。大脑之所以有记忆，是因为它渴望记忆，而记忆的渴望，依然是意志的作用。如果我们渴望想象某种从未见过的东西，这种渴望也有力量促动松果腺以相应的方式运动，从而促使大脑的某部分搜寻各种踪迹，以便向灵魂描述所想象物体的形象。最后，当我们渴望以某种特殊的方式走路，或者移动身体时，这一渴望会使小腺体启动动物精神，从而引起肌肉运动，完成我们渴望做的事情。因此，渴望——意志是自由的，它不受任何限制。个人的一切活动，无论是精神的还是肉体的，不仅取决于心与身，更主要是取决于灵魂之上的意志，可以说，意志是人体内的上帝。它驱动人的一切生理—心理的活动。

2. 激情心理学

笛卡尔指出，灵魂的激情有许多种，而且它们运作有一定的顺序。在一篇文章中，虽然不可能把所有的激情一一罗列出来，但是，至少可以举出其中的主要部分。笛卡尔在书中大致罗列了人类各种激情。对其中的六种主要激情进行了较为详细地说明。

①惊　讶

当一个罕见的、非凡的客体出现时，灵魂凝神思索它，从而感受到一种意想不到的震颤。惊讶的主要起因是我们大脑中存留的印象，这些印象告诉我们面前的客体是罕见的，因而值得思考。然后，印象调动动物精神的运动，使它以最大的力量把所见客体的印象送到大脑的某个部分，以便在那里把它加强、保存。同时，也会调动肌肉的运动，使感官做出相应的反响。笛卡尔认为，从生理学的角度看，这种激情并未伴随着心跳和血液循环加速。因为引起人惊讶的对象，“并未有善与恶之分，只有对事物的认识感到惊讶。”惊讶（wonder）有两个内涵，第一种内涵是意外（surprise），即，突如其来的印象。它改变了动物精神的运动，因而，意外是惊讶这种激情特有的东西。意外的力量取决于两个因素，一个是出现的物体新颖，另一个是它所引起的运动拥有由它开始的全部力量。这种运动比那些开始比较微弱，后来逐渐加强的运动更有效，它很容易改变方向。通过这种运动，新出现的感觉客体影响大脑的某些部分，而在一般情况下，这些部分是不容易受影响的，这些部分可能比那些频频被搅动起来的部分更脆弱。惊讶的另外一种内涵就是惊愕（astonishment）。惊讶有极强的力量，致使处于大脑腔中的动物精神沿着它们的途径，进入使它们感到惊讶的客体的印象所在地，它们都被吸引在那里，不能再传导到肌肉，甚至不能原路返回到大脑的腔中。这是因为出现的客体使人感到震惊，人像一个雕像一样，一动不动，身体的各种功能仿佛都凝固了，使人无法再更多地认识这个陌生客体的东西。这一状况通常被称之为惊愕，惊愕“就是极度惊讶”。

惊讶的作用并不仅仅是吃惊而已，因为惊讶可以使我们认识以前从未认识的东西，并且把它们保存在我们的记忆中。人之所以惊讶，是因为出现的对象是罕见、非凡的，或者它不同于我们以前知道的东西。事实上，并不是所有新的东西都会被我们保存在记忆中。只有那些通过激情的力量，在我们的大脑中被强化了的东西，引起我们特别注意的东西，才有可能被保存在记忆中。惊讶并不是总以十分强烈的形式出现，我们遇到罕见的事物越多，我们的惊讶就越少。应该说明的是，引起惊讶的东西，只是罕见、非凡的东西，其中并不包含善与恶的评价。因此，笛卡尔在这里讨论的是心理学问题，而不是道德问题。

②爱与憎

“爱是灵魂的情感，由动物精神的运动所引起，动物精神促使灵魂自愿地与令人惬意的对象结合起来。憎也是动物精神引起的情感，当一个对灵魂有害的客体出现在灵魂面前时，动物精神促使灵魂极力避开它。”笛卡尔同时补充说，他之所以说这些情感是被动物精神引起的，是为了把爱与憎区分开来。两种激情都依据判断，当灵魂凭借自由意志断定某物是好的，就会把它自己与该物结合起来，如果它断定某物是邪恶的，它就会想方设法使自己避开邪恶的东西，换句话说，自由意志驱使灵魂做出趋利避害的选择。而究竟做出怎样的选择，则取决于灵魂对对象的爱与憎。笛卡尔强调，虽然在这里也谈及意志，但是，意志并不指渴望，而是指认同。在爱的激情里，我们想象了一个整体，自己只是整体中的一部分？被我们所爱的对象是整体的另一部分。而憎则是另外一回事。在憎的激情里，我们只把自己作为一个唯一的整体，完全与我们所厌恶的东西分离。

爱通常有两种，一种指物欲（concupiscence），即，指爱引起我们渴望得到被爱之物，爱被物欲所引起，为物欲而爱。另外一种指仁慈（benevolence），爱激励我们去爱些什么。是爱的激情的升华。笛卡尔认为，这种区分方式似乎只涉及爱的结果，而不涉及爱的本质。因为这样的爱告诉我们，只要我们自愿地与某对象相结合，无论它的性质如何，我们都会对它产生一种近似仁慈的情感，即，我们宁愿相信它是令人惬意的，自愿与它结合在一起，这是爱的基本结果之一。如果我们断定它就是我们梦寐以求的东西，是我们想以某种方式，而不是通过意志与之结合的东西，那么我们就是渴望得到它，这同样是最常见的爱的结果之一。

其实，如果仅就结果而言，有多少种物，就有多少种爱，或者物欲。野心勃勃的人热爱虚荣，利益之徒酷爱利益，酒肉之徒追求口腹之欲，好色之徒不择手段地占有女色。这样的爱，本质上只是一种占有欲，而不是对对象的爱。但是，也有另外一种爱，如，父母对子女的爱，忠诚的人对朋友的爱等，这类爱是纯粹的爱，只求付出不求回报，不是以物质利益为目的。前者其实只是爱自己，由于爱自己，所以才泛起这样的占有欲，后者是爱对象。憎恨虽然与爱相对立，但是，我们很难区分出多少种恨。因为，虽然我们的意志使我们尽量避开那些邪恶的东西，然而，我们几乎不能从邪恶中找到什么差异。对于恨，笛卡尔只用了淡淡几笔，可以看出，笛卡尔对于恨的激情，持一种非常冷漠的态度，远不如他对爱的观察或者体会深刻。这一点并不难理解，笛卡尔一生平静恬淡，与世无争。他对精神性的东西，特别是对于科学与真理持有十分真诚的爱，对朋友襟怀坦白，一生从不愿意与他人，特别是利益之徒发生任何争执，对于世事，避之不及。因而，在他的一生中，难得体验仇恨为何物。而笛卡尔从朋友、学生那里得到了别人不曾享有的爱，而他自己对于真理、友谊，也抱有极度的理想主义。因此，笛卡尔对于不求回报的爱，有着非同他人的感受。笛卡尔不仅用他的学说为人类留下一笔丰厚的财富，而且他的人品，他对于爱、友谊的理想主义追求，也堪称学人的楷模。在物欲横流的今天，学人难道不应该从笛卡尔的身上学些什么吗？

③渴　望

笛卡尔在《灵魂的激情》第一部分曾经讨论过渴望，把它归之为灵魂的力量。在这里笛卡尔把渴望作为灵魂的主要激情之一来讨论。他认为，作为激情的渴望，是动物精神引起的灵魂的搅动。动物精神调动灵魂，使它更希望向它描述的某些东西是令人惬意的。因此，我们不仅渴望绝对善的东西出现，渴望保存它到永远，而且渴望邪恶的东西不出现。这两种渴望我们都有。笛卡尔认为，经院哲学也谈论渴望，但是，它们每每总是把渴望善与避开邪恶对立起来。即，所谓趋善避恶。笛卡尔认为，“趋善，同时避开与它相对立的邪恶，永远是同一个运动”趋向于善，意味着避开或者渴望避开某种我们认为是恶的东西，如果把善与恶看作两极，向一极靠拢，同时就是远离另外一极。

我们追求善，其实就是因为我们心中有爱，随之而来的是希望和欢乐。不过从另外一个角度来看，如果一个人想避开与善相对立的邪恶，胸中涌动的是对邪恶的厌恶、恐惧和忧愁。但是，如果我们以探寻的角度看待渴望，把渴望与求善和避开邪恶相结合，我们就可以清楚地看到，它只是由此引起彼的一种激情。

④喜与忧

快乐是灵魂一种惬意的感情，由灵魂在拥有善时泛起的快乐构成。善的快乐正是由这样的感情所组成。灵魂从它所拥有的一切其他事物中一无所获，而它在这些事物中也得不到快乐，可以说，它对于我们所享有的乐趣仅仅在于拥有它们。笛卡尔的意思是，大脑的印象向灵魂描述某个东西是善的，并不是为了把作为激情的快乐与纯粹理智的快乐混为一谈。善只有凭借灵魂的活动，才能进入灵魂之中，我们把善称之为在灵魂中被激发出来的惬意感情，快乐就存在于它所拥有的善之中。其实，灵魂与肉体相联系的同时，这种理性的快乐也伴随着激情而来。我们的理智一旦发现我们拥有某种善的东西，也许它与身体相关的一切都不同，也许它根本无法想象，但是，人的想象力还是会立即在大脑中形成某种印象，这种印象启动了大脑的某种活动或者动物精神，从而刺激起快乐的激情。

忧愁是沮丧郁闷，灵魂从邪恶中得到的不安，或者摆在灵魂面前的某物，与大脑向它提供的印象不相符合时形成的不适等，都可以引起忧愁。忧愁与快乐相同的地方在于，有激情的忧愁，也有理智的忧愁。但是，忧愁很难不伴随有邪恶。

快乐与忧愁是如何产生的？快乐产生于这种信念，即，我们拥有某种善，忧愁产生于另外一种信念，即，我们有某种邪恶或者不足。不过也常常有这样的现象，即使我们不能明显地看到引起快乐或者忧愁的善与恶，也有可能感受到快乐或者忧愁。这种情况的出现，大致是由三个方面的原因所引起。第一，善与恶未经灵魂的参与，便在大脑中形成印象；第二，或者快乐与忧愁只出现在肉体水平上；第三，或者虽然出现在灵魂中，但是，由于灵魂并不认为它们是善的或者是恶的，只是因为它们与大脑中先前形成的善恶印象搅在一起，便引起快乐与忧愁。

笔者认为，笛卡尔对这六种激情的分析，大致有两个特点。第一，侧重于心理方面的分析，尽管在行文中有许多对激情生理基础的叙述，但是，总的来说，这种叙述只是为激情的心理分析做铺垫；第二，把六种激情产生的基础（除了惊讶以外），与对事物善与恶的评价联系起来。笛卡尔这样做，旨在从激情的心理分析引出对激情的道德评价。于是在着重阐述了人的六种激情以后，笛卡尔自然而然地进入了激情伦理学。

3. 激情伦理学

激情伦理学并不是笛卡尔自己的说法，笛卡尔在行文中也未明确地表明自己正在进行激情伦理学的研究。但是，从讨论的内容来看，第三部分似乎比第二部分更倾向于激情背后的伦理精神的探讨，因此，笔者以为，把第三部分归结为激情伦理学也不为过分。

①自珍与自卑

尊重也是一种激情，它代表了灵魂的一种倾向，灵魂向自己描述某物值得受到尊重。当然按照规矩，这种倾向肯定是由动物精神的特殊运动引起的。而鄙视则是灵魂的一种相反的倾向，即灵魂认定某些东西低劣，对其产生鄙视。这两类激情永远与对象相关联。不过当它们与个人自身相关时，表现得尤其明显，也就是说，对于自己的长处滋生自珍，或者对于自身的缺陷产生自卑。引起它们的精神运动十分明显，使人的态度、姿势、步法以及一切举止发生变化。

我们何以会自珍？笛卡尔认为，人之所以自珍是因为人有自由意志。人的一切活动取决于自由意志，它决定我们赞扬什么，谴责什么。自由意志是上帝赋予我们的权利，凭借自由意志，我们可以成为自己的主人。不过，从道德的观点看，自珍并不一定非得鄙视什么。其实真正符合道德的行为，恰恰是对他人持宽厚的态度。宽厚的人并不鄙视他人，虽然他们常常能够看到他人有十分明显的弱点，但是，他们更倾向于原谅他人，而不是谴责他人。他们认为，他人之所以有这样或者那样的过失，并不是因为他们缺乏善良意志，而是因为他们可能一时欠缺某种知识。与那些在一些方面比他们优越的人相比，他们不自卑，不会认为自己有某些不足就低人一等。因为这些东西在他们看来，只是一些微不足道的东西，唯有善良意志是最值得尊重的。在宽厚的人心目中，任何事情都不如为他人谋利益更重要。因此，他们对待他人总是彬彬有礼，和蔼可亲，乐于助人。宽厚的人也是凡人，他们与一般人的差别不在于他们没有常人的喜怒哀乐，而在于他们能够成功地克制自己的欲望、嫉妒心等激情。他们也没有什么可畏惧的，因为他们深信，道德的力量可以使他们赢得别人的信任。自珍并不等于骄傲。那些每每对自己估计过高的人，都不会有真正的宽厚品行，我们只能说这样的人是骄傲的人。虽然我们永远可以找到理由，为自己过高估计自己辩护，但是，无论如何，过高估计自己总是一种不公正。“我们无端地妄自尊大，是一切不公正中最不公正的原因”骄傲是极其不理智、极其荒谬的。如果没有什么人对不公正持赞赏态度，我们几乎不相信什么人会容忍这种恶习。笛卡尔在进行理想主义的道德探讨的同时，毕竟注意到一般的社会环境，他看到，阿谀奉承之风盛行，致使一些人看不到自己是否应该受到赞扬或者谴责，从而飘飘然地堕入最愚蠢、最无知的骄傲之中。

笛卡尔说自珍并不等同于骄傲，宽厚或者谦虚也并不等同于谦卑。“谦卑基本上在于这一事实，即，一些人软弱、缺乏决断，好像他们根本不能运用他们的自由意志，不能阻止自己做日后将会后悔的事情”。谦卑之人最大的特点是没有独立处理事物的能力，遇事有极大的依附性。谦卑与思想高尚格格不入，人们常常发现，那些谦卑之人，往往表现得极为傲慢，目空一切恰恰是那些思想高尚之人，表现得十分温和，平易近人；前者虽然盛气凌人，不可一世，但是，遇事随波逐流，如浮萍般无根基。后者虽然温如美玉，但是，富贵不能淫，威武不能屈。倘若一个人能够尊重他人且自珍自重，宽厚待人且不谦卑，那么他就应该是一个道德高尚的人。

② 勇气与懦弱

勇气和勇敢也是笛卡尔着重探讨的道德问题之一。笛卡尔认为，当勇气是一种激情，而不是一种习惯或者自然禀赋时，它充满着热情和激动，激励灵魂勇往直前，尽全力获得自己渴望得到的东西。如果我们把勇气看作属性；那么因对象不同，可以把它分为许多种。首先勇敢就是一种勇气，它可以驱动灵魂做最危险的事情。其次，竞赛同样是一种勇气，不过它另有含义。第三是热情。热情可以驱动灵魂依靠自己的力量，成功地完成它希望完成的事情。笛卡尔认为，如果仅从外在的原因来看，勇气可以分为这三种。其实，勇气还有内在的原因，它与身体的构成情况相关。在身体内部，最能够激起勇气的东西莫过于渴望和希望。当一个人怀着希望和渴望时，身体内部便有更多的力量促使大量的血液流过心脏。内在的原因，是这种激情伦理的生理原因，笛卡尔在这方面几乎没有着更多的笔墨。

勇气的对象性很强。通常我们说某人有勇气或者某人勇敢，主要指他在面对险境时，如何临危不惧。但是，勇敢的结局与勇敢的目的不是一回事。例如，面对侵略者，勇士们为了抗击敌人冲锋陷阵，血洒疆场，在这一事例里面，勇士们的目的是抗击侵略者，保卫国土，而结局却是他们铁马裹尸。希望可以使人勇敢，但是，绝望也可以使人勇敢。当邓世昌驾驶着战舰冲向日本人的舰艇时，很难说他自己对取胜抱有希望，谁都明白，在取胜无望的情况下，冲向敌舰，只是为了与敌人同归于尽。这依然是勇敢，但是，结局是失败。笛卡尔把勇敢和勇气的结局与目的区分开来是十分重要的。因为若是不做这样的区分，无法把勇气或者勇敢与道德问题联系起来。如果没有这样的区分，就无法把道德的行为与不道德的行为区分开来。即，无法说明勇敢是一种美德。抑或相反，恰恰可以证明勇敢有时可以导致极其不道德的、甚至违法的行为。例如，为了巨额利润，贩毒者不惜以身试法，这不能说他们没有勇气，但是，这样的勇气产生于一种不良动机，它以触犯法律为基础，因而这种以身试法的勇气，谈不上符合道德了。但是，一个狡猾的毒贩子，十有八九会取得成功，如果从功利的角度看，他成功了，成功并不意味着就是道德的。道德并不是以抢得天下的就是王，抢不到天下的便是贼为准绳，不以成败论是非。如果勇敢是出于一种道义上的责任感，如，保卫祖国，见义勇为等，那它便有道德问题在其中。如果目的符合道德，即使结局以失败而告终，同样不能否定它的道德内涵。

“懦弱直接与勇气相对立，它是消沉或冷漠，阻止灵魂做它打算做的事，好像灵魂推动了这种激情；而恐惧与勇敢相对立，它不仅是冷漠，而且也是灵魂的不安和惊讶，它削弱了灵魂的力量，使它不能抵抗近在咫尺的邪恶。”懦弱可以是无害的，因为，在某种情况下，懦弱的功能在于使灵魂避开痛苦，限制动物精神的运动，与之形成一种相互制约的张力，从而对自身起一种保护作用。不过，笛卡尔认为，怯懦通常是有害的，因为常常使意志不去采取有效的活动，理由是我们没有足够的希望和渴望这样做。至于恐惧就更没有值得赞赏的地方了。它并不是一种特殊的激情，只是一种过分的怯懦、惊讶。在笛卡尔看来，如果目的正确，勇敢永远是一种美德，那么怯懦和恐惧在任何情况下都谈不上是美德。相反，在很多情况下，它们甚至是邪恶的。不论我们是否认同笛卡尔对于勇敢和勇气与怯懦和恐惧所做的结论，有一点是可以肯定的，笛卡尔对于这个问题的看法，大有古代希腊英雄伦理的流风遗韵。

除此之外，笛卡尔还讨论了同情、荣辱感等问题。由于内容较为简单，我们在这里不一一介绍。应该说明的是，笛卡尔的激情伦理学，主要探讨的问题是灵魂的激情如何成为一种道德上的价值判断。即，激情心理的背后有什么样的道德评价问题。可以看出，笛卡尔在这方面的探讨并不是很成体系的，他甚至没有说明这种道德评价所依据的道德准则，而只是想说明，某些激情在什么情况下可以成为一种美德，而另外一些激情又如何与邪恶相关。他只想告诉人们，一些激情在什么情况下是善，什么情况下是恶。笔者认为，笛卡尔对于激情伦理的看法，在一定程度上与作者自己的身世、背景、人品、信条有不可分割的联系。因此，从笛卡尔对激情伦理的各种说明，我们可以更进一步理解笛卡尔对人世间善恶的看法，理解他做人的准则、他的价值判断。

图书在版编目（CIP）数据

笛卡尔思辨哲学 /（法）笛卡尔著；尚新建等译. --北京：九州出版社，2004.08（2017.3重印）
（哲人咖啡厅）
ISBN 978-7-80195-120-5

Ⅰ.①笛… Ⅱ.①笛… ②尚… Ⅲ.①笛卡尔，R.（1596～1650）—哲学思想 Ⅳ.①B565.21

中国版本图书馆CIP数据核字(2004)第078281号

笛卡尔思辨哲学

作　　者 （法）笛卡尔　著　尚新建等　译
出版发行 九州出版社
地　　址 北京市西城区阜外大街甲 35 号 (100037)
发行电话 (010)68992190/3/5/6
网　　址 www.jiuzhoupress.com
电子信箱 jiuzhou@jiuzhoupress.com
印　　刷 三河市九洲财鑫印刷有限公司
开　　本 880 毫米 ×1230 毫米　32 开
印　　张 12.75
字　　数 250 千字
版　　次 2004 年 8 月第 1 版
印　　次 2017 年 3 月第 5 次印刷
书　　号 ISBN 978-7-80195-120-5
定　　价 29.80 元